Treasures for Scholars Worldwide

第9卷 2019年3月 Volume 9 March 2019

JOURNAL OF SOCIETY FOR CHINESE STUDIES LIBRARIANS

主　编　郑力人　马小鹤
Editors-in-Chief　Liren Zheng　Xiaohe Ma

广西师范大学出版社
·桂林·

图书在版编目（CIP）数据

天禄论丛：中国研究图书馆员学会学刊. 第 9 卷，2019 年 3 月 / 郑力人，马小鹤主编. —桂林：广西师范大学出版社，2019.8
　ISBN 978-7-5598-1797-6

Ⅰ. ①天… Ⅱ. ①郑…②马… Ⅲ. ①社会科学—文集 Ⅳ. ①C53

中国版本图书馆 CIP 数据核字（2019）第 090309 号

天禄论丛
TIANLU LUNCONG

广西师范大学出版社出版发行
（广西桂林市五里店路 9 号　邮政编码：541004）
　网址：http://www.bbtpress.com
出版人：张艺兵
全国新华书店经销
广西广大印务有限责任公司印刷
（桂林市临桂区秧塘工业园西城大道北侧广西师范大学出版社集团有限公司创意产业园内　邮政编码：541199）
开本：787 mm × 1 092 mm　1/16
印张：16.5　　　字数：208 千字
2019 年 8 月第 1 版　2019 年 8 月第 1 次印刷
定价：68.00 元

如发现印装质量问题，影响阅读，请与出版社发行部门联系调换。

邱振中先生题词

《天禄论丛》第 9 卷编辑委员会

主　编

郑力人　康奈尔大学

马小鹤　哈佛大学

编　委

蒋树勇　伊利诺伊大学厄巴那香槟校区

杨　涛　罗格斯大学

李国庆　俄亥俄州立大学

徐　鸿　昆山杜克大学

舒　悦　史密森博物学院

Journal of Society for Chinese Studies Librarians
Volume 9
Board of Editors

Editors-in-Chief

Liren Zheng	Cornell University
Xiaohe Ma	Harvard University

Members

Shuyong Jiang	University of Illinois at Urbana-Champaign
Tao Yang	Rutgers University
Guoqing Li	Ohio State University
Hong Xu	Duke Kunshan University
Yue Shu	Smithsonian Libraries

卷首语

郑力人　马小鹤

本卷共有11个专栏，15篇文章，简述如下。

"史料研究"专栏有文2篇，王晓燕的《美国史料收集保存传播一瞥——以2009年宾厄姆顿枪击案记录查询为例》和何剑叶的《〈新国纪行〉与1871年旧金山工业博览会》。2009年宾厄姆顿枪击案后，王晓燕通过对中国受害人相关资料的查询，近距离地观察了美国政府和民间如何对近期史料进行收藏、保存和数字化。何剑叶仔细研读了日本近代史重要人物细川润次郎的日记，对中日参加一次小型世博会的不同态度做了评价。

"文献研究"专栏有2篇文章，刊载了王成志的《陈纳德智囊魏劳尔与中国国防物资供应公司》和宋玉武的《美国国会图书馆藏中国抗日战争（1931—1945）图片资料》。王成志依据普林斯顿大学的魏劳尔档案，分析了魏劳尔对中国国防物资供应公司和飞虎队的贡献。宋玉武使用美国国会图书馆馆藏的抗战历史图片，以图证史。

"地方志研究"和"历史地理研究"两专栏，分载程洪的《地方志体裁的演化与社会结构的变迁：一个宏观的史学方法论探索》和陈垚的《美国明尼苏达大学藏〈坤舆万国全图〉札记》。程洪从探讨地方志体裁入手，分析了地方志体裁从成型到转型的历程。陈垚介绍了1602年《坤舆万国全图》刻本流传至美国明尼苏达大学的来龙去脉。

"古籍研究"专栏续登李国庆的《六家图录之印章考订——雕虫小记之二》，检视了近年出版的六种中文古籍书目或图录所载的藏书印章，就其中一些释文加以考订。

"文物研究"专栏则有张向友的《西周早期曾侯谏青铜盉研究浅议》，研究了所收藏青铜盉的器形、纹饰、工艺、铭文，认为与曾侯谏青铜盉非常相似，推测属于同一主人。

"人物研究"专栏收录了潘铭燊的《粤蚁援美记：一则中美农业交流的逸事》和王立的《共铸学术精品，耕耘中外文苑——王佐良先生与商务印书馆》。潘铭燊讲述了1918年美国农学家施永高来中国寻求对佛罗里达州柑橘虫害的生物防治法。王立回顾了他的父亲王佐良，中国现代诗人和英国文学研究专家，与商务印书馆的学术交往和出版合作。

"海外华人研究"专栏有文2篇，高金歌的《五卅运动与美洲华侨的爱国宣传》和乔晓勤的《数字人文研究又一例：海外华人媒体的个案分析》。高金歌整理了《少年中国晨报》和《大汉公报》等报纸的宣传材料，解析了媒体在推动美洲华侨民族主义情绪中的催化作用。乔晓勤认为跨越一定时空范围的海外华人媒体，具有数字化资源的丰富性和多样性特点，是采用数字人文概念和方法进行研究的理想对象。

"东亚馆札记"专栏和"图书馆学研究"专栏分别登载了郑力人的《康奈尔大学汉译校名考》和郭玲玲的《当代佛教图书分类编目之分析与探讨》。郑力人的文章讲述了康奈尔大学汉译校名的演变及有关历史背景。郭玲玲对当代佛教图书分类编目进行了分析和探讨。

"综合研究"专栏登载了马小鹤的《张天清著〈走进美国〉序》。张天清《走进美国》一书以日记的形式记载了他考察美国的观感，马小鹤以序言回顾了张天清从优秀学生到优秀干部的成长历程，阐述了自己对中美文化比较的一些思考。

在本卷征稿启事里，我们曾说："学术领域上，路虽远，行必至。"这一豪言的底气来自学会成员在学术各领域，重研究，不畏探索，具有独立见解的胆识，因而胸有万卷若怀谷，笔有千钧气自华。为此，我们衷心期望学会成员齐努力，使《天禄论丛》更上一层楼。值此，再次感谢广西师范大学出版社集团有限公司的鼎力支持。

目 录

史料研究

美国史料收集保存传播一瞥
——以 2009 年宾厄姆顿枪击案记录查询为例 ………… 王晓燕/001

《新国纪行》与 1871 年旧金山工业博览会 ………… 何剑叶/022

文献研究

陈纳德智囊魏劳尔与中国国防物资供应公司 ………… 王成志/036

美国国会图书馆藏中国抗日战争(1931–1945)图片资料 …… 宋玉武/060

地方志研究

地方志体裁的演化与社会结构的变迁:一个宏观的史学方法论探索
……………………………………………………… 程 洪/083

历史地理研究

美国明尼苏达大学藏《坤舆万国全图》札记 ………… 陈 垚/097

古籍研究

六家图录之印章考订
——雕虫小记之二 ……………………………………… 李国庆/107

文物研究
西周早期曾侯谏青铜盉研究浅议 …………………………………… 张向友/125

人物研究
粤蚁援美记：一则中美农业交流的逸事 ………………………… 潘铭燊/143
共铸学术精品，耕耘中外文苑
　　——王佐良先生与商务印书馆 ………………………………… 王　立/151

海外华人研究
五卅运动与美洲华侨的爱国宣传 ………………………………… 高金歌/179
数字人文研究又一例：海外华人媒体的个案分析 ……………… 乔晓勤/193

东亚馆札记
康奈尔大学汉译校名考 …………………………………………… 郑力人/203

图书馆学研究
当代佛教图书分类编目之分析与探讨 …………………………… 郭玲玲/219

综合研究
张天清著《走进美国》序 …………………………………………… 马小鹤/230

CONTENTS

Research on Historical Materials
A Glimpse of How American Institutes and Individuals Collect, Preserve and Disseminate Historical Materials: A Case Study of Investigating Materials Related to the 2009 ACA Shooting in Binghamton ······
··· Xiaoyan Wang / 001
Journey to the New Nation and San Francisco Industrial Exhibition in 1871 ··· Jianye He / 022

Documentation
Whiting Willauer, Adviser of Claire L. Chennault and China Defense Supplies, Inc. ································· Chengzhi Wang / 036
The Sino-Japanese War (1931-1945) Related Prints and Photographs in the Collection of the Library of Congress ················ Yuwu Song / 060

Gazetteer Studies
The Style of Local Gazetteers under the Transformation of Social Structure: A Macro Historiographic Exploration ············ Hong Cheng / 083

Historical Geography
Some Notes on the *Kunyu Wanguo Quantu* at the University of Minnesota ··· Yao Chen / 097

Classic Studies
Correction of Seals Recorded on Six Library Catalogs of Chinese Rare Book: Notes on the Insignificant Skill Part 2 ············ Guoqing Li / 107

Cultural Relics
An Investigation of Bronze Zeng Hou Jian of the Early Western Zhou Period ·················· Xiangyou Zhang / 125

People
How Cantonese Citrus Ants Aided American Farmers: A Story of Sino-American Agricultural Relations ·············· Ming Sun Poon / 143
Creating Masterpieces Jointly, Cultivating the Field of Cross-Cultural Literatures: Professor Wang Zuoliang and the Commercial Press ······ ·················· Li Wang / 151

Overseas Chinese
May 30th Movement of 1925 and the Patriotic Media of Overseas Chinese in the Americas ·············· Jinge Gao / 179
Digital Humanities in Perspectives: Overseas Chinese Media Studies Abstract ·············· Stephen Qiao / 193

East Asian Libraries
Chinese Names for Cornell University and Related Background ·········· ·················· Liren Zheng / 203

Library Science
Analysis on Contemporary Buddhist Classification Schedule ············ ·················· Lingling Kuo / 219

Synthesis
Preface for *Entering America* by Zhang Tianqing ······ Xiaohe Ma / 230

美国史料收集保存传播一瞥
——以2009年宾厄姆顿枪击案记录查询为例

◎ 王晓燕①

摘　要:

　　美国自建国以来,政府、民间,乃至个人,对历史记录的保存向为重视。通过传承并有序地收藏和保管海量历史文献,将其数字化,经由网络,使原始记录进入公众领域,为使用者和研究者提供了极大的便利。笔者是2009年宾厄姆顿枪击案善后工作的见证者,通过对该案中国受害人相关资料的查询过程,以期略窥美国各级政府及民间如何对近期史料进行收藏、保存和数字化。②

关键词:

　　宾厄姆顿枪击案;美国地方文献;美国高校档案;中国新移民

A Glimpse of How American Institutes and Individuals Collect,
Preserve and Disseminate Historical Materials:
A Case Study of Investigating Materials Related to
the 2009 ACA Shooting in Binghamton

◎ Xiaoyan Wang

Abstract:

　　Since its birth, American governments, private sectors, and individuals have made tireless

---

① 王晓燕,美国纽约州立宾厄姆顿大学图书馆亚洲与亚裔研究馆员,东亚馆藏负责人。
② 本文基于笔者于2017年9月参加由中国地方志指导小组办公室在北京举办的题为"走向世界的中国方志文化国际学术研讨会"上的发言修改而成。

efforts to extensively collect and carefully preserve vast amounts of American historical materials. Today, new technologies allow scholars and the general public to easily access digitalized historical documents and national archives via Internet. Once being an interpreter for the families of Chinese victims in the 2009 Binghamton ACA Shooting, the author of this paper has made an attempt to retrieve the documents related to the tragedy, particularly to those Chinese victims. The inquiry journey has provided the author a good picture of how historical materials have been systematically collected, preserved and disseminated in the United States.

Keywords：

The Binghamton Shooting; Archives and Local History; Archives of American Universities; New Chinese Immigrants

举世皆惊之案

2009年4月3日上午十点半左右，位于美国纽约上州的宾厄姆顿市（Binghamton，New York）发生了一起特大恶性案件。十三个鲜活的生命在几分钟内被一个有心理问题的枪手射中而丧生，另有四人受重伤，随后凶手也饮弹自尽。瞬时间，宾厄姆顿城陷入极大的恐慌之中。

事发的地点为美国公民协会（American Civic Association，简称ACA）。建于1939年的公民协会是一个非营利组织，旨在为新移民准备入籍考试提供免费英语、美国历史文化知识入门及基本就职等培训。类似的培训机构在美国很多城市都有设置，深受新移民的欢迎。宾厄姆顿的ACA地处市中心，交通方便，很多国际访问学者及留学生的家属也会来此参加免费英文培训班。事发当日早上，枪手开车来到ACA，先用车堵住或可逃生的后门，自己则持枪从前门进入。他先击中在入口处遇到的值班秘书，继而射死另一名工作人员，然后冲进一间教室对正在上课的学生们扫射。受害者包括美国、巴基斯坦、巴西、海地、韩国、越南、伊拉克、菲律宾人；其中更有四位中国公民死亡，一名受重伤，占伤亡人数的三分之一。惨案一经报道，举世皆惊。

地区历史之痛

布鲁姆县(Broome County)位于纽约州的中南部,由宾厄姆顿市(Binghamton City)、恩迪科特市(City of Endicott)和约翰逊城(Johnson City)以及市郊的几个镇组合而成。其中宾厄姆顿市比其他两个市要大很多,所以人们常以"大宾厄姆顿地区"(The Great Binghamton Area)笼统地替代布鲁姆县,更省略地称之为宾厄姆顿。据2010年全美人口调查,全县居民20万。人口中91.33%为白人,3.28%为黑人,还有占2.79%的亚裔及其他族裔。宾厄姆顿历史上曾为美国制鞋业中心,亦为计算机界早期龙头IBM的诞生之地。该地区不仅经济上曾经十分繁荣,还有包括宾厄姆顿大学(Binghamton University,SUNY)在内的三所大专院校。城市临山抱水,四季分明,环境优美,十分宜居。

2009年,正值美国自2008年以来经济衰退之初,IBM因在行业竞争中不敌对手而大规模缩减,总部迁出,公司人员调整不断。其他几个支撑本地经济重心的军工企业接连裁员,州立大学经费也告急,地区经济一片萧条。4月3日枪击案的制造者吉维力·王(Jiverly Antares Wong)是八十年代初与父母一起移民来美、有着华裔血统的越南移民。他虽已入籍,但来美时已经二十出头,因为英文长进慢曾被人嘲笑。事发之前,他又刚被老板解雇,情绪郁结。尽管后来报道说他精神有问题,他自己也在事发前一天寄给地方报社的一封信中抱怨曾受警察欺负要报仇,但经济低迷给百姓生活、特别是给第一代移民所带来的生活及精神压力应该是他走极端的大背景原因。无论何种解释,宾厄姆顿ACA枪击案不仅创宾厄姆顿地区恶性案件的历史纪录,至今仍在全美近三十年特大恶性枪击案中"名列前茅"[①],对本地民众及逝者家属造成的创伤延续至今。

[①] 据CNN于2018年5月23日更新的美国当代史实速查中所列近30年来大规模枪击案中,宾厄姆顿枪击案因其死伤人数列为第13位(https://www.cnn.com/2013/09/16/us/20-deadliest-mass-shootings-in-u-s-history-fast-facts/index.html)(笔者注)。

近些年美国的枪击案不断发生,关于持枪合法化与禁枪的论争也随每次新的枪声而不断被提起并引发争论。从研究者的角度看宾厄姆顿枪击案,除拥枪与禁枪之争、心理疾病的预防等具有普遍意义的讨论外,从本案伤亡者及凶手本身的国际背景及新移民身份便可延伸出很多可以探讨的题目。譬如,事件本身在研究当代移民史,特别是第一代移民与本地人的融合、精神与心理健康等多个角度极具参考价值。在越来越多的留学生及访问学者来美的今天,对他们的安全教育、对突发性事件后的应急措施及由此派生出的心理问题的后续补救等,也都值得深入探讨或与同类案件进行比较分析。所有这些可研究的课题,都取决于原始记录、文献是否保存完好,文件的获取及流通渠道是否畅通。

国有史,地有志,家有谱。美国自建国始,从政府到民间及至个人,对保存历史记录一向重视。时隔八年,当尘埃落定、痛楚稍许沉淀后,作为当年枪击案参与善后工作人员之一的笔者试图查找该案的相关史料,重新检视一遍历史,特别注重探寻几位中国受害者的记录。问题是:这几位非美国公民,她们的生命是否会在异国他乡的档案,特别是数字化档案中留下一些痕迹呢?

国家层面的追踪

美国的新闻业一向发达,对历史记录的最好的原始文献之一便是覆盖全国、记录着每日大小新闻的各类报刊。一个发生在十年以前曾引起全国轰动的事件,肯定可以从当时仍以纸介为主的媒体上找出重大线索。今天,美国几大主要报刊如《今日美国》(USA Today)、《纽约时报》(New York Times)、《华盛顿邮报》(The Washington Post)、《洛杉矶时报》(Los Angeles Times)等已经数字化,各大中型图书馆普遍地订购报刊数据库,特别是研究型图书馆更订有历史回顾版。读者可以非常方便地大规模搜索全国的各种报纸,譬如笔者查询《纽约时报》的过刊库,可看到2009年4月3日事件发生后的各种连续报道。单看下面列出的该报的几个文章标题,即便完全不知情的读者亦可立即对此案产生较为直观的印象。

"纽约上州枪手在公民课上杀死13人"①。(4月3日讯)

"一个移民人数极少的镇子,一桩罕见的凶案"②。(4月4日讯)

"受害者们曾共同拥有一个向往好日子的梦,从不同国家汇集于宾厄姆顿的一间教室"③。(4月6日讯)

"虽然枪手直指警察,警察却与他并无过节"④。(4月9日讯)

"一个啃老儿子的失败与偏执,过度压抑后的突然倾泻"⑤。(4月12日讯)

与民间报纸对应的是国家档案。本着保障公民对政府信息有知情权的一贯宗旨,美国联邦政府的公开文件均通过政府印刷局(Government Printing Office,GPO)来收集、编目、索引、保存与传播。自1861年起,GPO从一家专门收集出版政府文件的私营印刷商逐渐过渡到政府的正式出版部门,其间经历了150多年的历史。如今,GPO的业务覆盖了包括白宫、国务院以及国会在内的各种官方出版物。这些出版物在纸版本时代曾通过全国约1150家图书馆参与的联邦托管图书馆计划来保存并传播。自1994年始,GPO开始将政府文件通过政府信息网(https://www.govinfo.gov/)正式、及时向公众传播。除因时效关系需要保密的,如外交文件等,绝大多数政府文件都可以通过该网查询并免费获取。与此同时,各种历史文献的数字化也在紧锣密鼓地进行,譬如政府网2017年7月份更新报道:1951年到1960年的政府文件,包括杜鲁门总统行

---

① Mcfadden, Robert D. "Upstate Gunman Kills 13 at Citizenship Class." *New York Times*, Apr. 4, 2009, p. A1.

② Fernandez, Manny. "In a Town with Few Immigrants, an Unlikely Horror." *New York Times*, Apr. 4, 2009, p. 1.

③ Fernandez, Manny, and Javier C. Hernandez. "Victims Shared a Dream of Living Better Lives: From Many Nations to a Classroom in Binghamton ." *New York Times*, Apr. 6, 2009, p. 2.

④ Baker, Al, and Liz Robbins. "Police Report Few Contacts with Upstate Gunman, Despite Letter." *New York Times*, Apr. 8, 2009, p. 1.

⑤ Fernandez, Manny, and Nate Schweber. "An Eldest Son's Failure and Paranoia, Unspoken Until a Sudden, Final Barrage." *New York Times*, Apr. 12, 2009, p. 23.

政档案、艾森豪威尔总统行政档案、韩战档案、冷战档案等都已经完成数字化并上传至网络。

因宾厄姆顿的枪击案影响重大,一经披露,联邦政府迅速关注并做出反应。事发当天,奥巴马总统正在法国的斯特拉斯堡参加北大西洋公约组织(NATO)会议,但总统办公室及时发布了总统的声明:"米歇尔和我无比震惊并沉痛地得知今天在纽约州宾厄姆顿市发生的毫无人性的屠杀……"①总统夫妇的安抚见诸事发第二天的各大报纸,给惊愕悲痛的民众以慰藉。总统讲话原稿可以很方便地从 GPO 直接查询。与此同时,历届国会参众两院的会议记录与各项提案及对各项议案的表决结果也可从网上直接查询。宾厄姆顿公民中心惨案发生后,国会档案中有好几起相关的记录,譬如:

第 111 届国会众院 4 月 21 日例会中由纽约州众议员西奇(Maurice D. Hinchey)提案,对所有在宾厄姆顿枪击案中的受害者及他们的家属和朋友表示衷心的哀悼;感谢市政府,县政府及各单位迅速地帮助受害者并为尽快愈合伤口开始重新生活所做的努力;表彰公民中心(ACA)对帮助新移民追求美国梦所做的努力②。

在 4 月 22 日的众院全体会议上由德州众议员希拉·李(Sheila Jackson Lee)女士提议,与会者全体起立为所有宾厄姆顿 ACA 受难者默哀。

在 2009 年 4 月 28 日的参院会议上,由纽约州的两位参议员舒默(Charles E. Schumer)和陆天娜(Kirsten E. Gillibrand)女士联名提出"追

---

① The White House President Barback Obama "Statement from President Obama on the Tragic Shooting". April 3, 2009. National Archives https://obamawhitehouse.archives.gov/the-press-office/statement-president-obama-tragic-shooting

② H. Res. 340 (IH) - "Expressing Sympathy to the Victims, Families, and Friends of the Tragic Act of Violence at the American Civic Association in Binghamton", New York.

认宾厄姆顿受害者为美国公民的提案"①,旨在对通过合法途径来美的受害人追认以美国公民的身份。

纽约州的众议员阿尔库里(Michael Arcuri)在4月28日会上向逝者致哀,感谢从布鲁姆县行政长官到宾厄姆顿市长等地方官员对此案的得当处置。逝者的名字包括所有中国受害者的名字被一一念到并回响在国会山庄。阿尔库里议员惋惜地提到:"这十三名失去生命的人从22岁到72岁,包括一位三个孩子的母亲,一个新婚的妻子②、一名学生③、一位老师④以及其他受害者,每个人都是勤劳努力工作的个体,但共同拥有一个希望让他们的孩子及家庭能够过上更好生活的目标……"⑤。

这些政府的信息已经完全数字化,经过搜索,可以方便地从政府文件网下载。无疑,研究此案的学者或公众会看到联邦政府对此案所做出的迅速反应与不断提供的各种支持。

追踪地方记录

地方一级政府档案或记录的重点在于民众的衣食住行、生老病死。除各项政策条文、会议记录由地方政府收存外,一般关乎本地民生的重要记录如出生/死亡登记、结婚/离婚登记、房契登记、参军证明等都由州政府所属部门监管保存。此调查主要牵涉死亡登记与证明,该工作由纽约州政府的卫生署负责。自1881年起,州府的公共健康法案规定在本州去世的人要进行死亡登记后方能

---

① A Bill, 111th Congress 1st Session S. 905 – Posthumous Citizenship for Binghamton Victims Act.
② 此处应指中国公民毛宏秀,笔者注。
③ 此处应指中国公民姜玲,笔者注。
④ 此处应指中国公民郭莉,笔者注。
⑤ Lynch, Steph. , "Expressing Sympathy for Shooting Victims in Binghamton", New York. H. RES. 340. Congressional Record – House, April 28, 2009. P. 4848.

处理遗体。1953年后又进一步规定：凡在本州去世的人必须在72小时内办理死亡登记。纽约现任州长科莫(Andrew M. Cuomo)签署了法律，2013年起纽约州开始正式启用死亡注册电子系统，亲属与相关司法人员可以在网上付费请求查询包括死亡原因在内的死亡记录等。

除州政府档案的正式死亡登记及证明书外，另一个可以接触到有关死者信息的途径就是查看地区报纸的讣告。

美国各地区报纸的讣告栏是非常值得重视的原始文献资源之一。西方人的习惯是，家中有人去世后，除特殊原因，逝者亲属一定会刊登一则讣告以示众人。除证实逝者的身份、年龄及过世原因外，讣告的传统书写格式亦会为研究者提供逝者清晰的家庭关系线索。如讣告通常结束于"仙逝者某某，留有遗孀某某，儿子某某，孙儿某某"等。若逝者无直系亲属，则会列出旁系。讣告多包括逝者的简略生平，比较有身份或影响力的人篇幅则长，登报规格高，覆盖面亦广。其中所含信息，对研究者颇为重要。

《新闻与阳光报》(Press and Sun Bulletin)是宾厄姆顿地区最大一家报刊，自1607年创建至今，记录了地方历史上各种大小事件。毫无疑问，该报对宾厄姆顿枪击案相关的报道也是最多最全面的。仅事发的当年，便有500多条报道。其后虽逐年递减，但仍旧不断被提起，2017年仍有七篇报道涉及此事。无疑，宾厄姆顿无法忘记这个伤痛。

在本地的报纸上，相比其他受难者的大幅照片及众多的回忆与报道文章，中国几位逝者的痕迹非常模糊，可以见到的也只是寥寥几笔。

毛宏秀，她的英文名字是Hongxiu Marsland。大约与她嫁了个美国人有关，有关她的报道相对多一些。4月6日讣告栏中刊登的应当是她最准确的生平。这位1973年出生在中国广西农村的姑娘，初中毕业后就去一家工厂工作。2004年来美，先在曼哈顿一家中餐馆打工。经友人介绍认识了家在宾厄姆顿的马斯兰(Marsland)先生。宏秀因此从曼哈顿搬到恩迪科特(Endicott)。她在城内一家美甲店工作的同时，还到美国公民协会(ACA)补习英语。毛宏秀和马斯兰于2008年7月底结婚，婚后很幸福。事发之时，俩人结婚才八个月。她的猝死给她的朋友们极大打击，对她新婚的丈夫和婆婆的打击尤为沉重。她在单位与同事相处和谐,大家都喜欢她。与此同时,她也被众多的美国亲戚们所喜爱①。

另一位遇害的女孩子叫姜玲。4月6日的报纸上有篇标题为"姜玲,从恩迪科特和中国来,22岁"。短短的报道记录了一段该报记者对南纽约中华文化协会负责人朱莉·王(即笔者)的采访。报道说王并没有提供有关姜玲的任何细节,而是说"他们(指受害者家属)身心极度疲惫,现在无法面对媒体",又代表家属们对各界的关心与援助表示感谢,"有非常多的人打电话来想要提供帮助"②。事发一周后的报道稍微有点细节,说姜玲是受害人中年龄最小的一个,也是最早一个被火化的中国逝者,该报援引姜玲朋友的话说:"这个女孩非常独立、聪明并且很执着。她在 ACA 学习英语,进步很快,马上就要升到快班去了。"③

从该报的在线讣告栏里,我们也可看到关于另外两位中国人的简单记录:

郭莉于 2009 年 4 月 3 日在纽约宾厄姆顿美国公民协会一个移民中心里丧生。郭莉,47 岁,中国天津人,一位从深圳大学来的访问学者。她于 2008 年 6 月开始在宾厄姆顿大学社区与公共事务管理学院学习工作,她的访问期应当结束于 2009 年 6 月。

钟海红,54 岁,从中国来的恩迪科特居民。

地区报纸外,从布鲁姆县政府的网站新闻发布档案里可以查到"美国公民协会枪击案"④后援的举措。这是由政府受害者援救中心于事发当日,也就是 4 月 3 日下午 3 时 17 分发出的。须知,那时警方尚未正式通报死伤者的名单,城

---

① "Obituaries Hong Xiu (Miao)." Binghamton Press & Sun Bulletin. Apr. 6, 2009, p.7.
② Nguyen, Hoa. "Jiang Ling from Endicott and China: Age 22." Press & Sun Bulletin, Apr. 6, 2009.
③ Reinagel, Eric. "Binghamton Shooting: Memorial Hails Strength of Love." Press & Sun Bulletin, Apr. 10, 2009.
④ Broome County News Release "American Civic Association Shooting: Recover Efforts: Victim Assistance Center" Apr. 3, 2009.

中民众还处于悲愤惶恐与不安的情绪中。该通知明确了在混乱中各种应急的沟通渠道,如:一个专为受害者募捐的账户已经设立,开始接受各界捐款用以帮助受害者;向各媒体公布一个专门负责人,由他发布相关的权威信息;提供需要进行心理辅导的服务热线;提供各类教堂的信息以便民众去寻求精神慰藉。4月6日,又有联邦参议院多数党领袖宣布拨款10万美金给ACA,另拨10万用以对死者及家属进行善后抚恤的报道,等等。

纽约州政府的应急举措来得很及时且实际。从档案中可见:4月7日,纽约州刑事司法司发布紧急公告①,通知说州里的"犯罪受害人委员会"为有效帮助受难者及家属善后,已经在市中心的假日酒店设立了临时办公室,为家属提供法律、心理等咨询,有专业人员现场办公并协助家属进行各种善后具体事宜。它会先提供2500美元现金给家属应急,随后会陆续提供相应的医疗辅助及丧葬费用。因为死伤者多为国际人士,所以专设了国际热线,公布了号码。临时办公室还将提供翻译服务,接受世界各地家属的问询。另外,公告还表示,委员会正与FBI协调,由后者出面并出资安排受难者的直系亲属来美办理后事。

一般情况下,查询地方历史的其他去处还包括各地规模不一的民间机构,如历史协会。布鲁姆县历史协会成立于1919年,以其藏有15万件史前文物为荣。协会除每年发布两期内部消息外,还出版了很多有关当地历史的书籍。他们的资金来源主要靠捐款、会员费以及收取材料使用费等。但此案与该历史协会的收藏并无相关性,且略过。

另外,众所周知的教会档案常为重要的辅助资料。遍布于宾厄姆顿的各种教会,在协助ACA枪击案善后工作中起到了举足轻重的作用。本地有两所华人教会,他们也都有各自的档案,详略不均。笔者面询了本地华人教会的一位执事,得知几位中国逝者并非基督徒。笔者在协助处理该案时也熟悉逝者之一钟海红女士的亲戚,钟女士就是由该亲戚资助携女儿来美读书。她在伴读闲暇去ACA学习英语,不幸罹难。她的丧仪由本地华人教会协办,许多华人包括

---

① Division of Criminal Justice Service:"State's Crime Victims Board Mobilizes to Assist Victims of Binghamton Shooting." Tuesday, April 7, 2009. http://www.criminaljustice.ny.gov/pio/press_releases/2009-04-07_pressrelease.html

笔者都曾出席。尽管追思仪式由华人牧师主持,但该教会只是尽扶助之力,并不保留丧仪相关的记录。

工作单位的踪迹

ACA 枪击案的十三名遇难者中,三位都与宾厄姆顿大学有关,包括中国访问学者郭莉。

宾厄姆顿大学(Binghamton University, State University of New York)坐落在宾厄姆顿市郊一个叫韦斯塔(Vestal)的小镇上。大学建于1946年,建校时规模很小,初衷是为刚从二战归来的大量退伍军人提供再教育的机会。经过70年的发展,学校已经成为拥有17000名本科生及研究生的综合性大学,隶属纽约州立大学系统(State University of New York, SUNY)。该系统有64所大专院校,宾厄姆顿大学是州立大学系统中四所研究型大学之一,在《美国新闻》(*US News*)全美大学评比中连续多年在前百名之列,2018年居第80名,在纽约州立大学系统中排名最前。

北美各高校的档案馆常常与校内其他分馆如科学图书馆、人文图书馆、医学图书馆等并列,从属于大学主图书馆。如此架构,各校可在资源的收藏与管理、开发与再发现等诸多方面进行统筹管理。宾厄姆顿大学档案除妥善保管历史上校董事会、校长办公会议、各种大的行政会议记录以及毕业生名录外,还专设地方史档案,收集本地历史。档案馆还保藏大学所有校刊,包括部分学生自行创建的刊物。学校历年发生的大小事件,可从中查到详细资讯或蛛丝马迹。校刊中重要的有:

《日志》(*Dateline*):记录每日重要活动、各院系的各种讲座。目前,该刊物已经全部改成电子版,图书馆有专人负责将其存储到大学图书馆购置的艾利贝斯(ExLibris)的数字资产保存系统(Rosetta)中。

《宾厄姆顿大学内务》(*Inside Binghamton University*):创刊于1979年,周刊。记录学校各项行政任免,包括教授聘用、离职或退休等人事变动。该刊于 2010 年起改为电子版。

《宾厄姆顿杂志》(*BU Magazine*)：此刊为双月杂志，专门详细报道各项科研成果、校友活动、工作成就及各种捐款等。该刊物目前同时发行纸版与电子版。

《期梦》(*Pipe Dream*)：创建于 1946 年，半月刊。该刊为本校学生自办刊物，登载学生关心的各类问题，包括对学校的见解及学生活动等。此刊目前已经部分数字化并上线。

查看以上各种报刊以及大学官网记录，可以回放当年各种相关的纪念活动，如：

4 月 9 日晚 7 点，中国学生学者联谊会（Chinese Students and Scholars Association，CSSA）、校研究生会（Graduate Student Organization，GSO）、南纽约中华文化协会（Southern Tier Chinese Culture Association，STCCA）联合在校园为遇难者举办追思仪式①。当地很多华人，包括中国遇难者亲属都出席了此次悼念活动。

学校日志连续一周发布通知，4 月 14 日午后 4:30，校长迪弗勒尔博士 (Louis B. DeFleur) 将领衔校方在艺术中心举行追思仪式，纪念 ACA 枪击案逝者。仪式的最后一项为敬献鲜花并在纪念册上留言，此举将为每位参加活动的师生提供哀悼与表达心情的机会②。

4 月 14 日晚，校学生会在学生中心前广场举行了烛光纪念活动，为遇难者中本校的访问博士生及访问学者致哀③。

---

① "Candlelight Memorial Thursday." *Dateline*. April 8, 2009.
② "President Announces Service to Honor Victims of Shooting." *Dateline*. April 9, 2009.
③ "Rembering Apr. 3 University Reaches Out after City Shootings." *Inside Binghamton University*. April 16, 2009. v.30：No.27.

事发之后，访问学者郭莉的国内家属及所属深圳大学副校长及外事处处长赶来协助安排后事。郭莉在宾厄姆顿大学访问的单位，社区与公共事务管理学院专门于4月15日上午为郭莉举行了追思仪式①，并在该学院的花园中嵌立了两块纪念碑，一块专为纪念郭莉，另一块献给所有受害者。仪式上，英格拉哈姆院长（Patricia Ingraham）与郭莉的家属同时种下一株柳树。郭莉的突然遇难成为宾厄姆顿大学与深圳大学进一步交流的契机，两校缔结了包括交换学者以及由宾厄姆顿大学社区与公共事务管理学院为深圳大学培训师资及管理人员的合作协议②。

4月17日的《期梦》以全黑封面标出："98声枪响，他们无辜地倒下了……倒在了英语班里。美国梦，烛光悼念亡者。两周后，从悲伤中走出。"③在这期专为ACA枪击案所发的特刊中，与郭莉工作联系最多的辛克莱教授（Thomas Sinclair）这样介绍她："郭莉一到宾厄姆顿便去ACA上课……她在美期间的一个目标就是强化英语。我知道她在ACA的课堂里与同学们建立了非常深厚的友谊，她是不会落一次课的。"英格拉哈姆院长在参加烛光追思时这样形容郭莉："莉的微笑，你必须要知道，她的微笑可以把天空点亮。"④

事发之后一年，宾厄姆顿官网"每日一影"专栏中的"郭莉树"照片中，小苗葱郁。

事发后5年，2014年秋，因郭莉之死而建立的美中两校合作仍在继

---

① Drellich, Evan. "University Grieves Together by Candlelight." *Pipe Dream*. Friday, April 17, 2009. p.2.
② "Tragedy Brings Two Universities Together: Binghamton, Shenzhen Pay Tribute to Research Scholar by Agreeing to Partnership." *Inside Binghamton University*. April 23, 2009. v. 30: No.28.
③ "Ninety-eight Gun Shots." *Pipe Dream*. April 17, 2009. v. 74: issue 18.
④ "In Memoriam Li Guo." *Pipe Dream*. April 17, 2009. v. 74: issue 18. p.3.

续,深圳大学副校长李军及校院级领导近20人来社区与公共事务管理学院参加为期两周的培训。一行人为郭莉献花①。

事发后8年,2017年夏,深圳大学代表团再次访问宾厄姆顿大学,与大学各院校领导进行对口交流。

郭莉的去世,客观上使宾厄姆顿大学与深圳大学建立了密切深入的合作关系,这种关系的持续使她的生命有了另一种意义上的延续。那株种在社区与公共事务管理学院花坛中的垂柳伴随着两座纪念碑,面对长流的河水随风飘摆。石虽不语,但郭莉等中国同胞与这块土地结下了永久的渊源。

个人心中的印迹

ACA枪击案事发突然,几位中国受害者家属,除了毛宏秀的美国丈夫,其他几家人都是新移民。姜玲的父亲匆匆从外地赶来,而毛宏秀和郭莉的国内亲属等在出事一周后方得抵美。受语言限制加上悲伤与惊慌,家属们在事发之后几乎完全束手无策,本地的华人协会和教会挺身而出,在其中扮演了非常重要的角色。笔者是处理郭莉与姜玲两位遇难者后事的主要联络人,代表南纽约中华文化协会(STCCA)及两位家属应对媒体。十年前的大小事务交织错综复杂,诸多细节已经开始变得模糊不清。幸而本人电脑笔记本中存有一些过往信件,也留下一些当时的工作记录。如今重温这些私人笔记,伤疤重新撕裂,心情极为复杂。同时,也非常庆幸当年的笔记得以保存,因为它是复原事发最初详情的关键,很多细节反映出整个救援工作的艰辛与特殊。

譬如笔者所留存"宾厄姆顿市4月3日(2009年)枪击案事发后有关郭莉的紧急救援,丧葬准备及纪念活动工作大事记"中记录事发第二天的情况:

---

① Brhel, John. "Chinese University Gains Insight during Visit to Binghamton." *Inside Binghamton University*. Oct. 17, 2014.

4月4日 星期六

大使馆①王涛赶到。

一整天，继续打探等待消息，警察局答复还在辨认之中，不能最后证实，再次要求家属提供郭莉的特征。

教会阮医生夫妇，南纽约中华文化协会前任会长李海水夫妇，前任理事郑筱岚、马群等来看望。得知还有更多的中国人遇难，海水立即赶到老胡的亚洲店进行联络。领事馆刘俊华和王涛领事也在此了解情况。

中午，警方开新闻发布会。仍未公布死亡者名单。

下午4点左右，警察局告知请家属再耐心等待，因医院只有两台尸检设备，需时间一个个确认，并告知，所有人的指纹被送至雪城（Syracuse）移民局进一步对证。

中华文化协会会长孟卫一，副会长高西白，李海水都在亚洲食品店安慰家属。此时，已得知共有5名中国人出事，其中1人是宾厄姆顿大学学生②，正在医院抢救中。其他4名中国人（包括郭莉）的家属都集中在亚洲店等候消息。晓燕提醒家属，大批媒体已经赶到，一旦警察局公布名单，家属会成为追踪焦点，要大家做好准备。

又如，事发之后很多事情需要通过纽约州政府的受害者救援中心办理。该中心工作人员办事非常人性化，体恤之情溢于言表。他们的工作细致与认真均可在与我的过往信件中显现。出事一个月后，笔者还收到救援中心办事人员的信，说郭莉家属来美前已经从国内买好了骨灰盒，美方认为这项开销应当算在安葬费里，所以请笔者居中催促一下家属尽快拿发票去报销。

遗憾与希望

此次查询2009年ACA枪击案档案中有关中国遇害者的信息过程不可谓

---

① 此处实际应指中国驻纽约总领事馆，笔者注。
② 后来才得知，该伤者为宾厄姆顿大学的访问学者，笔者注。

不全面。但是，该案的资料数量虽多，具体涉及中国同胞（四死一伤）的信息却寥寥无几。究其原因，大概有几点：

1.受语言限制。受害者及家属多为新移民，事出突然，家属们从惊慌失措到感觉无力回天，最后不得不接受现实，需要在短时间内作出很多抉择，整个过程非常痛苦。尽管中国驻纽约领事馆官员在事发第二天便赶到进行安抚，协助受害者家属在中国办理护照及催促美方办加急签证等，本地华人也从各个具体层面给予协助，但很多法律及各种繁杂的手续仍使家属疲于应付。多数家属连简单交流都需要通过翻译进行，更不要说接受记者采访了。

2.受自身文化限制。对于媒体，特别是中国媒体的采访，受害者家属更有一层顾虑。中国传统一向报喜不报忧，受害人家属在"倒霉""不吉利"等心理暗示下，从一开始就尽力避开媒体，不愿曝光。国内的新华社有报道："中国驻纽约总领事馆副总领事施勇 9 月 5 日对新华社记者说，他当天已经分别见到了 4 名遇害中国公民的家属，目前仍在协助他们与当地警方和政府部门联系，以便做好各种善后工作。他也说，根据死者家属的意愿，他不能向媒体提供遇害中国公民的姓名等信息。"① 化学系的一位中国访问学者身受重伤，因为各种原因自己不愿公开姓名，所以学校、医院及警方从始至终为其保密。直到这次查档，才见到他的名字：陈立乔（Liqiao Chen，音译）。又譬如，在事发半年后，《新闻与阳光报》在对受害人追踪报道时说："有 7 家受害者的家属不是无法联系到就是选择不在公众场合讲话，这 7 家人里就有除毛宏秀之外的 3 家中国人。"②

3.复杂背景所造成的顾虑。千禧之年后的移民，与改革开放早期以学生为主的移民不同，特别是短期滞留美国的中国公民的情况已经开始变得比较复杂，其中也不排除以非正式途径进入美国的人。新移民自身尚处在寻找工作、适应环境、转换或落实身份等重重压力下，拘于语言限制及对法律等诸多方面知识的缺失，他们显出种种顾虑，流露出希望将后事尽快办好以便离开的意愿，

---

① "美国纽约枪击事件中 4 名遇难中国公民姓名公布"，http://www.gov.cn/jrzg/2009-04/06/content_1278419.html，中央政府门户网站 2009 年 4 月 6 日。

② "A Community Heals 6 Months Later-The Other Victims." *Press & Sun Bulletin*, Oct. 4, 2009.

如姜玲的父亲当时就是这样的情况。加之事发后，联邦政府、州政府及地方各界都对善后工作极为重视，从经费到人力也都慷慨。譬如前面所说州政府对丧葬费用的后续支出实为6000美金，本地的各殡仪馆也都主动提出愿意以最低价格包办丧仪。笔者在为郭莉联系殡仪馆时，家属提出要在告别仪式时多摆放鲜花。因政府资助的费用已经大大超支，殡仪馆略有踌躇。该情况转告给宾厄姆顿大学，郭莉所访问的社区与公共事务管理学院立即同意出资500美金专门购买鲜花用以布置告别会场地。类似细节还有很多。所以家属们虽然悲痛，但基本上都服从安排，从速办理了各家的丧事。换言之，各方在对后事的处理上并无过多分歧。事后，其他受难者家属与本地救援人士倡议捐资筹建ACA受难者纪念公园，有关此事的讨论也见诸报端，毛宏秀的美国丈夫曾非常积极地倡导、参与直至项目落成。但其他几位受害者家属因家庭变故或离开本地，或不愿、不能抑或不热心，所以后续无声也无记录。

4.有意识地选择忘却。事发后，宾厄姆顿本地的华人社团、教会出面提供无偿帮助，轮流值班安慰照料家属。本地的中国食品店的店主David Hu是逝者郭莉的朋友。事发头两天，他主动将自己楼下餐厅腾出来作为中国受难者救援工作的临时联络中心，纽约总领事馆的领事去看望家属时便是在那里进行的。外围的支持由南纽约中华文化协会（STCCA）与宾厄姆顿大学中国学生学者联谊会（CSSA）联手组织，如安排烛光悼念活动、组织募捐等。他们在两周内募到7465美元[①]。善款除分放给五位中国死伤者的家属之外，还有一部分捐给了同时遇害的越南与韩国受难者家属。因为大家情绪持续紧张伴以悲伤，丧事料理完毕后，所有当事人与志愿者都疲惫不堪，心力交瘁。如笔者事后给朋友的信里所形容："此事我从头开始便参与救助，在中国受害人、领事馆和我校外国留学生与访问学者办公室之间居中联络。过去的一个月，经历太多，心神疲惫，感觉就像自己也中弹数发，且命中非致命却极为要害部位，短时间无法

[①] 见笔者存孟卫一于2009年4月26日所发标题为"关于捐款与分发"的信件，报告在南纽约中华文化协会与宾厄姆顿大学中国学生学者联谊会联席会议所公布的关于捐款与善款具体分发的决定。

复原。"①当时的状态是,凡参与协助善后事宜之人最大的愿望就是尽快忘记,不愿谈论此事,以避免触发伤口。

5.媒体的局限。当时的媒体无法与今天发达的媒体、媒介如手机、短信、视频等相比。事发之时虽参与者众,鲜有人有心有力做记录,所留存文字极其有限。国内中文报刊或网站虽有报道,但可看出因为采访渠道有限,与实际尚有出入。而实际介入者如本人,则顾及隐私,不便公开信息。经过这次查询,笔者更意识到原始记录之重要,所存资料会继续整理并捐赠给宾厄姆顿大学档案馆做地方华人社区史料加以保存。

需要指出的是,此次查档过程中发现的有些资料是让人非常感动的。

其一,事发过后三周左右,当宾厄姆顿仍沉浸在悲痛之中时,包括宾厄姆顿大学校长在内的几所美国大学校长突然接到一位银行家的电话。他带来的口信说有位不愿透露个人信息、仙女般的人要捐一笔 7000 万美金的款给这几所大学,用于颁发给女性及少数族裔学生奖学金之用。其中,宾厄姆顿大学得到 600 万美金。《纽约时报》在 4 月 25 日引用校长迪弗勒尔博士(Dr. Louis E. DeFleur)接受这笔天上掉下来的大礼包时的感慨:"我们大家都为之一振,相当的正能量。宾厄姆顿刚刚经历了惨痛的枪击案,现在大家都感觉到这世界上不止有魔鬼,还是有好人的。"②

其二,事发十年来,宾厄姆顿对 ACA 枪击案的悼念活动从未停止过。重新装修过的美国公民协会(ACA)焕然一新。本地报纸《新闻与阳光报》连续报道着每年的相关纪念活动。譬如:ACA 脸书上新闻一栏清楚地记录着 2017 年度的烛光纪念活动在 4 月 3 日如期举行。出席纪念活动的有本选区的立法委员、县行政长官的代表、宾厄姆顿市长的代表等。报道中说出席纪念仪式者可带蜡烛与鲜花,并强调 ACA 会为家属所需的各种宗教悼念仪式提供相应的房间。仪式的最后一项,如同过去的每一年,逝者的名字再度被主持人一一念出。

得益于新媒体的发展,与纪念活动的文字报道同时出现的是一段一分钟视

---

① 笔者于 2009 年 5 月 6 日写给友人的电子信。
② Foderaro, L. W. "Anonymous Donor Gives Millions to Colleges, but Not a Cent for Publicity." *New York Times*, April 25, 2009, p. A14(L).

频。镜头扫过出席纪念仪式的人群时没有看到中国逝者的家属。如上所分析，他们的亲属或许害怕睹物思人，或许是天高地远无法出席，或许中国人习惯在清明时悼念故人而回避亲人离世的伤痛日子。无论如何，宾厄姆顿人没有忘记这些在美国大地上受到伤害的追梦人。随着视频的画面，我们看到新落成的宾厄姆顿 ACA 枪击案纪念园里一方方代表每个生命的大理石环成一圈，比肩而立。画面上的文字是这样的：

2009 年 4 月 3 日那天，一个枪手在美国公民中心内扣动了扳机。13 个生命就在那天消失了。8 年后的今天，我们仍旧记住他们的名字：

Parveen Ali, 26 岁；

Almir Olimpio Alves, 43 岁；

Marc Henry Bernard, 44 岁；

Maria Sonia Bernard, 46 岁；

Li Guo（郭莉）, 47 岁；

Lan Ho, 39 岁；

Layla Khalil, 57 岁；

Roberta King, 72 岁；

Ling Jiang（姜玲）, 22 岁；

Hongxiu "Amy" Mao Marsland（毛宏秀）, 35 岁；

Dolores Yigal, 53 岁；

Haihong Zhong（钟海红）, 54 岁；

Maria Zobniw, 60 岁。

结语

作为 2009 年宾厄姆顿 ACA 枪击案善后工作的参与者之一，笔者试图通过查找中国受害者的文献资料，以窥一斑见全豹的途径探索学习自己并不熟悉的美国档案系统。尽管美国政府没有对民间历史保存提出过行政上的统一要求,但上至联邦政府、州政府及地方政府,下至单位、家族、个人,方方面面都怀有对历史的敬畏及存护历史文献的高度责任感,特别是不断地通过民间力量从不同角度记录并保存历史。得力于近年来历史文献数字化的飞速发展,笔者在查档过程中,几乎可以从网上获取绝大多数相关的原始文献。在整理的过程中也意识到尚有许多空间需要用私人资料及其他途径,如追踪采访与回忆录等方式陆续弥补。身兼亲历者与亚裔研究馆员的双重身份,无论于公于私,笔者都有责任也有义务继续挖掘整理这段特殊的历史。

在全美排名最高的恶性枪击案里,宾厄姆顿的案例是非常特殊并极具研究性的。而新的研究基础,正是建立在收集整理及传播史料的工作者坚持不断的努力之上的。

参考文献及网站

1. 陈昭珍 Chao-Chen Chen. "欧美公共图书馆地方文献之征集及其服务型态探讨 | Acquisition and Services of Local Documents in Public Libraries of Western Countries." *Tushuguanxue Yu Zixun Kexue* 28.1（2002）：Tushuguanxue Yu Zixun Kexue, April 1, 2002, Vol.28(1). Web.

2. Theimer, Kate. *Web 2.0 Tools and Strategies for Archives and Local History Collections*. New York：Neal-Schuman, 2010. Print.

3. Gilroy, M. "ACA Victims Remembered with Vigil Eight Years Later." *Press & Sun Bulletin*. Apr.4, 2017.

4. "China's Yang Jiechi Talks to Clinton on Chinese Killed in Shooting." Xinhua News Agency, Beijing. In English, Beijing, Apr.5, 2009.

5. "Gunman in Binghamton, N.Y., Shooting Felt 'Looked Down upon'." *Newsday* [Melville, NY], Apr. 4, 2009. New York State Newspapers. Gale Accessed, July 6, 2017.

6. Mcfadden, Robert D. "Upstate Gunman Kills 13 at Citizenship Class." *New York Times*, Apr. 4, 2009, p. A1（L）. New York State Newspapers, Gale Accessed, July 5, 2017.

7. Fernandez, M. & Hernandez, J. C. "Victims Shared a Dream of Living Better

Lives." *New York Times*, April 6, 2009, p. A19 (L). Retrieved from http://go.galegroup.com

8. United States. (2011). Keeping America Informed: The U.S. Government Printing Office: 150 Years of Service to the Nation. Washington, D.C.: U.S. G.P.O.

9. Department of Health, New York State, https://www.health.ny.gov/

10. U.S. Government Publication Office, http://www.gpo.gov

11. Binghamton University, The State University of New York, https://www.binghamton.edu/

12. Binghamton University Libraries, https://www.binghamton.edu/libraries/

《新国纪行》与1871年旧金山工业博览会

◎ 何剑叶[1]

摘　要：

  细川润次郎(1834—1923)是日本明治时代到大正时代的一位重要人物。他不仅精通西学和汉学,而且积极参与宪政和教育改革。1871年他曾带领使团代表日本参加由旧金山工业公会举办的第八届工业博览会和美国东部的农事博览会。他的汉文日记《新国纪行》的主要部分详细记载了他在旧金山参加博览会(8月8日至9月9日)和在当地探访考察美国工农业新技术和产品的情况。通过对细川润次郎日记的仔细研读,结合旧金山工业公会的博览会报告,以及早期旧金山英文报纸的报道,我们可以了解到中日参加这一次小型世博会的不同经验及对后来的影响。

关键词：

  细川润次郎；旧金山工业博览会；工业公会；日记；日本；中国

Journey to the New Nation and San Francisco Industrial Exhibition in 1871

◎ Jianye He

Abstract：

  Hosokawa Junjirō (1834-1923) was an important figure from the Meiji era to the Taisho era in Japan. He was not only proficient in western learning and sinology, but was also an active participant of constitutional and educational reforms. In 1871, he was appointed by the Japanese

---

[1]　何剑叶,伯克利加州大学东亚图书馆中文馆员。

government to present at the Eighth San Francisco Industrial Exhibition organized by the Mechanics' Institute of San Francisco and the Agriculture Exhibition on the east coast of the United States. His diary *Journey to the New Nation*, written in Chinese, documents his activities at the exhibition in San Francisco, which ran from Aug. 8 through Sept. 9, as well as his other visits around the Bay Area. He also wrote about his discoveries of new industrial and agricultural technology. Through close reading of his diary, combined with the report from the Mechanics' Institute and early San Francisco newspapers, we can understand the different experiences that China and Japan had in presenting this exhibition and their impact on the future.

Keywords:

Hosokawa Junjirō; San Francisco Industrial Exhibition; Mechanics' Institute; Diary; Japan; China

2010年上海世博会的成功举办,也带来了学界对世博会,特别是对中国参与世博会早期历史的研究兴趣。学者们的眼光主要投向了那些知名的世博会,如1851年的伦敦万国工业品大博览会、1867年巴黎博览会、1873年维也纳博览会、1876年费城博览会和1915年巴拿马博览会等。其中,为纪念美国成立一百周年而筹办的1876年费城博览会对中国具有不同的意义,因为当时清政府第一次派了时任宁波海关文牍的李圭作为代表参加了世博会,此前,"中国民间商人以组团参展、寄物参展、派员参观等形式几乎参加了历届博览会"①。李圭虽然没有参与费城博览会中国展馆的具体事务,但是他以自己的亲身经历写下了《美会纪略》,详细记载了他在博览会上的所见所闻。在他的记述中,有一个值得注意的细节,即李圭对博览会上日本展区的规模感到吃惊,"日本陈物之地,较中国大可加倍,位置亦甚井井"②,"闻此番赴会,共用帑金二十七万元,未知确否"③。相比之下,中国馆则显得局促狭小,尽管中国展出的物品数量十分丰富,"中国赴会之物,计七百二十箱,值银约二十万两。陈物之地,小于日本,

---

① 侯林:《晚清时期的中国与世博会》,载《晋中学院学报》,第27卷第4期(2010年8月),第89页。值得一提的是,1873年的维也纳世博会是由海关正式承办的,也从此开始了清末海关承办世博会的做法。

② 李圭:《环游地球新录》,长沙:湖南人民出版社,1980年,第10页。

③ 李圭:《环游地球新录》,长沙:湖南人民出版社,1980年,第11页。

颇不敷用"①。他也对日本学习西方的速度之快印象颇深,"橱柜皆仿西式,器物亦闻用西法制造者……管理会务官等皆泰西装束,有时亦携眷(眷亦西装)同行。倘非发黑面黄,几令人东西莫辨矣","今亦选派多人来会,专司记载。相传一二年后,法国会毕,将仿其制踵行之,以张大其国名"②。

  以上这些文字,与李圭对博览会的各展场布置和琳琅物品的宏富描述相比,并不引人注意。然而很少有人知道,就在费城博览会举办的五年前,即1871年,作为东亚代表国家的中国和日本曾经有过同等的机会在太平洋另一端的新兴工业国家的博览会上展出自己的产品与艺术,并受人瞩目。如果不是一个明治时期日本人的日记,我们可能也不会发现1871年在旧金山举办的这一届很特别的工业博览会以及中日两国的不同经验及其影响。这本日记就是《新国纪行》,它的作者细川润次郎(1834—1923),号十洲、吾园,是日本江户时代末期的土佐藩藩士,也是明治时代到大正时代的贵族、兰学家、宪政官员、教育家和文学家。在1871年以前,他曾经在长崎修习兰学,学习兵法、炮术和航海术,并学习英语。明治二年(1869)任开成学校权判事,并起草了《新闻纸条例》和《出版条例》等。明治四年(1871),他任工部少丞,赴美国考察。归国后先后任少议官、中议官、二等议官、印刷局长、元老院议官、女子高等师范学校校长、华族女子学校校长等职。他还负责起草了日本近代刑法草案等。③他也是日本明治时期有名的汉学家,曾经在当时的汉学研究机构东京学士会院的学术刊物《东京学士会院杂志》上发表有关汉学研究的论文,④并曾经参与过编修日本近代著名的类书《古事类苑》的"植物部"和"金石部"。有文集《十洲全集》传世。他与清末驻日公使黎庶昌曾有过诗歌唱和。⑤但是从现有文献来看,他并不为中国学者所熟知,也没有看到关于他的专门研究。

---

① 李圭:《环游地球新录》,长沙:湖南人民出版社,1980年,第8页。
② 李圭:《环游地球新录》,长沙:湖南人民出版社,1980年,第10—11页。
③ 见[日]日外アソシエーツ编集:《20世纪日本人名事典》,東京:日外アソシエーツ:発売元紀伊國屋書店,2004,第2册,第2243页。
④ 叶正渤:《日本明治时期汉学研究评述》,载《外国问题研究》,1992年第3期,第10页。
⑤ 谢尊修:《黎庶昌与中日文字之交》,载《贵州文史丛刊》,1992年第3期,第85页。

《新国纪行》①是细川润次郎代表日本政府参加1871年旧金山工业博览会并到美国东部参加农事博览会期间所写下的汉文日记,所记载的时间从明治四年5月3日(1871年6月20日)至同年9月14日(1871年10月27日)。日记共分上下两卷,上卷主要记述他到旧金山后参加博览会(8月8日至9月9日)和在当地探访考察美国工农业技术的情况,下卷记述了他从旧金山一路去东部的纽约州阿儿拔尼(Albany, New York,一般现译为奥尔巴尼)参加那里的农业博览会的经历。作为一位明治时期有着汉学和兰学双重背景的年轻学者与官僚,细川润次郎的汉文日记内容十分丰富,记述翔实细致,它与其他相关的早期英文资料正好可以为我们弥补清末文献中缺失这一博览会记载的遗憾,有助于我们了解中日在早期世博会中的不同经验及其原因。

与之前的世博会相比,1871年的旧金山工业博览会的规模显然是不足道的,也几乎不为人所知。不仅在中文文献里无从查到相关内容,就是美国关于博览会的参考资料与专著里也都没有提到它。② 除了规模小,另一个可能的原因是它的组织者不是政府,或者大型商会,而是一个以推动机器与工程技术教育与革新为宗旨的工业公会(Mechanics' Institute)③。工业公会的书院筹建于1854年,当时加州的金矿产量已经下降,其开采也几乎被采矿公司垄断,不少矿工失业,转向农业和制造业,但是当时还没有学校有这方面的教育课程,因而工业公会就应运而生,一群旧金山富有眼光和魄力的实业家、工匠和商人组成

---

① 本论文所用的《新国纪行》版本乃是笔者私人所藏的明治十六年(1883)细川润次郎家刻本,吾园藏版。此书甚为罕见,Worldcat上只有日本国会图书馆藏有一本。所幸早稻田大学已经将其数码化,读者可以下载:http://www.wul.waseda.ac.jp/kotenseki/html/ru09/ru09_02949/index.html

② 《筹办夷务始末》(北京:故宫博物院,1930)、中国第一历史档案馆编《清宫博览会档案》(扬州:广陵书社,2007)、上海图书馆编《中国与世博历史记录1851—1940》(上海:上海科学技术文献出版社,2002)等中文文献不见记载。以下有代表性的介绍早期世博会的西文参考资料和专著也没有提及:Findling, John E. *Historical Dictionary of World's Fairs and Expositions*, 1851-1988. New York: Greenwood Press, 1990; Findling, John & Kimberly D. Pelle eds. *Encyclopedia of World's Fairs and Expositions*. Jefferson, NC: McFarland & Co., c2008. Miles, George S. *World's Fairs from London 1851 to Chicago 1893*. Chicago: Midway Publishing Company, 1892。

③ 据细川润次郎译名,《新国纪行》,卷上,8a。

了最初的董事会。该书院落址于旧金山蒙哥马利街(Montgomery Street)和加利福尼亚街(California Street)相交的一座大楼的四层楼。① 书院的最初宗旨就是要为广大技工们提供最廉价的工程技术与科学教育,其具体的建设目标包括"建立一个图书馆和阅览室,有藏书柜、科学仪器、艺术品、以及其他与文学和科学相关的东西"②。书院成立后开始开展关于机械方面的讨论,组织辩论会,购买相关图书等。但是由于经费不足,书院自1854年起开始举办加州农产品博览会,1857年开始扩展到推介机械工程和制造类产品为主的工业博览会。

1869年底,一个对美国后来的工业化历史和经济迅速发展有着重大影响的事件发生了,那就是自1863年开始动工修建的连接美国东西部的太平洋铁路的完成,它意味着美洲大陆东西交通的便利,更方便和快速的原料与市场流通,人口的迅速增长和不断发展的经济。此时的工业公会在机械制图、应用数学、木刻、铁器等方面开设的课程与免费讲座,还有它举办的工业博览会都已经闻名一时。当时的工业公会会长是一位英国移民哈列提斯氏(Andrew S. Hallidie,1838—1900),他的父亲也曾是一位发明家,他早年在父亲的影响下在英国的机器局和绘图局当过学徒,到旧金山后他发明了钢丝绳,致力于桥梁建造,成了一位成功的实业家。他也被认为是旧金山缆车的发明者。自1868年起他担任加州大学董事会的董事,直到去世。从1870年9月开始,加州大学的教授们在工业公会举办讲座,一年之中共有40场之多。③

1871年,工业公会在旧金山联合广场(Union Square)举办了第八次工业博览会,这也是该书院在联合广场举办的第三次博览会。与前七届博览会相

---

① 工业公会书院于1863年购买了位于蒙哥马利街(Montgomery Street)和卡尼街(Kearny Street)之间的一块地,并建造了自己的大楼。1866年,书院卖掉这座楼,重新购买了邮政街(Post Street)的一块地,建了新楼,直到现在仍在该址。

② *100 years of Mechanics' Institute of San Francisco*,1855-1955. San Francisco, Calif.: The Institute,[1955?],p.4.

③ 同上,p.16.

比,这是最成功的一次,共有1020个参展者,而且获得净收入＄31854.09①。虽然规模无法与其他大型世博会相比,但是它无疑是美国西部早期博览会中最令人瞩目的一次,它的成功很大程度上与它邀请了其他太平洋沿岸国家有关,这些国家包括中国、日本、澳大利亚等,还有夏威夷群岛的一些代表。在该年的六月,博览会开幕以前,当地有名的报纸《旧金山纪事报》报道了被邀请的国家都表示乐意参加,并充满期待地预言这一届博览会将是最成功的一次。② 另一家报纸《太平洋乡村报》也谈到,中、日、澳三国会带农业、机械和制造产品来展出。③ 除了以上三个国家,还有来自夏威夷群岛的代表参展。而在博览会的开幕式致辞中,工业公会哈列提斯氏会长充满自豪地谈到,本届博览会将显示美国在不断增强的制造、生产能力和艺术方面达到了新的文明高度,这将是对当时美国国家繁荣程度的一个关键展示,加利福尼亚是通向太平洋贸易的关键。④

就是在这样的背景下,细川润次郎从日本横滨启程,远道而来,"我明治四年辛未(即洋历一千八百七十一年)值亚美利加国山夫兰西斯哥市(San

---

① 据统计,除了第三届工业博览会因为没有出版报告而数据不详外,1871年之前的六次博览会参展者人数分别是 650、575、717、585、748 和 826 名。此次博览会的总收入是＄62846,总支出＄30991.91。See *Report of the Eighth Industrial Exhibition of the Mechanics' Institute* (*1871*). San Francisco：Mechanics' Institute, 1872, p.7.

② See "The Fair." *San Francisco Chronicle*. June 18, 1871, p.3.

③ 旧金山的当地报纸 *Pacific Rural Press* 这样报道,"Indeed, the State Fair of 1871 will partake very much of the nature of a national, or international exhibition, for not only our own states and territories will be there represented, but China, Japan and Australia will also exhibit samples of many of their agricultural, mechanical and manufactured goods"。See "The State Fair." *Pacific Rural Press*, August 26, 1871, volume 2, No.8.

④ See *Report of the Eighth Industrial Exhibition of the Mechanics' Institute* (*1871*). San Francisco：Mechanics' Institute, 1872, p.23-24. 英文原文是这样的,"We should feel proud of it because it bears evidence of a higher civilization in the arts, and an increasing capacity for manufacturing and producing…the condition of an industrial exhibition like this furnishes the keynote to the scale of a nation's prosperity… California posses the key to the trade of the Pacific"。

Francisco)人创开大会,将倡海外诸国比赛技巧。有彼地代办谈氏某①,踵我横滨,请于官输送物产并派吏员往临其会,盛称是举于两国贸易事甚有便益。美国驻我京公使②亦赞其说。朝议允之。乃谕商人以聚杂货致彼国矣。时余官民部权少丞,掌劝农工等事。适我官长以余堪临其会,拟名上太政官,于是准其请。命余临会且顺观美国东部农事博览会也"③。

博览会的正式开始日期是 1871 年 8 月 8 日,细川润次郎的到达时间是 7 月 15 日(明治四年 5 月 28 日)。细川润次郎利用这段时间,对旧金山进行了较为深入的考察。显然,刚踏上这片新土地的他对这个充满活力的新兴城市的第一印象充满了新奇之感,在他眼里,这里"土地衍沃,其利亦不减金矿。居人愈多。内外商舶云集此港。而山夫兰西斯哥遂为太平洋东岸一大聚落,百货山积,靡物不有。往来之人,肩摩毂击,户户皆砖石筑造,即大小不同,而新旧亦皆相若。是盖新开地方景象,别处经久都邑之所无也。街上布铁轨,便行大车……市中央有市厅处,为最殷繁"④。

匆匆的观光之后,细川润次郎随后开始了一系列关于旧金山教育、技术、工艺、农器、建筑材料等方面的考察。在美国人谈氏(Horace D. Dunn)的陪同下,7 月 17 日他首先访问了建校不久的加州大学(细川润次郎称之为"俄俄古兰土

---

① 谈氏某,指美国人 Horace D. Dunn,他也是促成细川润次郎代表日本参加 1871 年博览会的重要人物。在工业公会关于这一年博览会的报告中谈到:"(Mr. Horace D. Dunn), whose business was about to take him to Japan, and probably to China, offered to take charge of the interest of the Industrial Exhibition and represent it there while he remained... The mission was successful, and the Japanese Government sent several Commissioners to visit the Industrial Exhibition and the United States, and report thereon." See *Report of the Eighth Industrial Exhibition of the Mechanics' Institute*(1871). San Francisco:Mechanics' Institute, 1872, p.5-6. Horace D. Dunn 在 1872 年担任日本驻旧金山的副领事。见日本驻旧金山总领事馆网页介绍,http://www.sf.us.emb-japan.go.jp/itpr_en/e_m01_06.html (2018 年 8 月 17 日)。

② 指当时的美国驻日本公使 Charles Egbert DeLong (1832—1876)。

③ 工业公会会长 Andrew S. Hallidie 在博览会开幕式致辞中谈到,纽约的博览会原定于同年 9 月 9 日举行,但为了保证此次参展者可以来得及参加,他已经与主办方协商让该博览会推迟举行。See *Report of the Eighth Industrial Exhibition of the Mechanics' Institute*(1871). San Francisco:Mechanics' Institute, 1872, p.26. 细川润次郎应该指的就是这个博览会。

④ 《新国纪行》,卷上,7a—7b。

学校",因为当时的加大校址还在奥克兰)①,还有举办这次博览会的工业公会书院。仅隔两日(7月19日),他又在工业公会会长哈列提斯氏和谈氏的陪同下再次访问了加州大学,观摩毕业典礼。对这所当时美国"邦内最大"的学校,他考察了"美国政府舍沿河官地以助学田"的做法,"入学校观教育诸图诸具",并与一位讲授地质学的教授相谈甚欢。②在技术方面,他于7月20日和24日分别参观了修船处、铁厂、织绒处。在参观修船处的时候,他对那里的构造、原理与程序作了细致的描述。有意味的是,当他得知参观的铁厂机器马力仅为250匹,很自豪地评论道,"是不及我长崎及横须贺所设,无足缕述也"③。织绒处位于马尔结多街(即 Market Street)的"巴西非古乌练米尔"厂(英文名字是 Pacific Woolen Mills),是当时旧金山唯一的一家羊毛纺织厂,有价值30万元的机器,役工凡300人。细川润次郎对剪羊毛、清洗、染色、纺织、修饰等各道工序都有非常详细的描述。④此外,他还参观了一个曾经在1862年的博览会得过奖牌的制石厂,特别留意其实用价值。⑤

令人意外的是,8月8日博览会正式开幕的那一天,细川润次郎因病未能参加。"是日系博览会开场,哈列提斯氏(Andrew S. Hallidie,工业公会会长)尝送门票招予。予有微恙不赴。"⑥从旧金山工业公会的报告书来看,他错过了一次对他和他的使团非常热情的欢迎会。会长哈列提斯氏在他的致辞中热情地感谢日本接受了邀请,派出使团来参加此次博览会,了解美国的工业和资源,而且这是第一次日本有这样的使团来参加美国的博览会。他也相信日本的展

---

① 加州大学于1873年才搬到伯克利。见伯克利加州大学校史网页:http://www.lib.berkeley.edu/uchistory/general_history/campuses/ucb/index.html (2018年8月17日)。
② 《新国纪行》,卷上,8a,8b,17a。
③ 《新国纪行》,卷上,10a。
④ 《新国纪行》,卷上,12a—12b。
⑤ 《新国纪行》,卷上,16a。
⑥ 《新国纪行》,卷上,17a。

品会引人注目。①也正是出于推动美国的太平洋贸易的目的,哈列提斯氏会长对作为日本使团长官的细川润次郎,给予了不一般的热情优待,不仅多次陪同他参观,而且还设家宴招待,并由妻子送他去博览会展场。

在随后的日记中,细川润次郎主要是记述了他在博览会间隙所作的游历和考察工作。他对于书店很是关注,光顾过数家,"购采矿、制钢、测地、量土、染布、造碱等诸书"②。他也收集一些其他政务类专门书,如"过邑长公司,得邑政书一部而归"③。他对新的印刷技术也是兴趣浓厚,就在博览会开幕前的一天(8月7日),他还特意到一个印书店观摩活字印刷与石印,"见其印书机器数架,由火力旋转,小圆轴过墨,墨黏活字面,大轴过纸上,则纸面皆印,有机翻出,顷刻可得千纸。又有石版印刷处,画师剞劂氏俱在,其便捷真不可思议也"④。随后又参观了两家规模更大的印书房,专门观摩了机械和电机制铅活字、黄杨木刻版和石版套印,希望多了解这些简便新法,他这样解释书籍印刷的意义,"印书之于文学,所关至重,而国之皇华,非文学不能致之"⑤。

在考察实务方面,细川润次郎访问了收税司,阅览各种文书;参观并了解邮政管理与邮递方式系统;参观了两艘美国南北战争期间使用的军舰,研究其装置构造和功能;到访造币局,了解铸币工艺与标准;参观法院和监狱;他又听了美国友人的建议,认为日本磁器、漆器和铜器、绸缎的配画不合时好,因此到磁器铺,"故选其可为式样者而购之,将赍归示诸工人也"⑥。而且,他特意雇了一

---

① Hallidie 的英文原文是这样的:"Accepting in good faith our invitation, the Japanese Government has commissioned several distinguished citizens to visit us, and they are among us today as guests of the Mechanics' Institute, which bespeaks for them your consideration and kindness in facilitating the objects of their mission by furnishing them opportunities to see and examine our industries and resources. I need hardly refer to the exhibits from Japan — these will best speak for themselves — but to mention, in this connection, that they were sent to this Exhibition on our representation." See *Report of the Eighth Industrial Exhibition of the Mechanics' Institute* (1871). San Francisco: Mechanics' Institute, 1872, p.25.

② 《新国纪行》,卷上,23a。
③ 《新国纪行》,卷上,28a。
④ 《新国纪行》,卷上,16b,17a。
⑤ 《新国纪行》,卷上,18a。
⑥ 《新国纪行》,卷上,27a。

名女画工为他复制图案带回日本。他还重点考察了以教化顽童为目的的工艺学校,了解其课程设置、师资、管理、经费等。此外,还参观了讲授商旅、货运、商业契约、担保法规、汇兑金银等的商贾学校。

农机和种子也是细川润次郎此行的主要收获。在博览会开始前,他就在美国友人的帮助下,购买了农器,"拣其制尤良者,遂得犁、镰、镘、铲、播种器、刲刍器等"①,又亲自办理邮运回日本的手续,结果因不熟悉情况,遇到困难,"早起,往农器铺搬出前日所购诸件,转过邮船局收水脚处,及抽税司,交付邮船,寄回本国。美国之例,货物进口,抽税有差,出口则不抽税。然又必须具单,一一注明,既有农器铺手记,更要我领事手记,否则不许出口。余未谙其例,又不假土人手,而躬亲为之,殊不耐烦,尽日踉跄,无暇回寓午饭,饥甚,乃就街头小店吃点心。自笑新到之人,不免有如此之周折也"②。博览会当中,他又购买了果苗和产量高的谷种。

9月4日,细川润次郎开始向美国东部旅行。他关于旧金山工业博览会的日记就此告一段落。令人遗憾的是,这段日记对于博览会展场的记载实在太过简约。对于展场规模的描述还是在开幕式以前的准备阶段,"四日(即明治四年6月4日,西历1871年7月21日)与谈氏往观博览会处,就旧构而更拓之。工未告竣,故觉不太壮丽。言其积有十二万方尺,夜燃汽灯一千五百管,计经费共四万余元,其宏敞可知"③。我们还是从工业公会的报告中知道,展场实际面积为143250平方英尺④(其中园艺面积占17580平方英尺⑤),日本展区的面积是4305平方英尺⑥,应该还是不错的。8月6日的《旧金山纪事报》新闻报告了来自日本和中国的大量展品被分配了足够的展区空间,竖起的展台与其他围绕展台中心摆放的展品令人悦目,也符合分类的规则,而日本来的农工部长官(即细

---

① 《新国纪行》,卷上,14a。
② 《新国纪行》,卷上,14b,15a。
③ 《新国纪行》,卷上,10a。
④ 约13308平方米。
⑤ 约1633平方米。
⑥ 约400平方米。

川润次郎)的精心布局,更为展区添色不少。①这篇报纸文章的开头还附有一张博览会的分布图,可以看到中国和日本以及其他外国展品都在靠近鲍威尔街(Powell Street)那一侧,正对着入场处,相距约400英尺②。

《新国纪行》对博览会开始后的记载较为笼统和模糊,比较简约的描述是在开幕式的第二天(即8月9日),"过博览会,各种机器车马诸具,至衣服饮食照影蜡绢等画,无不翻新斗巧,非吾笔楮所能悉描也。转至花园,规模虽不甚大,风景清绝,草木蒨秀,浑非寻常。各种绮花,馥郁袭人。有葡萄藤,高丈许,覃蔓如虬,其子如璎,曰扦插,后仅经五月。余既讲农事,见此,奚得不录之?"③其他与博览会展场相关的记载,包括8月17日参观伏(孵)卵器,以及8月31日晚宴后与工业公会会长哈列提斯氏夫人同去展场之事。

通读细川润次郎的日记,令人意外的是,尽管旧金山工业公会的报告和当地的报纸都谈到中国参加了这次博览会,但是在日记中却不见任何关于日本展区近邻中国展区的情况记载,展览目录中也没有看到明显的中国商品,不知道是因为展品没有及时运到并参展,还是因为只有零星商人参加。在最后的获奖名单中也没有看到中日两国的产品,唯一代表中国的获奖者是当时美国在华传

---

① 报纸原文是这样的:"The large number of exhibits from Japan and China has necessitate a very large space to be allotted for this portion of the Fair and the presence in this city of the Chief of the Agricultural Dept. of Japan will tend to perfect the arrangement of this department, as he has taken great interest in the management thereof… Stands have been erected all around the building whilst others have been placed along the center so that the various exhibits may be exposed in a manner not only pleasing to the eyes, but also with due regard to the classification." See "The Eighth Industrial Exhibition of the Mechanics' Institute." *San Francisco Chronicle*, 6 August, 1981, page 3.

② 约122米。

③ 《新国纪行》,卷上,17b,18a。

教士玛高温(Daniel Jerome Macgowan，1814—1893)①，他的五篇介绍中国科技的论文获得了现金奖赏。这五篇文章的题目分别是 *The History of Grass Cloth*（《中国夏布史》）、*Pearls and Pearl Making*（《珍珠及其养殖》）、*The Tallow Tree and Its Uses*（《乌桕树及其用途》）、*Chinese and Aztec Plumagery*（《中国与阿兹特克人的鸟羽编织》）、*Insect Wax*（《中国虫蜡》）。②在宣布这一特殊增加的奖项的时候，工业公会会长哈列提斯氏特意说明了原因，一是因为这些论文的质量，二是为了鼓励以后中国和日本的贡献。③

从细川润次郎的日记、旧金山工业公会报告和当时的旧金山报纸报道我们可以看出，中日两国显然在1871年第一次参加由美国西部组织的世博会所受到的待遇是殊异的，尽管这只是一次规模较小的世博会。可能主要有两点原因，一是细川润次郎带队的使团是由日本政府正式委派的官方代表团，并且由当时美国驻日本公使 Charles Egbert DeLong 积极促成，而中国没有政府派遣使团的参与，反而是传教士玛高温被列为中国参展代表。第二，代表明治时期西学人才的细川润次郎也是令博览会组织者另眼相看的因素。从他的日记中我们可以看到，他的英文与兰学背景，以及他好学务实的态度，使他在与西方人的交流中几乎没有障碍，所以他利用参加这次博览会的机会，尽可能地广泛了解和吸取当时美国的先进技术，购买相关图书、农器及种子运回日本。应该说，这一次旧金山博览会，为处于工业上升时期、注重技术革新和发展贸易的美国

---

① 玛高温于1843年由美国浸礼会派遣来华传教。1844年到宁波地区行医，并于1854年在宁波创办和主编《中外新报》(Sino-Foreign News)，是宁波最早的中文报纸。曾赴日本、英、法等作关于日本和中国的报告。1879年在上海江海关任职，1893年死于上海。见邱沛篁等主编：《新闻传播百科全书》，成都：四川人民出版社，1998年，第1908页。又，他也是1878年成立的格致书院的董事会成员之一(见朱新轩等主编：《见证历史 见证奇迹 上海科学技术发展史上的百项第一》，上海：上海科学技术出版社，2015年，第35页)。他被认为在19世纪40年代末至50年代初在中国的西学知识传播上扮演了重要的先驱者角色(见[美]艾尔曼著，王红霞等译：《中国近代科学的文化史》，上海：上海古籍出版社，2009年，第98页)。

② 关于这五篇文章的全文，See *Report of the Eighth Industrial Exhibition of the Mechanics' Institute (1871)*. San Francisco：Mechanics' Institute, 1872, p.215-234.

③ *Report of the Eighth Industrial Exhibition of the Mechanics' Institute (1871)*. San Francisco：Mechanics' Institute, 1872, p.148.

西部与正在进行维新变革的日本找到了彼此了解的重要连接点,所以《新国纪行》是一部十分不同寻常的日记,它所描述的博览会,平淡朴实,没有炫奇、聚珍的内容,但是充满了作者对工业社会新发明创造的求知欲和敏锐的发现。在旧金山工业公会的总结报告中,细川润次郎及其使团得到了高度的赞扬,被认为是"开放、有识鉴力、彬彬有礼、观察敏锐、领悟力强、不自负、受过高等教育,能够接受西方最好的理念"①。

在他之前参加了1867年巴黎万国博览会的日本人涩泽荣一(1840—1931)也留下了《航西日记》,记载他的亲身见闻。但是由于语言不通和对西方世界的陌生感,面对五光十色的博览会,他不得不感慨自己只能是一个眼花缭乱的观光者,"吾侪所记,特身所历已。耳目不遍,语言不通,要是陈桶苕尋,安足悉全象!"②值得一提的是,涩泽荣一也提到当时日本与中国、暹罗所占展区空间是同等的。③

从旧金山工业公会后来举办的博览会报告中可以看到,自1871年后,日本的展品常常出现在旧金山博览会的目录中,无疑与这一年日本的成功参与息息相关。1872年10月10日,日本在京都举办了为期一个月的博览会,不知道是否与细川润次郎从旧金山回去的经验有着直接的关联。通过这些早期的博览会经验,日本明治政府看到了参加世界博览会对近距离学习西方工业化成果、推动经济发展的可能性和重要性,所以一直积极参加欧美举行的世博会。而鸦片战争后一直饱受内忧外患的清政府,国力衰弱,无暇自顾,既不重视这样与世界交流的机会,认为世博会只是赛珍斗奇而已,同时也的确缺乏像细川润次郎

---

① *Report of the Eighth Industrial Exhibition of the Mechanics' Institute* (1871). San Francisco: Mechanics' Institute, 1872, p. 6. 英文原文是 "… bing liberal, appreciative and courteous, keen observers, quick to comprehend, free from offensive conceit, highly educated absorbents of our best ideas…"

② [日]青淵漁夫(澁澤榮一)、靄山樵者(杉浦譲)同录:《航西日记》,东京:耐寒同社,明治四年(1871),"序",第2页。

③ "我邦区域同等'支那'、暹罗两国",《航西日记》,17a。

这样既熟悉本国事务,又通英文与兰学的兼通之才,①所以第一次正式接受奥地利国邀请,只能依赖于时任海关总税务司的英国人赫德派洋员代表中国参加。而1873年日本派出了第一个庞大的60余人的政府代表团参加了1873年的维也纳博览会,获得奖牌92枚,引起各国高度重视。1876年的费城世博会上,日本继续受到美国的明显优待,难怪第一次参加世博会并对此前日本参加过世博会的背景不了解的李圭会感到意外和失落了。所幸像王韬、李圭这样的有识之士把他们在世博会上看到的欧美工业文明和机械革命的最新成果向国人作了介绍,在中国引起很大反响,对后来洋务运动的开展也起到了一定的积极作用,可以说"洋务派之强调引进西方的科技以达到富国、强兵的目的,与辗转来自西方博览会的信息亦不无关系"②。

① 王宏志(Lawrence Wang-chi Wong)曾经专门研究了1860到1870年代清同文馆在培养精通外语的外交人才方面的无能为力。见 Wong, Lawrence Wang-chi. 2018. "'Entrance into the Family of Nations': Translation and the First Diplomatic Missions to the West, 1860s-1870s." in *Translation and Modernization in East Asia in the Nineteenth and Early Twentieth Centuries*, edited by Wong Lawrence Wang-chi, 165-217. Hong Kong: Chinese University Press.

② 马敏:《世博会与近代东亚的参与》,载《华中师范大学学报》,第49卷第3期,第80页。

陈纳德智囊魏劳尔与中国国防物资供应公司[①]

◎王成志[②]

摘　要：

作为陈纳德智囊的魏劳尔(Whiting Willauer,1906—1962)对中国国防物资供应公司(China Defense Supplies, Inc.)、飞虎队和民航空运大队等抗日战争时期重要组织的建立和运作，都起了非同一般的作用。本文主要利用普林斯顿大学的魏劳尔档案，特别是其中的国防物资供应公司的主题文件、与宋子文信函以及魏劳尔的日记和回忆等，来分析魏劳尔在国防物资供应公司重大事务中的作用和对飞虎队的贡献。作为宋子文和国防物资供应公司主要助手的魏劳尔在抗战时期是一位谋士和斗士，正是魏劳尔强调的"国防物资供应公司想象力"(CDS Imagination)和创造力，以及魏劳尔与宋子文之间的彼此信任关系，使国防物资供应公司能高效和成功地运作并创造奇迹。

关键词：

魏劳尔；陈纳德；飞虎队；中国国防物资供应公司；民航空运队；抗日战争

[①] 本文初稿提交 2015 年复旦大学历史系近代中国人物和档案文献研究中心举办的"宋氏家族与第二次世界大战"专题论坛。本文使用的档案文献，如果不另外注明，均出自普林斯顿大学斯利·G. 马德手稿图书馆的魏劳尔档案 Whiting Willauer Papers, 1916—1962。主要为以下材料：Series II: Annotations and Notes, 第 1 盒，含 Transcription of tapes describing specific items in Whiting Willauer Papers, 1941—1944。Series III: Correspondence, 含 Soong, T.V., 1943—1952 文件夹；以及 Series V: Subject Files。Series V 中，特别是 China Defense Supplies (CDS) 文件夹，第 3 盒；Civil Air Transport, Inc. 文件夹，第 3 盒和第 4 盒；Fourteenth Air Force (Flying Tigers) 1943—1944 文件夹，第 4 盒；Foreign Economic Administration；1944—1945 文件夹，第 1 盒。也使用 Series IV: Diaries, 第 2 盒和 Series VI: Notebooks, 第 5 盒。

[②] 王成志，哥伦比亚大学东亚图书馆中国研究馆员、东亚研究所研究员。

Whiting Willauer, Adviser of Claire L. Chennault and China Defense Supplies, Inc.

◎ Chengzhi Wang

Abstract:

As a close friend, adviser and partner of General Claire Lee Chennault (1890-1958), Whiting Willauer (1906-1962) played a critical role in the incorporation and operations of China Defense Supplies, Inc., the Flying Tigers and the Civil Air Transport and made significant contributions during China's War of Resistance against Japanese Aggression. By using the collection of Whiting Willauer Papers preserved at Princeton University Library, this paper reconstructed Willauer's role of strategist and warrior for T.V. Soong and China Defense Supplies and examined the unusual "CDS Imagination". The paper also analyzed the mutual trust and interaction between Willauer and Soong.

Keywords:

Whiting Willauer; Claire Lee Chennault; Flying Tigers; China Defense Supplies Inc.; Civil Air Transport; China's War of Resistance against Japanese Aggression

魏劳尔其人、魏劳尔档案

魏劳尔(Whiting Willauer,1906—1962)1906年11月30日生于纽约市,父亲是著名建筑师。魏劳尔是魏家四个孩子中的老大。6岁时,父亲去世。12岁时,母亲去世。祖母对其照顾多,影响比较大。舅舅肯尼思·怀廷(Kenneth Whiting,1881—1943)为美国海军中校军官、海军飞行大队首任队长。魏劳尔梦想像舅舅一样成为海军军官。但祖母和舅舅教育他不要参军而要学法律。魏劳尔在私立学校上学,高中时就读于著名的寄宿制大学预科学校菲利普斯·埃克塞特学校(Phillips Exeter Academy)。魏劳尔在中学就展露体育和学术才能,为学校橄榄球队员,各科成绩优异。1924年入普林斯顿大学,是校橄榄球队队员。后在比赛中肩部受伤。1928年以优异成绩获普大文学学士,之后入读哈佛大学法学院。暑假教帆船课时,偶遇漂亮、倔强的富家女路易丝·罗素(Louise Russell),相爱结婚。魏劳尔1931年获哈佛法学学士学位。随后在波士顿一家著名的律师事务所任律师,负责与交通和海事有关的案件。1939年到华盛顿联邦机构民用航空委员会(Civil Aeronautics Board)任律师,逐渐精通航空有关业务。1939年至1940年转任司法部长特别助理、司法部刑事司律师,调查和处理法官腐败案以及与纳粹法西斯主义等有关的颠覆国家的案件。1941年上半年借调联邦能源委员会(Federal Power Commission)任特别律师,负责调查与美国、加拿大共管的圣劳伦斯水道(St. Lawrence Seaway)有关的国际问题和纠纷,与国会山参议员和众议员打交道比较多。

  魏劳尔关心动荡的国际局势,并有很深的理解。随着纳粹德国的兴起和日本全面侵华,他预感美国迟早会与德国和日本有正面冲突和战争。他自愿参加海军,因身体在大学体育比赛中受伤留下后遗症,没能通过体检,但加入海军情报系统预备役。宋子文委托美国朋友特别是哈佛校友成立中国国防物资供应公司,并网罗人才,魏劳尔开始为成立公司帮忙。1941年7月魏劳尔正式任该公司总干事(或行政干事,Executive Secretary),为宋子文的美方助手。1941年的主要工作是协助宋子文和陈纳德等成立美国志愿援华航空队(American Volunteer Group, AVG, Flying Tigers),处理与飞虎队急需物资有关的事务[①]。1944年5月被任命为美国对外经济管理署署长助理、远东和特别区域分署署长(Director of the Far East and Special Territories Branch)、中国处处长(Director of China Division),同时继续为宋子文和国防物资供应公司排忧解难,包括帮助最后解散国防物资供应公司和顺利结束租借法案项下的对中国物资供应。1945年夏季到菲律宾,帮助重建战后菲律宾经济。后任联合国善后救济总署中国署战后重建事务主任。[②]

  1945年,魏劳尔与陈纳德认识到中国战后的当务之急是重建最有效和最

---

  ① The Class of 1928. Whitey Willauer, 28. *Princeton Alumni Weekly*. November 30, 1962, p. 19.

  ② William M. Leary. *Perilous Missions: Civil Air Transport and CIA Covert Operations in Asia*. University of Alabama Press, 2006.

可行的航空运输,年底到上海向宋子文和联合国善后救济总署运营部主任奥姆斯特德(Ralph W. Olmstead,1911—1985)报告,计划建立空运队。蒋介石夫妇基本赞同和批准。魏劳尔与陈纳德得以成立救济总署空运大队,负责总署的空运任务;一年后改成民航空运大队(或通称民航空运公司),陈纳德任总经理,魏劳尔任常务副总经理,魏后来任总经理和副董事长。民航空运公司在解放战争期间帮助蒋介石国民党政府空运物资和人员,其飞行员有时甚至直接参战①。

1949年的两航起义,是对蒋介石的重大打击。魏劳尔与陈纳德立即到台湾见蒋介石。由魏劳尔出谋划策,蒋介石同意,魏劳尔和陈纳德马上在美国注册民航空运公司,随即以象征价格购得两航70余架飞机和其他资产。立即就所购飞机处置事宜向两航提起法律诉讼。由于抗美援朝的爆发、中英关系紧张,以及魏劳尔和陈纳德的不屈不挠特别是魏劳尔在法律上的策划和坚持,1952年7月民航空运公司最终胜诉,判得飞机和资产,举世瞩目②。这很大程度上影响了中国大陆、中国台湾、英国和美国彼此之间的关系,加剧了当时冷战形势。1950年代初,民航空运公司被美国中央情报局收购,秘密执行美国政府对华和对东南亚地区的冷战政策。魏劳尔为美蒋渗透、颠覆和组织反攻大陆的航空、情报方面主要人物之一。1954年至1958年魏劳尔任美国驻洪都拉斯大使,1958年至1961年任美国驻哥斯大黎加大使,为美国镇压和遏制美洲共产主义的最关键人物之一③。

魏劳尔档案(Whiting Willauer Papers,1916—1962)藏于普林斯顿大学斯利·G.马德手稿图书馆(Seeley G. Mudd Manuscript Library, Princeton University),计10盒,1个大文件夹(4.95英尺④),英文。由魏劳尔的妻子路

---

① 《空运太原》,《民航空运队半月刊》,1949年第2卷第17期。何思敬:《惩办空中强盗陈纳德》,《人民日报》1949年7月21日。钟洛:《陈纳德空运队屠杀中国人民的证据》,《人民日报》1949年8月16日。

② 刘敬宜:《斗法纪实——两航财产争夺案始末》,中国人民政治协商会议全国委员会文史资料研究委员会《文史资料选辑第14辑》,中国文史出版社,1989年。

③ Piero Gleijeses. *Shattered Hope*: *The Guatemalan Revolution and the United States*, 1944-1954. Princeton University Press, 1991.

④ 约1.4米。

易丝数次捐赠而来。有线上使用指南,供公众使用。①

档案主要反映魏劳尔1941年至1954年间在华的经历,包括1941年至1944年在中国国防物资供应公司工作情况、1944年至1945年在对外经济管理署工作情况、1946年至1947年在联合国善后救济总署工作情况、1946年至1954年在民航空运公司工作情况。含通信、文稿、报告、演讲稿、访谈录、照片、日记、民航空运公司文件和1943年至1944年飞行记录、档案注释、自传式说明等。信函的主要通信人含约瑟夫·艾尔索普(Joseph Alsop)、马歇尔·班内尔(Marshall Bannell)、陈纳德(Claire L. Chennault)、托马斯·科科伦(Thomas Corcoran)、宋子文(T. V. Soong)、查理斯·斯蒂尔曼(Charles L. Stillman)、L. K. 泰勒(L. K. Taylor)、爱德华·华纳(Edward Warner)、埃里克·沃茨(Erik Watts)、魏劳尔妻子路易丝·魏劳尔(Louise Willauer)和杨门(William S. Youngman)。

档案共分11个系列:(1)传记资料;(2)注释和说明;(3)通信;(4)日记;(5)专题文档;(6)笔记;(7)演讲;(8)出版物;(9)约见记录;(10)照片和录音带;(11)大尺寸资料。与中国相关部分为第(3)(4)(5)(6)系列。系列(3)通信含职业和个人信函,特别是与同事陈纳德和宋子文的通信以及与妻子路易丝的通信。魏劳尔定期给妻子写信,详谈自己的工作情况。系列(4)日记,包罗很广,含他自己写的备注说明、日记记录、信函草稿及会议和专题备忘录。系列(5)专题文档含除其律师事务所工作之外的所有职业的文件。系列(6)笔记为魏劳尔在国防物资供应公司、民航空运公司和西南公路运输管理局(Southwest Highway Transport Administration)任职的逐日笔记。日记和记录本手写非常潦草,也异常简洁。

抗战时期魏劳尔、陈纳德和宋子文等是老朋友、老搭档,别处与魏劳尔有关的档案自然包括陈纳德、杨门、宋子文、民航空运公司和国防物资供应公司等有关的档案。这些主要为中国国防物资供应公司档案(China Defense Supplies

---

① Whiting Willauer Papers, 1916-1962, http://arks.princeton.edu/ark:/88435/1831cj93h

Records，1940—1947）①、宋子文档案［T. V.（Tzu-wen）Soong Papers］②、杨门档案（William Sterling Youngman Papers）③和陈纳德档案（Claire Lee Chennault Papers，1941—1967）④，都藏于斯坦福大学胡佛研究院。另外有陈纳德中将暨其家庭档案（Chennault Family Papers，1943—1956）⑤，藏于路易斯安那州立大学黑尔纪念图书馆（Hill Memorial Library，Louisiana State University），以及民航空运公司/美国航空公司档案（The CAT / Air America Archive）⑥，藏于达拉斯德克萨斯大学特藏部（Special Collections Department，University of Texas at Dallas）。

魏劳尔：宋子文的得力助手、抗日斗士

魏劳尔加入国防物资供应公司与著名的科克伦三兄弟有关，是由他们介绍参加的。科克伦三兄弟对国防物资供应公司的成立和运作，贡献很大；对中国抗战时期、解放战争时期和冷战时期的中美政治、军事和外交关系影响不小，有必要简单介绍。老大托马斯（Thomas G. Corcoran，1900—1981）布朗大学毕业，1925年哈佛法学院毕业，后成华盛顿著名律师，罗斯福总统新政的重要谋士和最欣赏的得力助手之一，是1930年代美国证券交易法案和劳工法案等重要法案的主要起草者，善于利用各种关系推动法案最后通过。1941年他从白

---

① China Defense Supplies Records，1940-1947，网上使用指南见：http://www.oac.cdlib.org/findaid/ark:/13030/kt867nf78s

② T. V.（Tzu-wen）Soong Papers，网上使用指南见：http://www.oac.cdlib.org/findaid/ark:/13030/tf3g5002qh

③ William Sterling Youngman Papers，网上使用指南见：http://www.oac.cdlib.org/findaid/ark:/13030/kt8g50382t

④ Claire Lee Chennault Papers 1941-1967，网上使用指南见：http://www.oac.cdlib.org/findaid/ark:/13030/tf0w10011c

⑤ Chennault Family Papers，1943-1956，网上使用指南见：http://www.lib.lsu.edu/special/findaid/3042.pdf

⑥ The CAT / Air America Archive，网上使用指南见：http://www.utdallas.edu/library/uniquecoll/speccoll/hac/cataam/cataa.html

宫政治核心退出,重回律师业,成立 Corcoran,Youngman and Rowe 律师事务所。①在 1940 至 1946 年间,他担任国防物资供应公司法律顾问②,后来在魏劳尔主导的民航空运公司和两航公司的国际大诉讼中任律师。他可以说是陈香梅后半生最亲密的男性朋友。老二大卫(David Merle Corcoran,1904—1990),1925 年普林斯顿大学毕业。他在大学时期与魏劳尔同是校橄榄球队队员,后哈佛商学院毕业。他先在通用汽车公司驻日本办事处工作,1931 年日本占领中国东北后回美③,受宋子文和其兄托马斯委托,助魏劳尔成立国防物资供应公司。大卫同时成立 Sterling Drugs 公司的分公司 Sydney Ross Company 药品公司,向国防物资供应公司供应各种战时急需的医药用品。④老三霍华德(Howard Francis Corcoran,1906—1989)是魏劳尔的高中、大学和法学院同学,一度是室友,后为著名的纽约地区检查官、联邦法官⑤。他在审理据信是肯尼迪总统情人玛丽·迈耶(Mary P. Meyer)1964 年谋杀迷案中,判定为美国国家利益,永久封存玛丽·迈耶的相关证据,全国轰动⑥。

  魏劳尔和老三霍华德关系非常亲密;魏劳尔与同是哈佛校友的老大、老二也是好朋友。大卫和霍华德拉魏劳尔加入国防物资供应公司做行政干事,也就是大管家。国防物资供应公司集中了一批华盛顿政治精英中的精英("CDS

---

  ① Thomas G. Corcoran, Aide to Roosevelt, Dies. Special to the *New York Times*. December 7, 1981.

  ② Thomas G. Corcoran Papers. A Finding Aid to the Collection in the Library of Congress. http://lcweb2.loc.gov/service/mss/eadxmlmss/eadpdfmss/2003/ms003011.pdf

  ③ David Merle Corcoran, 25. *Princeton Alumni Weekly*, https://paw.princeton.edu/memorials/75/96/index.xml

  ④ Anthony R. Carrozza, William D. Pawley: *The Extraordinary Life of the Adventurer, Entrepreneur, and Diplomat Who Cofounded the Flying Tigers*. Dulles, Virginia: Potomac Books, Inc., 2012.

  ⑤ Howard Corcoran, 83, Retired U.S. Judge. *New York Times*, May 13, 1989. http://www.nytimes.com/1989/05/13/obituaries/howard-corcoran-83-retired-us-judge.html

  ⑥ Murder on the Canal, *Washington Post*, October 13, 1998.

attracted a roster of officers that included the cream of Washington political elite")①。与科克伦兄弟和其他有远见的美国人一样,魏劳尔相信日本军国主义迟早祸及美国,日美战争不可避免。他期待能在恰当的职位上为美国最终参战和取胜效力。他于1941年3月开始飞虎队和国防物资供应公司的筹备工作,是国防物资供应公司最早的几个美国员工之一。由于魏劳尔在航空委员会工作过,他开始时的工作以协助成立飞虎队为主,也包括负责与军方通信兵部的沟通和联系、负责金属材料方面的采购。②后来他负责联系和沟通的部门非常多,包括租借管理委员会和航空委员会,再后来接触美国陆军、海军、及其陆军和海军的空军、情报和有关国务院部委等无数部门和领域。

国防物资供应公司旨在与美国人合作执行租借法案,为中国向美国争得更多的援助,向中国运送和分配这些战争物资③。蒋介石委任宋子文先为私人代表,拥有在美商洽和决定一切之全权,后又明确其为国民政府与美洽商决定及接受军械贷借之全权代表,继而宋又以外交部长之尊驻美。国民政府军政部、航空委员会和财政部等在美采办军用物资人员都归国防物资供应公司领导。宋子文大任和大权在身,对美外交比较激进,有些独立特行④。国防物资供应公司美方人员配置首先以美国华盛顿的政治、军事、经济、金融等各方面的精英人才为主。随着业务的扩大和中美关系的加强,作为在美国注册的代表中国政府的公司在结盟之后更强调与美国的对等和平等,人员配置几乎朝中美人员一对一的平等的方向发展。

宋子文在美国期间的中方秘书和私人助手是余经恺。余经恺的简短回忆显示他的工作非常机密,只向宋子文一人负责,以安排会见、招待会和迎来送往

---

① Anthony R. Carrozza, William D. Pawley: *The Extraordinary Life of the Adventurer, Entrepreneur, and Diplomat Who Cofounded the Flying Tigers*. Dulles, Virginia: Potomac Books, Inc., 2012.

② 吴景平、林孝庭:《战时岁月:宋子文与外国人士往来函电稿新编:1940—1943》,上海:复旦大学出版社,2010年。

③ 杨雨青:《宋子文与中国国防物资供应公司》,《抗日战争研究》,2006年4期,第104—125页。

④ Kuo, Tai-chun. *A Strong Diplomat in a Weak Polity: T.V. Soong and Wartime US-China Relations, 1940-1943*. Journal of Contemporary China 18(59) (Mar. 2009), pp. 219-231.

为主要工作①。而魏劳尔担任美方行政干事的工作不仅多而杂,而且特别重要,包括协助宋子文与美方各界的联系和沟通,做近期和长远规划,与杨门一起录用和指导美国人,指导和培训中方人员,负责宋子文的国际旅行安排和安全,确定和维持公司人员合理的工资和福利,等等。1942年至少有两位美国人协助魏劳尔做秘书事务工作。宋子文战时人身安全问题对魏劳尔来说至关重要。魏劳尔负责与美国海陆空军和情报等相关部门沟通,确保宋子文的国际旅行安全顺利。比如,1942年10月魏劳尔安排并护送宋子文从美国到南美洲、到非洲、到中东、到印度,最后平安回中国。而这些庞杂的工作只是魏劳尔工作的一小部分。魏劳尔在国防物资供应公司的无数关键事项上花了更多的时间和精力,负责调查研究、与中美方各部门就国防物资供应公司关键任务建立联系和协调、提供解决办法并争取使解决办法让中美各方接受和通过,且确保能顺利执行。

其实,如下文所述,抗战时期,特别是为宋子文和国防物资供应公司工作时,魏劳尔已经是名副其实的抗日斗士、勇士。宋子文和陈纳德,以及白宫高层如居里(Lauchlin Currie,1902—1993)、克劳利(Leo T. Crowley,1889—1972)等对魏劳尔既信任又欣赏。

其实魏劳尔早以"魏老二"之名行世。1942年12月10日,为求更多空运物资配额而有必要增建机场,魏劳尔给刘赞清写了一个备忘录,强调再增建机场的话可使美方难以拒绝他们要求提高空运配额的申请,刘赞清马上转送交通部长曾养甫。信上有国民政府最高层红笔批语:"魏老二明告,请即办。"曾养甫部长在备忘录上直接答复,称"羊街机场已完成,呈贡机场已于11月11日开工,明年二月底完成"并列出所耗经费等。

与魏劳尔在国防物资供应公司和空运大队同事的陈广沅回忆称:"在公司里最忙碌的一位是魏老二,事无巨细非他经手办理不可。他是一位律师,在华府为宋子文先生秘书时,常与美国政府各方面接洽,与各机关之高级律师来往甚密;在中国政府方面,他在华府以及重庆学了不少中国官厅办事的程序;公司

---

① 吴景平、郭岱君:《宋子文和他的时代》,上海:复旦大学出版社,2008年。

内部管理方面,一向都由他一手组织成功,只有他知道一切事的来龙去脉。他真是一位干练的人才。"①

国防物资供应公司和飞虎队:为想象添翼、为猛虎添翼

"七七事变"后日本全面侵华,随后几年的战争形势对中国越来越不利。主要由于中日没有宣战,美国希望与中日贸易都不受影响。不管是维护中立法案,还是对中立法案做一定的修正,都让中国获得美国援助非常困难。国民党苦撑待变,异常艰难。在某种程度上说,国防物资供应公司的成就是源于宋子文对抗日现状几近绝望,并在绝望之下发挥想象力和利用现实的关系以及资源因势利导而取得的重大突破。由于胡适、张彭春等人的外交努力尚不见明显的政治和军事方面的效果,受蒋介石宋美龄夫妇之命,宋子文赴美,转变传统外交策略,而主攻名人政要以寻求最重要的军事紧急援助。这是不得已而为之的。1941年11月21日宋子文向宋美龄致函:"公共关系和宣传不足以赢得全心美援。有必要接近每一个政治圈的名人。"(Public relations and propaganda are not enough to win total American support. It is necessary to approach celebrities in every political circle)②。宋子文只得利用任美国政要的同学、校友、朋友等很直接或间接的世俗关系,来寻求美国对中国的实质性援助,特别是军事和经济的援助。而这种偏重走美国政府上层路线的方式,在强调政府公开透明的美国文化环境下也不是没有风险和后果的。

宋子文抗战时期比较激进的个人外交成就无疑是巨大的,学界已有论及③。九一八事变之后,特别是"七七事变"之后,抗战初期中国的对美"国民外交工作",以及美国民间的宣传努力和影响政府对日强硬、阻其侵略的努力,比如美国不参加日本侵略委员会(American Committee for Non-Participation in

---

① 陈广沅:《服务民航空运队 CAT 二年之回忆》,《交大友声》,1980 年 282 期,第 32 页。
② 吴景平:《宋子文与战时中国》,上海:复旦大学出版社,2008 年,第 11 页。
③ 吴景平:《宋子文与战时中国》,上海:复旦大学出版社,2008 年。

Japanese Aggression)的努力,也不可忽视①。即使美国政府在中国开始抗战不久即有支持中国的倾向,但是民意不配合,美国政府自然也要做影响民意的努力。1937年10月5日,罗斯福总统意识到美国与军国主义国家的冲突不可避免,发表隔离演说(Quarantine Speech),提出美国中立政策之外的隔离侵略国家的构想,希望爱好和平的国际力量共同努力抵制轴心国破坏世界和平。遗憾的是,安逸于和平环境的美国媒体和公众不接受。美国政府对日本军国主义不得不继续采取孤立主义和中立政策,但同时也逐渐开始甚至支持向公众做说服和说明的工作。随着日本全面侵华的加剧,日本占领东南亚的意图越发明显,这严重影响了美国在亚洲贸易和经济利益,美国国内的中立政策开始逐渐有实质的变化。1941年3月《租借法案》生效,5月美国宣布中国有资格获得美援。国防物资供应公司随即在美成立。在开始时期,美国政府自然重欧洲轻亚洲;也由于美国政治和军事高层之间对中国抗战的看法有内部矛盾等因素,国防物资供应公司很难马上获取急需的关键军事物资。但总体来说,美国政府和民间对华态度的逐渐好转,给宋子文的激进外交努力提供了恰逢其时的大环境。其实,从很多材料来看,宋子文本人即使在珍珠港事件后中美结盟时期,也并没有放弃一般的公共关系和对外宣传。

1943年8月30日,宋子文与罗斯福总统再次会晤,中国列入国际四强,宋子文对罗斯福说:"您知道,我的作用主要是发挥我的英语知识能力——我做的是翻译者的工作。"(You know, my utility is largely due to my knowledge of English – what I do is an interpreter's job)②这显然是宋子文幽默、自谦的说法。但是,他强调自己所做工作本质上是翻译者的工作,帮助两位意志坚定的中美最高领袖彼此沟通、理解和合作。这与驻美大使胡适强调自己那时是过河卒子的重民意和宣传的外交工作本质上是一致的。

可是,干练果敢的宋子文成立的国防物资供应公司,面对几乎让人绝望的

---

① 土田哲夫:《抗战初期中国的对美"国民外交工作"》,中国社会科学院近代史研究所民国史研究室、四川师范大学历史文化学院编:《一九三〇年代的中国》,北京:社会科学文献出版社,2006年。

② 吴景平:《宋子文与战时中国》,上海:复旦大学出版社,2008年,第39页。

抗战困境,给想象插上翅膀,产生了巨大的创造力。魏劳尔在档案备注和说明的口述转录稿中多次提到国防物资供应公司惊人的想象力,特别是战略想象(strategic imagination)和技术想象(technical imagination)。在异常艰难的情况下,公司一个接一个地推出貌似奇思异想的"想象的主意"(imaginative ideas),并立即做调查研究,形成报告。如果可行,马上拿出计划,贯彻执行,尽快地把梦想和想象变成对中国国民政府有用有利的现实。而这些"想象的主意"必须超越现行政府和军事机构运作的常规。魏劳尔回忆说"我们总是在中国政府和美国政府机器的常规运作之外寻觅想象的主意"(We were always searching for imaginative ideas outside the routine of the Chinese Government or the U.S. Government machinery.)。

国防物资供应公司的想象,早期的时候也有成为空想和幻想的情况;没有直接的现实要求、目的和数据做基础,就造成适得其反的后果。刘景山回忆:"美国援助物资手续是先要我方提出要求,有使用计划、使用目的,才能得到。但重庆方面常没有给我们指示,我们常常凭想象写出许多要求计划,有时美国对我方有点怨言,因为要的太多,用处写不清楚;他们在重庆亦有军经援代表,他们报告是有些物资用得不得当,惹起不少麻烦。"① 基于空想和幻想的美援要求,一是会明显被拒绝;二是得到满足后,使用上明显会有问题。这些一直是国防物资供应公司和魏劳尔所要避免的。杨门和魏劳尔直接对中方人员培训,魏劳尔定期与中方人员开会;如下文所谈,魏劳尔直接建议宋子文在各个领域要求美援的文件中必须使用有说服力的数据。

魏劳尔认为宋子文领导下的国防物资供应公司的中心任务有三:第一,开始时期征召飞行员和配套人员成立飞虎队,飞虎队成立后努力去满足其飞机、发动机、弹药、油料和零部件等的物资供应要求;第二,利用和创造各种机制,以有效地执行《租借法案》下的各种各样的军需物资的订购和供应;第三是研究和制定着眼于长远的中美关系政策。魏劳尔的主要工作虽如前述有侧重点,但是总体来说,重中之重是为宋子文和飞虎队的中心目标服务。魏劳尔完全理解宋

---

① 刘景山、沈云龙、陈存恭:《刘景山先生访问纪录》,"中央研究院"近代史研究所,1987年,第113页。

子文的理想和计划,他坚信宋子文对中国战略物资供应的理解最深、工作效率最高。他按照宋子文的意图,在美国时,主要是千方百计让美国有关的军政部门供应需要的军械物资;在中国时,与中国和美国各军政部门联络和沟通,让中方特别是飞虎队得到急需的与空战有关的物资。国防物资供应公司的想象力必须基于对各方各种现实情况的准确了解和判断,以及对未来的大胆预测。

为开通驼峰运输线和其他国际运输线的努力、设想和推动沿滇缅公路的中印输油管建设计划、推动在印度培训30个师的中国军队计划、帮助设计和推动发展西北炼油厂、在印度建立训练中国飞行员的航空学校等,都是战略想象的典型例子。而这些,同时又涉及无数的各种各样的技术想象。

1941年12月23日在美国白宫召开的英国和美国参谋长综合会议上,罗斯福总统直接指示必须向中国供给物资,"使其能继续战斗",总统与陆军空军司令阿诺德将军(Henry H. Arnold, 1886—1950)同意在中国建立空军基地以轰炸日本,并马上开通对中国空中运输。此乃驼峰航线之始。到1942年春,罗斯福多次要求开通和维持联系中国的空中航线。1942年春滇缅公路切断后,空中航线越来越重要。然而开始时期,美国陆军空军对物资运输总体不积极、没有章法,效果自然不理想。① 这让蒋介石和其他中方领导人非常失望。这种情况下,国防物资供应公司的作用,特别是魏劳尔等人的能力,充分展现了出来。

为解决发动机飞行高度不足问题,魏劳尔直接与美国科学家和飞机制造公司多次磋商和研究,最后确定双速风扇发动机(2-speed blower engine)在C-47运输机上改装,并自己试飞,成功后向英国和美国军方推广。魏劳尔自己试飞驼峰航线,他从印度飞驼峰,经昆明不停,直飞重庆,将亲身试验的报告,送史迪威等美军高层,建议并帮助陆军空军空运更多的物资。通过魏劳尔等人的努力,紧急空运项目(Emergency Air Transport Program)谈判成功,运输吨位大增。也部分由于魏劳尔的策划和运作,驼峰运输的负责部门由陆军空军作战指挥部转到有民用和专业头脑的陆军空运指挥部(Air Transport Command),使

---

① John D. Plating. *The Hump: America's Strategy for Keeping China in World War II*. Texas A&M University Press, 2011.

运输效率大为提高；后来使用飞行高度更高的 C-46。到 1943 年底每月空运物资超过 12000 多吨，超过蒋介石之前要求的目标。

军方认为 C-46 运卡车飞驼峰不可能，魏劳尔自己试飞后证明可行。物资到印度后分发，过驼峰空运到昆明，后再分发。魏劳尔特别保障陈纳德飞虎队的发动机和油料等供应，以及飞虎队前哨基地各种物资供应。汽车运输及其相关问题也是魏劳尔最重要的任务之一。

1942 年 9 月 21 日魏劳尔向杨门报告其近况的备忘录，较为详细地谈到他最近几个月的工作，处理 300 多件事情。现选译与驼峰运输和国防物资供应公司中心任务有关的事项的备忘录，来看魏劳尔所代表的国防物资供应公司的战略想象力和技术想象力：

航空：

建立空运路径寻求技术建议和帮助的谈判。包括寻求民用航空局（Civil Aeronautics Authority）爱德华·沃纳（Edward Warner）先生、空运指挥部（Air Transport Command）的哈罗德·R. 哈里斯（Harold R. Harris）上校、发动机和飞机公司的各个技术权威部门的积极合作。搜集的信息包括可适用此航道的所有型号飞机的问题，特别是解决发动机承受空中高度的问题。我确信最近我们会为我们将来的飞机安装双速风扇发动机扫清道路。这会提升中印航道飞机的升高能力，可升至 5000 英尺①。已经说服空运指挥部的哈罗德·R. 哈里斯上校此航道需 B-24，他同意利用其影响搞到一些。他已同意此航道飞行员要有更强的技术和更多的飞行经验。

航线运输：

就控制中印运输运作的谈判。其间似乎泛美航空公司（Pan American）被授全权负责此航道运输，并制定其认为必要的加快运营的措施。我对泛美公司的法律和组织背景做了研究，并认定中国航空公司

---

① 1524 米。

(CNAC)的更大的责任权和控制权。航道地面通讯系统问题大,已经做工作使泛美公司让其工程师解决这些问题。此航道的运营将是 CNAC 和陆军空军之间的合作内容,虽然合作规模有限。

发动机和配件:

发动机和配件不足是困扰中印运输的最主要问题,我一直在与朱上校合作,积极地解决这个问题。已经通过空军服务指挥部(Air Service Command)的麦克马伦(McMullen)将军、托兰(Toland)上校安排好。托兰上校直接负责此事,加快运输发动机和部件。我们要每班飞机带一台发动机和一些配件,空运指挥部和泛美航空公司抵制这样做,但我们已经获批,让其不得不同意。首班飞机已经装运。

地面通讯设备:

我已最终从陆军弄到无线电发报机和接收器及相关设备清单,并指明也要同时配上技术人员,以便使用这些设备,已请国防物资供应公司航空部和通讯信号部、泛美航空公司和空军指挥部审阅这个清单是否齐全,以使完备。

其他到中国航线:

我非常积极把有关的专家召集起来讨论西伯利亚航线、西藏航线和喜马拉雅航线,收集大量信息,并比较这些不同航线向中国运送物资的优劣。目前他们在做西伯利亚航线的飞行测试,并已经保证向我提供相关数据和信息。

滑翔机:

特威迪(Tweedy)先生赴印度任职,我负责此事,由于夜航教学的技术问题不能解决,中印航道不能马上使用此机。但我已经安排模拟中印航线条件下的滑翔机飞行试验。

对弗兰克·辛克莱尔(Frank Sinclair)经验的利用:

……其飞机公司内部信息反映出空运指挥部或可能接管航线运输,我帮他起草备忘录,希望促成。

第二，军火

我的主要工作是在军火部处理无数的事情。但主要成就是紧急空运项目（Emergency Air Transport Program）谈判的成功，我们首次获得可观的军火分配额。跟几个军火管理和生产机构谈判。同时我们也谈判以确定能按时按批生产。7.92型子弹是重点之一，为中国生产，八月后不再继续生产和供应。但Kiang将军和我成功地让其每月生产350万发，而且没有截止月份。紧急空运项目配额每月1500吨，我们每月超达3500吨。

第三，中国开发汽油

与尹先生、霍利曼先生等，我们积极推进轻型炼油设备的设计和制造，以及提高空运配额以运到甘肃油田。我特别希望中国能炼出航空用油。如果不能且目前空运不保证油料，驻华美国空军则可能不得不撤出，中国战区提高空战能力就没有希望。我们已经成功得到与汽油总协调办公室的百分之百的合作，得到必须他们批准的两套轻型炼油设备，也得到陆军工程师部的配合，设备必须通过他们购买。目前尹先生已经得到一套设备，料可生产不少基本油料，若再配以适当设备，很可能炼出航空用油。我深知单单此事，就值得投入大量时间，应该密切关注。

第四，汽车运输

汽车运输也是我的职责，我帮刘先生在紧急空运项目项下获得每月200吨汽车零配件，连续六个月，但是有两个月不确定。这耗我时间不多，因为我成功地组织陆军将六个月的汽车零配件库存弄来。所以，刘先生每月按期按时发货即可。

上面提到，除开通和提高驼峰航线运输外，魏劳尔和同事也探索西伯利亚航线、西藏航线和喜马拉雅航线的可行性，甚至探索北冰洋航线的可能性。此外，也探索滇缅公路外其他陆上运输线的可能，特别是尝试经苏联的中亚线路，即从印度经伊朗进入苏联，利用突厥斯坦—西伯利亚铁路连接阿拉木图，再转公路，经新疆运到中西北和内地。由于中国与苏联关系破裂，美国和英国之间不信任,而没有开通。①

驼峰航线将军事物资运至昆明非常重要,但将到达昆明的物资运至内地各作战部队基地的地面运输,特别是运到距离昆明数百上千公里之外的飞虎队前哨基地,同样重要。陈纳德一直对魏劳尔很倚重,早期迫切指望他帮助解决飞虎队飞机引擎和油料等相关物资供应问题;后期即第十四航空队时期,则指望解决汽车交通运输问题。魏劳尔非常重视约瑟夫·艾尔索普(Joseph Alsop)的报告《中国国内运输的军事重要性》(Military Significance of Internal Transportation)。1943年魏劳尔的《向中国东部物资供应路径》(The Military Supply Route to Eastern China)明显是配合后期即第十四航空队向长江流域和东南地区进发的空中作战计划。运输目标是要从1943年的每月4000吨,到1944年6月的每月15000吨。这自然需要解决西南公路运输管理局和中国运输公司的诸多运输问题。为此,魏劳尔很深入地参与了西南公路运输管理局的地面运输改进工作。1944年写成《中国运输公司汽车维修问题》(China Transport Company Maintenance Problem)的研究报告。由于汽车引擎、轮胎和零部件等耗损大,甚至有些型号卡车美国已不再生产,魏劳尔尽可能利用当地金属材料加工零部件来对耗损的设备进行维修。美国1936—1938年生产的老式汽车设备和零部件在美国本土已经被淘汰,魏劳尔直接与美国海军尼米兹将军、战时生产局纳尔逊等人商量,看是否能找到库存和重新启动生产。

1944年春,魏劳尔又回美国,任务包括寻求更多的与汽车运输有关的设备供应。陈纳德1月3日专门致函魏劳尔:"我们就第十四航空队东部作战的物资供应路径问题做了多次谈话,我想再次重申我们完全依靠西南公路运输管理局的贵阳独山公路的地面运输物资;如果该公路的运输失败,则第十四航空队不得不放弃在长江流域和中国东部地区打击日军的关键作战计划。因此我觉得您此次美国之行为西南公路运输管理局获得汽车零部件等物资的任务,最为

---

① 白生良:《抗日战争中一条鲜为人知的跨国运输线——"丝绸之路"上的坎坷与艰辛》(www.hoplite.cn/Templates/kscfls0011.html)。王凯:《陆地上的"驼峰航线"》,《文史博览》2012年第10期,第18页。许建英:《20世纪40年代美国对中国新疆政策研究》,《云南师范大学学报:哲学社会科学版》2011年4期,第25—35页。

重要。为使您此行成功,我愿以任何方式协助。"

魏劳尔与中美同事对中国的酒精、煤气、木炭和桐油等做汽车运输的燃料都做了深入的专业研究。比较用这些燃料的汽车运输,从实际效果来看,用酒精差强人意。但魏劳尔仔细研究后,1943年名为《每月运送15000吨物资到中国东南战场:酒精替代油料的问题》(15000 Ton Transportation to S. E. China: Problem of Alcohol as Fuel)的详细报告指出,酒精用作燃料对中国的粮食消耗太大;随着战争发展,卡车大增,对于日益增长的中国地面运输的需要来讲,不可能制造足够量的酒精来保障卡车每月15000吨的运输,只能满足三分之一。他送中国酒精到美军研究所做科学测量,数据结果显示酒精对汽车汽缸和发动机损害较大,因此卡车耗损率很大。依赖酒精燃料的汽车运输是不可靠的。

魏劳尔最先想象大致沿滇缅公路架设轻便输油管,与同事深入调研后,认为可行,就大力向陆军高层推荐。他到史迪威办公室谈油料和输油管道对滇缅公路重开的重要性,建议沿路修建输油管。史迪威不大明白输油料对后勤的重要性,自然也不支持,二人发生争吵。史迪威说他是军人他只要子弹,不管油料;魏劳尔反驳说不保证油料供给,就运不来子弹。受顶撞的史迪威将魏劳尔赶出办公室。但在场的分管运输的参谋长惠勒(Raymond A. Wheeler,1885—1974)将军却被成功说服,最终惠勒和史迪威都同意和采纳魏劳尔沿滇缅公路修输油管的建议。1943年8月中美英盟军首脑决定铺设从印度加尔各答到昆明的中印输油管,12月开工,中美不少工兵和工人牺牲性命,1945年5月终于铺到昆明。全长3218千米,到同年11月,即输油10万余吨,相当于滇缅公路一年半的油料运输量,使濒于瘫痪的公路恢复了活力。①魏劳尔始终认为滇缅公路即使在重开正常后总运输吨位也很有限,通车后每月25000吨可能有夸大之嫌,绝比不上空运正常后的每月10万吨。他骄傲地回忆,滇缅公路畅通之后如能有些实质功效的话,则主要得益于自己最先建议和推动的中印输油管建设。

---

① 昆明市对外贸易经济合作局,胡琨:《昆明市对外经济贸易志》,昆明:云南民族出版社,2003年。

魏劳尔给宋子文写了无数的备忘录。为了解宋子文比较全面和宏大的战略思维,以及魏劳尔代表国防物资供应公司的务实、专业作风,让我们来看1942年11月11日魏劳尔给宋子文的数页备忘录。魏劳尔提请宋在返回美国之前掌握必要的信息,以对付美国陆军部的不利的谣言和在个别事情上的小题大做。魏劳尔强调数据是真实权威的标记,建议宋子文要使用数据来要求美援;如果不能马上准备和使用数据,则以后要考虑使用数据;中国全面参加战略合作,掌握和应用数据最为重要。魏劳尔向宋子文列出各重要事项和每个事项的数据要求,可谓用心良苦。简译如下:

首先,运输。汽车运输:卡车,数量、地点、里程、车况、零配件和轮胎、损耗、修理厂站。铁路:地点、里程、火车头和机车状况、零配件和修理厂站、各线段载运吨位、运载潜力吨位。水运和牲畜运输,要求同铁路运输一样的数据。人力运输,可测算得出数字。

第二,军火。武器和弹药依种类和数量列出数量和何处何部队需要、何处何军火库有多少、现在和将来扩军后需要的总数量。

第三,兵工厂。有地址和品种的清单,没有国外进口机器的现在的生产能力、进口国外机器后的生产能力,各厂使用原材料的种类、月消耗量,各厂各类各级职工数量、扩充人员来源和培训。

第四,军队。现役作战部队按师或其他单位计的数量、营地和典型的训练和质量;现役非作战部队数据,同前;征兵,各军种,需多长时间动员和招募新兵;游击队数量、地点、任务和以后需何种设备和训练计划。作战:尽可能细致的去年的作战报告,取得的目标,敌我伤亡数字,日期和地点。

第五,空军。设备,含数量、种类、服役年限、飞机状况、地点和使用情况;去年作战活动的全部数据,包括具体时间、地点、成就和损失;维修设施,含地点、维修能力、去年的修理工作和预测的修理能力的详细清单及细节;人员,各级各类作战和非作战人员,表现水平和质量,预期的表现和能力;地勤人员,要如前项一样数据。物资供应:含数量、种类、地点和状况的全部清单,包括航空油、润滑油、其他如液压油等,空战武器和弹药、耗损及其详细数据。地面设备:含地点和状况的全部清单,在战斗机项下列清缺货数量。机场:地点、大小、种类、跑道长度、季度不同跑道承受力的差别,每个机场附属设施设备如加油、照明、无线电,飞机、发动机、武器和电台等的维修和大修。空袭报警设施系统:自然条件、地点和有效情况。炸弹:库存情况,地点、种类、更换或增加数据;完整数据以供美、英型号飞机或可使用。

第六,情报。如果还没有做,应该准派深晓情报情况和设施的中方人员向华盛顿当局当面讨论,以使中方在情报方面有所贡献。特别强调,在战区,准确的情报才导致行动。

第七,通讯设施。军用:种类、状况和地点的详细通讯信号设备清单;具体单位需要何种补充和改善。电话和无线电之外的通讯方式的详细描述、现在使用情况和有效性。民用:公私机构,同前。宣传传播:现在的向普通百姓和游击队而做的宣传传播方式,详细描述。

第八,医疗。医药供应:种类、地点和要求的详细及具体情况清单。人员:含所有的数量、级别、地点、训练和特长。医院和战地治疗所:地点、质量和治疗能力的全部数据。

第九,生产设施。所有用来生产战争材料的工厂清单,含地址、产品和现在生产能力,以及有望增产的具体的情况。

第十,原材料。所有对战争有用的原材料清单和出口美国原材料清单,含地点、数量和增产的方式。

第十一,汽油。现在所有汽油库存清单,含地点;以现在速度生产汽油的准确数据;出产的未炼原油现在总量数据;原油特征的全面技术数据,所需炼油设备的工程数据;现存便携式储油罐情况评估;替代品的种类、数量、地址和用途。

魏劳尔向宋子文列出十余件重要事项,运输、空军和汽油显得最为重要,同时着眼于中国战场的全面情况以争取美国的全面援助。魏劳尔对统计数据和实证材料近乎教科书般有板有眼的强调,毫无疑问有助于让华盛顿决策者相信和接受中国提交的对于援助要求的报告和文件。随后大量的数据及非常专业的国防物资供应公司和中国政府寻求美援的文件,表明宋子文接受和采纳了魏劳尔重实证数据的建议。

在给宋子文的很多备忘录和电报函件中,1942年12月10日魏劳尔提到自己在华盛顿陆军部的亲密朋友透露陆军部在准备收复缅甸之后重开滇缅公路而采购器材的计划,请宋子文直接向史迪威询问,以避免与国防物资供应公司的运输计划和采购工作重复。只要早日购置和得到器材,不管史迪威的计划还是国防物资供应公司的计划都可实现。要提前了解和做适当的准备。

当日,魏劳尔给宋子文的另一份备忘录,讨论魏劳尔先前向宋子文建议在印度成立训练中国飞行员的航空学校。魏劳尔最近的印度之行让他认识到,虽然陆军部不见得正式反对,但确知陈纳德的老对头、当时为其上司的第十航空大队司令比塞尔将军(Clayton Lawrence Bissell,1896—1972)反对。比塞尔将军反对的主要理由是:在印度开校的话,最好利用美国现在的培训飞行员学校和机制,教官和设施等一切重来,必须从美国空运建校教学设施,则挤占物资航运配额;在印的飞机只适合开始时期的课程;油料在印度已经紧张,为建校空运的话,会挤占其他物资的舱位;而且,华盛顿决策者很可能不热心支持,华盛顿高层有人直接说不现实。魏劳尔认为比塞尔将军反对的理由有一定的道理,故而没有必要考虑在印度建立训练中国飞行员的航空学校。宋子文明显地同意魏劳尔的分析,不再推动成立该航校。很可能是针对之前的报告和备忘录,1942年12月11日,宋子文致魏劳尔的电报说:"辛克莱已安全抵达。您的报告非常有用。部分通过外交邮包里寄来的文件尚未抵达。"①

结语和余论

为什么魏劳尔会全身心投身中国的抗战大业?魏劳尔对国际形势有很清晰的理解和判断,预感美日战争迟早会发生,为中国效力、帮助中国人民抗战和

---

① 吴景平、林孝庭:《战时岁月:宋子文与外国人士往来函电稿新编:1940—1943》,上海:复旦大学出版社,2010年,第79页。

进步也是为美国效力、争取和维护世界和平。其次,是对抗战时期折冲樽俎的宋子文的崇拜,同时是对他千辛万苦沟通中美双方、争取美援的理解,乃至于对他受蒋介石时常掣肘和限制的同情。魏劳尔喜欢冒险,又有胆有识,追求战争中把似乎异想天开的想象变成现实。魏劳尔如陈纳德一样,二战时期在中国出生入死,但分外享受正义之战带来的兴奋和成就感。1943 年,魏劳尔给妻子写信,"我是宋子文的部属,被视作有权作决定和采取行动,并取得实效的运作系统的一部分……像每个人一样,我必须有时有成就感,方觉得快乐。我也必须承认有时有身陷险境的感觉,比如空袭的时候,或飞越驼峰的时候,但是危险是很次要的,感到好像对危险有反应很正常。可是,这些却以奇怪的方式,让活着显得更有用处","如果让我从现在的兴奋的战争时期的工作回到以前的任何工作,会让我痛苦万分"。另外,魏劳尔也要挣钱,希望在中国能挣到足够的钱。他对妻子信中写到,如果能挣 25 万到 50 万美元,他将来才会安心地在政府工作和服务。

魏劳尔档案也涉及国防物资供应公司至少两方面的问题,似乎目前研究该公司的学术成果还没有提到。一是人事问题,由于国防物资供应公司毕竟是代表中国政府的机构,在珍珠港事件和中美结盟后,中美应该平起平坐。在中国抗战处境艰难和急需美援的时候,下至普通士兵,上到宋子文和蒋介石,想要达到与美方政治平等的地位,不得不需要经历逐渐追求和艰难争取的过程。史迪威明显的霸道作风,让几乎所有中方人员感到不平,在能争平等时尽量争取平等。后来公司中方机构人员配置逐渐做到与美方人员对等和平等。可是,人员对等也同时造成人员配置不必要的重叠,有时很难集中管理和高效运作。同时美方、中方军政高层各自的内部矛盾和双方之间的矛盾增加了公司内外运作的复杂性,直接和间接地影响人事管理和效率。二是物资供应记录和账务管理问题。由于中方很多官员习惯上传下达、不做调查研究,或调查研究不充分,也由于中国文化固有的模模糊糊因素,中方提出的物资供应要求,特别是开始时期,时常与美方供应的现实脱节,或被认为混乱不清。魏劳尔等美方人员代表中方需要做很多解释、沟通,乃至修正和变通的工作。物资批准后,辗转运输、接收、登记、记录和分配等也很不清楚,中美人员之间常有分歧和摩擦,乃至冲突。从档案看出,魏劳尔坚信,中国人如果没有贪污倾向的话,就是习惯性地不愿账目清楚;中国军官克扣军饷、挪用军事物资的观念根深蒂固。这也是前文引述魏劳尔向宋子文强调如何准备和利用数据来说话的原因之一。因而,魏劳尔认为美方人员和国防物资供应公司要向中国的同事、中国相关部门树立账目清晰、诚实不欺的典范。魏劳尔特别录用哈丁(Donald F. Harding)专管物资账目记录和协调分配,终于使在印度的库存和驼峰运输得以清楚地统一登记、入账,加快了分发和运转速度。国防物资供应公司的运作很好地体现了中美文化的差异和交流,又因国际主义、和平主义、民族主义、爱国主义和不同的传统文化等因素而变得特别复杂,值得进一步研究。

最后,来谈一下飞虎队名称和队徽的由来。第一种说法,也是最权威、正确的说法。陈纳德出版自己的回忆录,但对来源语焉不详。陈将书赠送宋子文,宋读后,非常赞赏。但1949年3月14日宋致函陈,明确说,在比尔、魏劳尔和希格向他提议飞虎队要有队徽时,有人建议用龙或鹰,但他不以为然,认为用龙太陈腐,用鹰太美国化。中国人的成语"如虎添翼",更能表示飞虎队犹如老虎添翼,更勇猛无比。所以队徽用奔跳的老虎加双翼。①陈纳德夫人陈香梅也认为来自"如虎添翼"。但陈纳德比较明确的是,在飞虎队快解散时,国防物资供应公司请美国迪士尼公司设计队徽,才开始有飞虎队的正式称呼和队徽。②但是,迪士尼公司设计的队标,晚于早期的飞虎队的图案;二者风格也明显不一致。第二,曾为飞虎队工作、任陈纳德传令兵的周光祚认为,两位飞虎队队员有一天碰巧买回"飞虎"牌油漆,漆罐上飞虎的图案逼真传神,二人就在各自的机身上用"飞虎"牌油漆也依样照画。画成之后,让众战友观看,大家赞赏喜爱,遂成为标志。所以名称和队徽都源自1922年开始的中国老牌子的上海油漆商标。③第三,飞虎队英雄老兵薛林的回忆称,有人认为飞虎队仿英国皇家空军被称作"鲨鱼中队"的112中队(112 Squadron),机头也仿涂鲨鱼齿,其实不然。

---

① 《飞虎队命名之由来》,《民航空运队半月刊》,1949年第2卷第13期。吴景平、郭岱君:《宋子文与他的时代》,上海:复旦大学出版社,2008年,第128页。

② Claire L. Chennault. *Way of a Fighter: The Memoirs of Claire Lee Chennault*. Penguin, 1949.

③ 周光祚:《民国政府招募组建飞虎队的经过》,《文史精华》,2006年12期,第62—65页。

他认为实际情况是,有一天他看英国杂志上刊德国梅塞施米特-110(Messerschmitt-110)战机有鲨鱼齿图案,觉得很好,在自己的机头上用粉笔画上。他要求陈纳德允许作为他的中队队徽,但陈纳德认为应该作为整个飞虎队大队的标志。① 第四,魏劳尔档案中有不同的说法。魏劳尔的母校普林斯顿大学的橄榄球队队徽是老虎。将普大的老虎改动后加上两个翅膀,最后确定为飞虎队队徽。可是档案中的口述回忆转录稿也提到,陈纳德以前读书的路易斯安那州立大学橄榄球队标志也是老虎。陈纳德认为这个美国南方虎加双翼后才真正是飞虎队的来源。两位老搭档见面一谈到这个话题,就争论不休,最后总是不了了之。这不大为人所知的源于橄榄球队标志的说法,可为飞虎队的由来增加另外一个亲切有趣的解释。

---

① Tom Cleaver, Erik Shilling, *Off on His Last Flight*. https://www.warbirdforum.com/erikrip.htm

美国国会图书馆藏中国抗日战争(1931—1945)图片资料

◎宋玉武[①]

摘 要:

美国国会图书馆图片部、亚洲部、美国民俗文化中心等藏有一批和中国抗日战争(1931—1945)有关的图像文献。以图片部为例,通过查询美国国会图书馆图片部线上检索目录(Library of Congress Prints & Photographs Online Catalog:http://www.loc.gov/pictures/),即可以找到一批相关图片。以图证史,此类视觉文献对学者研究抗日战争非常重要。

关键词:

美国国会图书馆;中国抗日战争;图片资料

The Sino-Japanese War (1931-1945) Related
Prints and Photographs in the Collection
of the Library of Congress

◎ Yuwu Song

Abstract:

The Prints & Photograph Division, the Asian Division, the American Folklife Center and other divisions at the Library of Congress hold valuable prints and photographical materials for the study of the Sino-Japanese War (1931-1945). Using the Library of Congress Prints &

---

① 宋玉武,美国国会图书馆亚洲部研究馆员。

Photographical Division Online Catalog http://www.loc.gov/pictures, for example, researchers can find numerous prints and photographs related to the war. These types of materials are indispensable for scholars to do research on Sino-Japanese War and to authenticate facts with historical images.

Keywords:

Library of Congress; Sino-Japanese War; Prints and Photographical Materials

第二次世界大战结束后,美国国会图书馆陆续收集到了各类涉及中国抗日战争(1931—1945)的图片资料。这些资料主要存藏于国会图书馆图片部。其基本来源包括：中国军事图片社、美国国防部、美国战争部、美国战争情报局、美军通信兵、美国空军、美国陆军及美军缴获的日军文献。此外,国会图书馆亚洲部、手稿部、美国民俗文化中心等也有少量图片收藏。

一、美国国会图书馆图片部

美国国会图书馆图片部保存的图片资料包括展览图片、照片集、相册、海报、文宣画、漫画等。

《1928年日军占领中国济南照片集》

(*Occupation of Tsinan, China, by the Japanese Army in 1928*)

该照片集包括161张照片,配有中英文注释。照片记述了1928年4月到5月间日军武力占领中国山东省济南市,城市遭到破坏和中方人员伤亡的情况(即"五三惨案"或"济南事件")。

1928年5月3日,国民革命军北伐,途经山东济南,日本借口革命军对当地日本侨民进行抢劫、强奸及屠杀,出动军队展开报复。据记载,中国军民遇难3945人,伤1537人。国民革命军派出时任国民革命军总司令部战地政务委员兼外交主任蔡公时赴济南与日方交涉,最终却惨遭日军杀害,同时被害的还有同行的16人。惨案发生后,日方否认残杀中国军民,并于5月11日攻占济南。1929年3月,南京国民政府与日本政府签署《中日济案协定》后,日军才全部退出济南。

"济南事件"中被抓的国民革命军

(来源:美国国会图书馆图片部)

事件发生后不久,该批照片由中方交给西方人士带到海外,最终落户国会图书馆。

"战时中国特藏(1938—1943)"(China at War,1938-1943)

1943—1944年间,中国军事图片社在美国举办"战时中国(1938—1943)"展览,宣传中国抗战。这批照片共236张,包括战争时期的蒋介石及夫人宋美龄的各类活动、战时工业、军事活动、军官培训、妇女预备队、日机轰炸与日军暴行、中国建筑、文物等照片,也包括战时青海、西康、西藏、新疆少数民族地区的照片。

整个抗战期间,中日的军事力量悬殊,中方在艰难应战的同时也在培养自己的军事干部。"战时中国特藏"的照片记录了多个抗战时期中国军官训练团的活动。为了培养中、高级军官,蒋介石于1933年在南昌开办军官训练团。

1935年,该团移驻庐山,成为著名的"庐山军官训练团",蒋介石亲任团长,具体事务由副团长陈诚负责。蒋介石曾明确将庐山训练团称为"第二个黄埔军校"。军官训练团成立之初的主要目的是"反共"与"剿共"。但在中日民族矛盾日益尖锐的情况下,1934年后,训练团中增加了有关抗日的教学内容。

1937年,庐山训练团开学不到半个月,卢沟桥事变爆发。7月8日早上升旗时,陈诚向全体学员宣告:"7月7日晚,日军借口向我卢沟桥发动军事进攻,我守军寸土不让,战斗激烈。"他还说:"我辈军人,只有马革裹尸,为国牺牲,来保卫祖国。"在这期暑期训练团毕业典礼上,蒋介石再次鼓励学员:"国家处在多难之秋,正是我辈军人为国牺牲之时。保卫我中华民族,是我军人的匹夫之责。"1938年,国民政府在武汉也开办了两期军官训练团,招收的学员来自国共两党。蒋介石、周恩来都曾在此授课。

"战时中国特藏"有一组女兵预备队培训的照片。在艰苦的抗战中,一大批女青年为了保家卫国,参军入伍,甘做现代"花木兰"。尤其是抗战后期,在国民政府"十万青年十万军"的号召下,上万女学生投笔从戎。根据现存的南京档案馆历史文献记载,1944年至1945年从军的数十万大、中学生当中,女青年约占10%。这些照片反映了她们在女子预备队里培训的情况。在营地里女青年们学习基本军事知识和技能,如列队、射击等。

战争期间,边疆地区的少数民族在国民政府的号召下积极支持抗战,同样做出了重要贡献。从有关战时西藏的照片中可见:国民政府派人入藏宣传抗日。在这些文化和语言与内地存在差异的地区,宣传员克服语言障碍,"以图"讲解,让藏族民众了解当时国家的战争形势,增强民众的"国家观念"。照片还包括西康的少数民族帮助援建通往印度的阿沙姆公路;青海的民众应征入伍,为抗战捐物等。中国抗日战争时期的边疆历史是以往研究中很少涉及的领域。这些反映边疆少数民族为抗战做贡献的照片,为研究者提供了珍贵的可视性史料。

国民政府委派的讲员通过图示向藏族民众讲述战况

(来源:美国国会图书馆图片部"战时中国特藏(1938—1943)")

"战时中国特藏"有一组对空声测仪的照片。中国军队在没有对空警戒雷达的情况下,使用对空声音探测设备,通过声音探测敌机来袭并发出预警。操作人员监听远处飞机的引擎声,一旦听闻敌机飞临,即开始转动声测仪方向,对准敌机,以确定其飞行方向、角度、方位等,并发出预警信号或引导高射炮进行拦截。军事雷达诞生于1936年,但由于中国经济、军事、科技都很落后,军队无力配置先进雷达,只能使用第一次世界大战时发明的对空声测仪。中国战事之艰苦可见一斑。

用于防空作战的对空声测仪

(来源:美国国会图书馆图片部"战时中国特藏(1938—1943)")

"《纽约世界邮电报》/《太阳报》图片特藏(New York World—Telegram and the Sun Newspaper Photograph Collection)"

《纽约世界邮电报》/《太阳报》图片主要包括新闻照片、商业摄影工作室照片、宣传照片、业余摄影师拍摄的照片等。该特藏含有一批中国抗战时期外国记者拍摄的新闻照片和特稿照片。譬如,记者拍摄的1937年7月日军占领北平时的照片,真实地记录了当时的场景。

1937年7月日军占领北平（As Japanese took over）

（来源：美国国会图书馆图片部"《纽约世界邮电报》/《太阳报》图片特藏"）

"褚民谊特藏"（Photo-documentation of the Public Career of Ch'u Min-yi [Chu Minyi] as Minister of Foreign Affairs in the Chinese Puppet Government during the Japanese Occupation, 1937-1945）

"褚民谊特藏"包括8个相册，共计409张照片。

褚民谊（1884—1946），原名明遗，字重行，浙江省吴兴人。早年留学日本，习政治经济学。后赴法国，专攻医学。1906年随同乡张静江赴法途中参加中国同盟会。1911年武昌起义后回国，结识汪精卫，并成为汪的连襟。1932年任行政院秘书长，1935年随汪精卫辞职。1940年3月汪伪政府在南京成立，褚民谊任行政院副院长兼外交部长。1940年冬，褚民谊参与制定《中日基本关系条约》，出卖国家主权和民族利益。是年12月出任汪伪政府驻日大使。次年底回任外交部长。1943年4月，由日本天皇授予"一等旭日大绶章"。1945年秋日本投降后，褚民谊被国民党军统特工诱捕，先后关押在南京宁海路看守所和苏州第二监狱。1946年4月由江苏高等法院以汉奸罪判处死刑,同年8月被处决。

"褚民谊特藏"收入的照片大多拍摄于1940至1945年间,记录了褚民谊作为汪伪政府的外交部长和驻日大使时期的公务活动和私人生活。该"特藏"还包括汪精卫、陈公博、陈璧君以及近卫文麿等日本政要的照片。

汪精卫审视自己的画像

(来源:美国国会图书馆图片部"褚民谊特藏")

1940年5月,陈公博(左)以汪伪政府立法院院长身份访日,
拜会近卫文麿(左二);褚民谊(左三)

(来源:美国国会图书馆图片部"褚民谊特藏")

1942年5月30日,褚民谊(前排中)、汪伪参谋本部政务次长兼代理部长职杨揆一(前排左五)、军事委员会常务委员兼军事参议院副院长、代理院长任援道(前排右五)访日期间视察汪伪政府驻日使馆海陆军武官处留影

(来源:美国国会图书馆图片部"褚民谊特藏")

《接收上海共同租界纪念册》

  1840年,鸦片战争爆发,清政府战败,被迫与列强签订了一系列不平等条约。1854年7月,英、法、美三国在上海成立联合租界。1862年,法租界从联合租界中独立。1863年,英美租界正式合并为公共租界。

  随着二战局势的发展,英美出于联华抗日的考虑于1942年10月宣布放弃其在华特权。1943年1月11日,英美政府与中国政府分别签订了《中美新约》《中英新约》,正式声明终结在中国的治外法权及其有关特权。针对英美这一行动,为了改变汪伪政府的傀儡形象,1942年12月21日,日本御前会议决定"尽速撤销在中国的租界"。1943年6月30日,南京伪政府外交部长褚民谊与日本驻华大使谷正之签订《中日关于实施收回上海公共租界之条款》及其《附属谅解事项》，规定8月1日由汪伪政府"收回"公共租界。7月29日，陈公博作为"特派接收委员"与日本驻华公使田尻爱义签署《上海特别市市政备忘录》，确认收回公共租界。8月1日，在原公共租界工部局礼堂，时任汪伪政府上海特别市市长的陈公博、外交部长褚民谊与日本驻南京大使谷正之、工部局总董冈崎等参加了接收仪式。

作为"褚民谊特藏"的一部分，《接收上海共同租界纪念册》记录了汪精卫伪政府接收上海共同租界的实况，为研究战时汪伪政府的外交活动提供了第一手资料。

《接收上海共同租界纪念册》

（来源：美国国会图书馆图片部《接收上海共同租界纪念册》）

"《支那事变写真集》"

1953年美国国防部将一批缴获的日军照片移交给了国会图书馆，其中包括《支那事变写真集》"（40幅照片）。1937年7月，日本侵华战争全面爆发后，颇具影响的日本读卖新闻社向前线派遣"敢死"摄影师拍摄战况，并配以详细的文字说明。

1937年12月9日,日军铿村三空曹驾驶的飞机被中国军机击落了左翼。
(来源:美国国会图书馆图片部"《支那事变写真集》")

《美国第 20 航空队航拍照片集》(*The 20th Air Force Operations*)

美国第 20 航空队(The 20th Air Force)航拍照片主要包括美国空军二战期间对位于汉口、高雄等地的日军军事目标进行空袭的照片。

1944 至 1945 年间,美国第 20 航空队轰炸了日军在台湾的高雄军港及冈山飞机制造厂、嘉义机场的飞机仓库。1944 年 12 月,美军第 20 航空队还对日军设在汉口的军用仓库实施了轰炸。该组图片详细记录了美军轰炸目标前后的情况。这些照片原本是帮助美国空军分析、对比空袭效果,现在对历史学家研究这段历史也不无帮助。

"美军通信兵(U.S. Signal Corps)图片特藏"

美军通信兵在二战期间拍摄了大量照片,其中有一批照片反映了中美战时的军事合作,如中国驻印度军队的活动。1942 年 5 月底,盟军缅甸作战失利后,1942 年 7 月,新编第 38 师师长孙立人率部抵达印度蓝姆迦(Ramgarh)。8 月初,从缅北野人山脱险入印的第 5 军新 22 师和军直属部队也来到了蓝姆伽。根据中美协议,撤销远征军第 1 路司令长官部,改称为中国驻印军总指挥部。中国战区参谋长史迪威为总指挥,罗卓英将军为副总指挥。同时,国民政府利用驼峰空运飞机回航的机会,每天空运几百名士兵到印度,以补充兵源。

中国军人在史迪威的指导下,在蓝姆伽训练营接受整训。训练营由美国各兵种军官组成,对中国士兵开展体能、技能训练。步兵团的迫击炮、野炮、火箭筒、重机关枪、轻机关枪、冲锋枪直到步枪和手榴弹的使用都在训练之列。此

1942年,史迪威、罗卓英、孙立人检阅受训中国士兵
(来源:美国国会图书馆图片部"美军通信兵图片特藏")

外,部队的工兵营、通讯营、辎重营亦参加训练。训练项目甚至包括汽车驾驶和修理、军畜驮载和养护等。这组照片反映了中国军人在蓝姆伽训练营受训的情况。

"联合国善后救济总署中国善后救济计划项目"

1943年11月,在美国总统罗斯福倡议下,有48个国家参加的"联合国善后救济总署(United Nations Relief and Rehabilitation Administration,英文简称UNRRA)"在华盛顿成立(注:此处的"联合国"指第二次世界大战期间反法西斯同盟国的参战国家)。该组织成立的目的是帮助统筹重建二战受害严重的同盟国。"联总"的救济资金和物资主要来自美国、英国和加拿大。该组织向各受援国提供的最大宗的援助物资为食物,其次为工业物资,第三为衣物、纺织品等,最后为医疗卫生和文教项目。战后,数十个国家得到"联总"提供的援助。据统计中国在1945年至1949年间得到"联总"提供的各种援助达到5.18亿美元。

国会图书馆图片部藏"联合国善后救济总署中国善后救济计划项目"照片记录了1944年10月联合国善后救济总署邀请中国专家在设于马里兰大学的培训中心参观、培训的过程。这些中国专家主要来自农业、畜牧业和水利工程三个领域。

文宣画

国会图书馆藏有一批战时文宣画,其中包括日军和盟军的宣传海报、招贴画、漫画等。这批文宣画多从政治宣传、大众传媒角度反映了战争的一个侧面,对学者研究战时两军的宣传战提供了重要资料。

战时文宣画还包括数幅美国援华联合会(United China Relief)在1940年代初出版、印刷的援华海报。海报制作精良,年代虽久,色彩依旧,亦证明了美国援华联合会当年的经济实力。

美国援华联合会成立于1941年2月7日,是抗战期间美国民间成立的一个联合组织。委员会成员包括许多当时的政、商、文艺界的重量级人物,如赛珍珠、温德尔·威尔基(Wendell Willkie,共和党总统候选人)、亨利·鲁斯(Henry Luce)、约翰·D. 洛克菲勒三世(John D. Rockefeller III)、小西奥多·罗斯福(Theodore Roosevelt Jr.)等。总统夫人埃莉诺·罗斯福受邀担任名誉会长。该会宗旨为整合全美同情中国的民间团体,筹集经费,购买物资以及医药品,帮助中国抵御日本侵略。联合会包括美国医药助华会(American Bureau for Medical Aid to China)、美国对华急救委员会(China Emergency Relief Committee)、中华基督教大学联合董事会(Associated Boards for Christian Colleges in China)、中国战灾难童委员会(American Committee for Chinese War Orphans)、美国援华会(China Aid Council)、美国教会对华救济会(Church Committee for China Relief)、中国工业合作协会美国委员会(American Committee in Aid of Chinese Industrial Cooperatives)等。在整个抗战时期,联合会总计筹措了超过5000万美元的善款,可谓全球之最。据史家统计,2200万中国民众得到不同形式的帮助。

美国援华联合会的援华海报大多由美国插图画家玛莎·索耶丝(Matha Sawyers)所绘。索耶丝能文能画,曾为著名的《克里斯》(Collier's)、《生活》(Life)等杂志撰文、撰画。1944年9月《克里斯》封面的蒋介石及该刊赛珍珠文章的配画皆出自索氏之手。索耶丝深怀东方情结,战前曾在北平生活、作画。1937年卢沟桥事变后两周,她与丈夫被迫假道上海回国。索耶丝返美后举办

美国援华联合会宣传海报

(来源/美国国会图书馆图片部)

画展,天降良缘,恰好《克里斯》杂志的美术编辑前来参观,一眼看中了她的作品,遂邀约她为该刊作画。此时东方战事频仍,《克里斯》正需要一位对亚洲文化、历史有深刻了解的插图艺术家。一发不可收,短短几年索耶丝就跃升为东方题材主要画家之一,以致美国援华联合会这样的大客户也常选索氏作画。

漫画

美国国会图书馆图片部藏有一批与抗日战争有关的漫画。主要由美国著名漫画家赫布·勃洛克(Herb Block)、约翰·克劳特基(John F. Kratky)等人所创作。约翰·克劳特基1943年的画作以大众熟知的"飞虎队的军机""罗斯福的香烟""丘吉尔的雪茄"等做绘画元素表述"保卫滇缅公路"的主题。漫画说明文字为"陈纳德将军的飞虎队保卫着中国的供给线滇缅公路。罗斯福与丘吉尔对日本要求无条件投降"。

《大地》一画是赫布·勃洛克1942年所作。该画巧用了美国家喻户晓的赛珍珠诺奖作品《大地》。画上方是中国空军飞机机库、中国军机、中国国旗、高射炮、探照灯、风向标。标牌上书"被收复的中国机场"。图下方可见"日寇侵略者"墓碑林立在中国大地上。

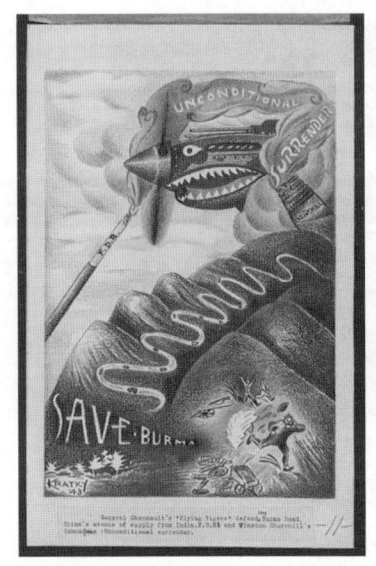

保卫滇缅公路

（来源：美国国会图书馆图片部）

大地

赫布·勃洛克（Herb Block）

（来源：美国国会图书馆图片部）

其他

美国国会图书馆图片部存藏的一组1942年7月世界青年学生代表大会的照片，记录了王莹及中国代表团参会的一幕。会议是一场关于同盟国反对德意日法西斯战争，呼吁英美迅速开辟欧洲第二战场的宣传活动。作为中国青年留学生代表，艺坛巾帼王莹备受瞩目。1943年春，王莹在赛珍珠主持的"东西文化协会"的安排下，赴白宫为罗斯福总统及美国政要演出了《放下你的鞭子》等，成为"第一个在白宫演出的中国演员"。在美期间，王莹到美国各地发表演讲，宣传中国抗战。她担任了"东西文化协会"董事兼中国剧团负责人，组织中国在美艺人排演涉华题材的剧目。她导演并用英语演出了话剧《放下你的鞭子》《原配》《压迫》《遗产》《住房问题》《美国向中国说话》等。

1942年7月美国罗斯福总统夫人会见王莹

（来源：美国国会图书馆图片部）

美国国会图书馆图片部存有一张1940年5月24日罗斯福总统接见中国学生基督教协会总干事David Toong（中文姓名待考）一行的照片。Toong向罗斯福总统转交有200位上海学生签名的卷轴"前进中的大学(Universities on the March)"。该卷轴绘有战时中国高等学府西迁到四川、云南等地的地图。地图上所标"Chengtu(成都)""Kunming(昆明)"等字清晰可见。图中包括有美国教会背景的大学，如金陵大学（University of Nanking）、齐鲁大学(Cheeloo University)、福建协和大学（Fukien Christian University）、金陵女子文理学院（Ginling College）等。1937年7月7日全面抗战爆发以来，金陵大学与金陵女子文理学院从敌占区千里迢迢内迁至四川成都华西坝复校。福建协和大学1938年5月迁往闽北山城邵武。1939年春，齐鲁大学也西迁成都。谈及这些美国在华教会大学，无疑拉近了罗斯福与中国学生代表的距离并使会面更有意义。

日本侵华以来，美国民间援华呼声很高。但由于美国中立法和国会"孤立主义派"掣肘，白宫手中的对华、对日政策选项受限。此时罗斯福接见中国留美学生代表并接受卷轴"前进中的大学"与其以前释放的信号一样：美国总统同情支持中国一方。此照见证了中美民间外交的一段插曲。

1940年5月24日,罗斯福总统接见中国学生基督教协会总干事David Toong(右三)一行

(来源:美国国会图书馆图片部)

　　David Toong 出生于 1895 年,曾就读于福州教会学校三一学院(现为福州外国语学校),以后又赴上海圣约翰大学学习。他于 1933 年前往哈佛大学攻读博士学位。就学期间,曾任中国基督教青年会的执行董事、北美华人基督教协会会长、哈佛大学中国学生会主席、大波士顿中国学生会主席等职。抗战爆发后,他大力宣传抗战并通过在大学办讲座、赞助晚宴等方式筹集资金,购买抗战急需医疗用品。研究 David Toong 等人在美的活动对了解战时留美、旅美华人对祖国的贡献很有帮助。

　　涉及战时中美军政官员交往、活动及旅美华人支持祖国抗战的照片是美国国会图书馆收藏的强项。这批照片对研究二战期间中美外交史具有重要参考价值。如:1937 年 7 月 9 日,中国财政部长孔祥熙访美与美国财政部长摩根索会面;1938 年 9 月,国民政府委派江浙财团领袖陈光甫赴美洽谈贷款事宜并会晤美国财政部长摩根索;1941 年,宋美龄与蒋介石的政治顾问欧文·拉铁摩尔交谈;1942 年 3 月,熊式辉将军率领中国军事代表团访美并拜会美国陆军参谋长马歇尔将军;1942年7月8日,美国总统罗斯福和时任中国外交部长的宋子文从美国邮政总署署长弗兰克·沃克(Frank Walker)处买下了第一批发行的纪念中国抗战的邮票(邮票设计图案象征着自由与民主);1942年9月,罗斯福总统特使温德尔·威尔基访问重庆;1943年3月31日,宋美龄访问洛杉矶,洛杉矶市长弗莱彻·鲍伦(Fletcher Bowron)在市政厅致欢迎词;1943年1月11日,中国驻美大使魏道明与美国国务卿科德尔·赫尔在华盛顿签署《中美新约》,废除美国在中国的治外法权;1944年,美国魏德迈(Albert Wedemeyer)少将(中国战区总指挥)和卫立煌将军(中国远征军总司令)在中国西南地区一飞机场会面;1945年2月4日,滇缅公路通车仪式,云南省主席龙云将军在昆明与美国少将切夫斯(G. X. Cheves)检阅第一批运输车队;1945年8月15日,纽约中国城,华人手持刊登着"日本正式投降"的中文报纸,与美国人民一起欢呼,报纸头版还刊登着日本裕仁天皇的照片,写有"联军阶下囚"等。

1937年7月9日,孔祥熙与美国财政部长摩根索见面,发表共同声明。
(左起:孔祥熙、摩根索、中国驻美大使王正廷)
(来源:美国国会图书馆图片部)

二、美国国会图书馆亚洲部

除了图片部,美国国会图书馆亚洲部也藏有一批图像资料。1941年,日军傀儡"满洲帝国代表部满蒙现地国境确定混成委员会"印行了《满蒙国境确定纪念写真帖》。该帖见证了伪满蒙国国境界碑竖立时的场景,是日军侵略中国的铁证。1941年7月,日本支那派遣军总司令部印制了《空中写真判读资料》,写真资料含有中国军队工事配置的照片及图解,明显是用于日军飞行员的培训。这批图像对人们研究军事史、军事战略、战术来说是重要的原始文献。

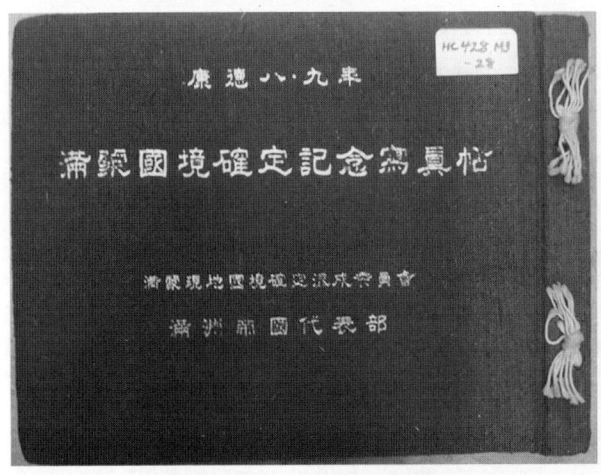

"《满蒙国境确定纪念写真帖》"

(来源:美国国会图书馆亚洲部)

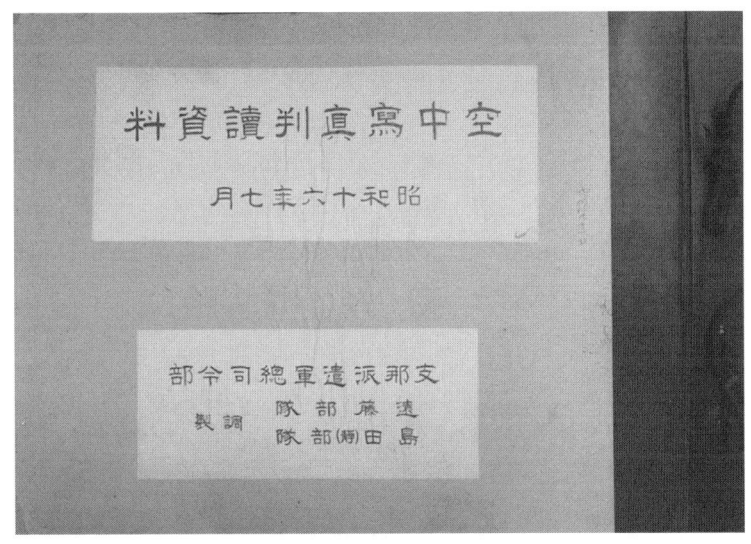

《空中写真判读资料》,1941

(来源:美国国会图书馆亚洲部)

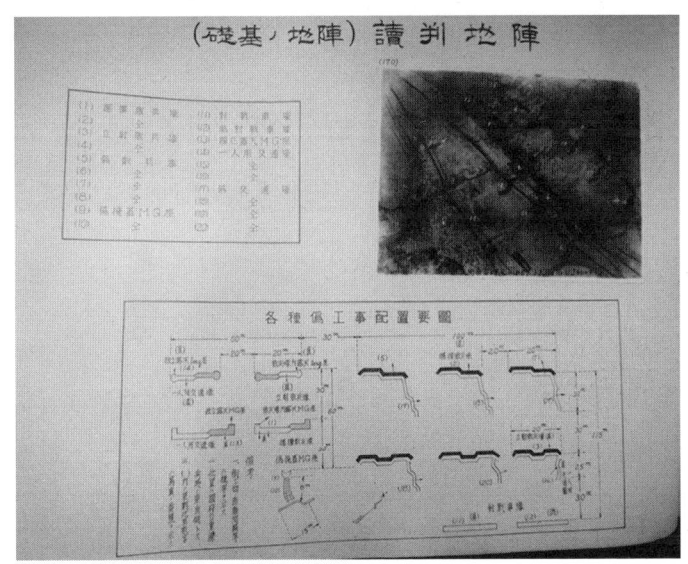

《空中写真判读资料》,1941

(来源:美国国会图书馆亚洲部)

美国国会图书馆亚洲部的特色馆藏还包括战时中国和日本出版的画报,譬如《世界画报》《广东画报》《昭南画报》等。其中还有极为少见的刊物,如1945年5月在重庆创刊的《星岛画报》。该刊在《抗战时期期刊介绍》一书尚未收入。这些画报含有大量照片、插图。有些画报还包括彩色图片,更加真实地还原了战争场面。

亚洲部藏有7幅手绘水彩抗战文宣画、壁报,其中包括《青年同胞们,快来投效空军》《争取制空权,把敌人赶出去》等。它们大多与战时中国空军有关。这批手绘孤本在战争年代,辗转万里,保留至今,实属罕见。

《争取制空权,把敌人赶出去》

(来源:美国国会图书馆亚洲部)

三、美国国会图书馆美国民俗文化中心

美国国会图书馆还有一批零散图像资料存藏于不同部门,资料重点反映了战时中美外交情况。比如美国民俗文化中心所藏"詹姆斯·伊顿特藏(James

左起:(前排)朱德、张治中、詹姆斯·伊顿,(后排)赫尔利、毛泽东
(来源:美国国会图书馆美国民俗文化中心"詹姆斯·伊顿特藏")

C. Eaton Collection)",收有美国驻华大使赫尔利(Patrick J. Hurley)1945年8月27日在延安与毛泽东、朱德等人乘车前往机场共赴重庆谈判的彩色照片。

四、结语

美国国会图书馆馆藏的大部分涉及中国抗日战争的图片均配有文字说明,这对史家钩沉史实,深入了解图片上的人物和背后的故事,进行分析解读、图史互证很有助益。研究显示,有时一张图片就能引出一段湮没不彰的历史罕闻,或推翻一则铁板定论。毫无疑问,图片作为"可视历史",在记录历史事件的真实性、客观性、可追溯性,及考察、补白、矫正、丰富与重建历史记忆上,有其不可代替的文献价值。

中国抗日战争史就像一张巨大的拼图,国会图书馆藏的相关图像资料只能算是其中的一小部分。希望本文提供的图像资料能填充一些抗战文献的空白,激发研究者的灵感,协助学人开拓更多抗日战争研究新领域。

参考文献

1.《美国国会图书馆在线目录》(Library of Congress Online Catalog): http://catalog.loc.gov/

2.《美国国会图书馆图片部检索目录》(Library of Congress Prints & Photographs Online Catalog): http://www.loc.gov/pictures/

3.《美国国会图书馆美国民俗文化中心检索目录》(Library of Congress American Folklife Center Finding Aids): http://www.loc.gov/folklife/guides/findaid.html

4.丁守和、马勇、左玉河、刘丽:《抗战时期期刊介绍》,北京:社会科学文献出版社,2009年。

地方志体裁的演化与社会结构的变迁：
一个宏观的史学方法论探索

◎ 程　洪①

摘　要：

地方志作为一种历史文献，其发生发展必然适应了各历史时代社会结构变迁。本文从探讨地方志的体裁入手，分析了地方志体裁从成型到转型的历程，揭示了相关的社会经济、政治、人文结构变迁中的区域经济、基层影响力、亚文化这三个要素，以及这些要素对地方志和地方志体裁的影响。时代在飞跃，社会在演进，我们期待着新的地方志体裁出现。

关键词：

地方志体裁；社会结构；区域经济；基层影响力；亚文化

The Style of Local Gazetteers under the Transformation of Social Structure: A Macro Historiographic Exploration

◎　Hong Cheng

Abstract：

This paper explores the genre issues of Chinese local gazetteers, analyzes the process of the genres from the shaping stage to the transformation, and reveals the three factors that social economy, politics and cultural structure change of regional economy, grassroots influence and

---

①　程洪，加利福尼亚大学洛杉矶校区历史学博士、中国学博士后。2005年起任美国加利福尼亚大学洛杉矶校区东亚图书馆中国研究馆员，中文部负责人。

subculture, as well as the effects of these elements on Chinese local gazetteers and their genres. As a kind of historical literature, the development of Chinese local gazetteers must conform to the changes of social structures in historical periods. Time is flying, society is evolving. We are looking forward to the new genres of Chinese local gazetteers emerging on the horizon.

Keywords:

Genres of Local Gazetteers; Social Structure; Regional Economy; Grassroots Authority; Subculture

从史书体裁角度来考察中国的地方志文化,尤其是当代地方志文化,或许并不多见。或许出自这么几个原因吧:一是史书的体裁本来就归纳为区区数种,没有多少可以论述的;二是地方志的编纂,虽然篇幅越来越大,但就体裁而言却因潜移默化而不引人注目;三是体裁相对内容而言不那么重要,重内容而轻体裁本无可非议。然而,如果把地方志作为文化来研究,从宏观的角度来研究,史书的体裁问题就有着特别的意义了。

本文从考察地方志的体裁出发,进而探寻其与社会结构变化的渊源关系,试图讨论当代地方志体裁可能的发展趋势,希望在方法论上给地方志文化的研究提供一个新的角度。

一、史书·史书体裁·地方志体裁

大历史(或宏观史学)的研究有其内涵和外延,对地方志文化的宏观考察也不例外。既然本文要从史书体裁入手来考察地方志文化,就不得不先就文中所提到的史书体裁的内涵和外延作一说明。

广义的史学著作包括了对历史过程的叙述和对历史问题的评价,我们这里提到的史书体裁仅针对以叙述史事史实为主的狭义史书,而不涉及以史论为主的史学著作,也不涉及以文献、语录、典章制度为主的史料汇编。所谓的史书体裁也就是叙述史事的方式方法,普遍认可的中国史书体裁主要有这么几类。

第一类:编年体,以时间为主轴来叙述史事。

第二类:纪传体,以人物为中心来叙述史事。

第三类：纪事本末体，以事件为线索来叙述史事。

第四类：国别（地域）体，以空间为分隔来叙述史事。

这四类体裁是数千年来中国传统史书的基本体裁。尽管在具体应用中，各种体裁会交汇融合，取长补短，但总可以看到某一类体裁在具体史书中所占的主导地位。

地方志作为史书的一种类型，在体裁上从一开始就没有脱离传统的史书体裁。表面看来，地方志很容易被认为是国别（地域）体，其实并不那么显而易见。《国语》通常被认为是中国的第一部国别体史书（有别于地方史），起自西周穆王，讫于战国初年的鲁悼公，分载周、鲁、齐、晋、郑、楚、吴、越等八国的历史。然在性质上，《国语》是一部按地域顺序来叙述的全国史，着眼点在全国，而不是以地方为考察对象的地方志。一种观点认为最早的地方志是公元813年唐代李吉甫编的《元和郡县图志》（后因图佚，改名《元和郡县志》），计40卷，后有部分散失。该志以唐代的47镇为纲，每镇一图一志，详细记载了全国各州县的沿革、地理、户口、贡赋等。如果因此而认为地方志的体裁是国别（地域）体还有道理，但此类地方合志并不是中国地方志的典型方式，典型的方式是一地一志，无论行政单位的高下。一地一志，认为是以空间为分隔来叙述史事的国别（地域）体就没有意义了。传统的地方志基本上是由纪传体的"志"部分的体例发展而来，如果把其总体上归入纪传体并不过分。然而，地方志源自纪传体的附录部分，却不再以人物为中心，而分别叙述疆界、区域、山川、道里、物产、户口、风俗等专题。在这个意义上，认为地方志开创了一个新的史书体裁也未尝不可，即专题体，以专题为类别来叙述史事。宋元时期地方志的体裁基本形成。宋熙宁九年（1076）的《长安志》、绍熙三年（1192）的《吴郡志》、四年（1193）的《云间志》等都很有代表性，一地一志，不再像早期地方志那样泛指一大片地区；在地方志体裁上为后世奠定了基础。如以《云间志》等宋元地方志为例[①]，大体来讲，宋元地方志体例中包括这样一些内容：

序跋

[①] 《云间志》目录。中华书局编辑部编：《宋元方志丛刊》，北京：中华书局，1990年，第1册，第5页。

地域：封域、道里、坊巷

建筑：学校、廨舍、仓库、桥梁、寺庙

经济：户口、税赋、物产、水利

人文：风俗、科举

文献：文献、赋、诗、歌、词、墓志

这样的以专题为类别的叙述史事体裁在明清及以后的地方志中得到延续。考虑到中国地方志的庞大数量，把此类史事记载方式归纳为专题体，与编年体、纪传体、纪事本末体、国别体并列，成为第五类体裁，还是站得住脚的。

近现代以来，由于社会的变动，或也受到西方史学及苏联史学的影响，一些无法以传统史书体裁来归分的新体裁出现了，特别是以下这么两类。

第六类：纲目体，以思想理论或政治观点为主纲，由纲及目地阐述史事。

第七类：条目体，以辞典或百科全书形式，以并行的条目叙述史事。

在地方志领域，一些现代地方史的编撰采用了以政治观点为纲的纲目体，一些地方性工具书（如地名辞典、地方人名录等）采用了类似辞书的条目体，一些地方大事年表则采用了编年体，而很多以"志"命名的近现代地方志仍沿袭了专题体的传统，分门别类地叙述地方史事。

20世纪末叶至进入21世纪之后，当代地方志编撰热潮兴起，一个显著特点是地方志的大型化和全面化，省级地方志的多卷本常常发展到几十卷，连县级和县级以下的地方志都出现了多卷本。从表面上看，这些当代地方志沿袭了专题体的传统，分门别类地叙述地方史事，但仔细分析一下，可以发现其间出现了微妙的变化。

当代大型地方志如果粗略地看去，仍是遵循了专题体，即分门别类地进行叙述。但仔细地进行分析，当代大型地方志的专题往往以当地的行政部门的分工来划分。在同一个专题之下，因为涉及多个行政部门，地方志可能以并列的多卷形式出现。而没有对应行政部门的专题则可能篇幅不大，甚至与其他专题合并。从地方志编写的方式来说，与其说是按不同的专题一一叙述，还不如说是按行政部门的职责范围分别叙述。这样的编写体裁，与其说是专题体，不如说是一种新的体裁，即行政机构体，或简称为机构体。

举例来说,2007年开始陆续出版、至今尚未出全的《湖南省志(1978—2002)》和《山东省志》,很明显地按照各行政部门主管的范围分工编撰,哪个部门先完成就先出哪卷。卷帙浩繁的省志、市志是这样,一卷至数卷的县志及县以下的地方志也不能摆脱按行政机构分述的体例,形成了一套以行政机构管理框架为基础的程式,包括行政建制、自然环境、人口、农业、工业、交通、邮电、城乡建设、财政、金融、贸易、旅游、国土资源、经济管理、政党社团、政府人大政协、民政、政法、军事、教育、科技、文化、宣传媒体、卫生、体育、精神文明、社会生活、乡镇、民俗、人物等固定的内容,大同小异,千志一体。例如2011年出版的两卷本《宜昌县志(1979—2001)》叙述宜昌县在2001年7月28日成为宜昌市夷陵区之前的历史。书的主编由该区区委书记、区长先后担任,①编纂委员会包括了各部门的负责人,由区委史志办负责出版审查。区政府下设5个办公室、36个局和供销社等直属机构,②地方志的内容与各行政机构的主管范围高度吻合。以行政机构为框架而造就的地方志体裁,称之为机构体,并不为过。鉴于地方志在历史类书籍中所占的大量比重,机构体是否已成为叙述史事的第八类体裁呢?

二、地方志体裁与社会结构的变迁

考察地方志,地方这个概念是个关键。所谓地方,不仅仅是个地域概念,更强调了其非中央的、次级行政的属性。因此地方志并不等同于一般涉及局部区域历史的著作,而是记载中央政权治下特定地方的历史和现状的著作。考察地方志的源起,必须以地方概念的形成为起点。

我在考察地方志和族谱的发展过程时曾经认识到,"地方志和族谱同为地方历史的载体,代表着基层社会的两大要素:地域和人口。地方志谱,好比是一经一纬,长期以来共同织就了中国基层社会的图景。从地方志谱的起源来讲,

---

① 《宜昌县志(1979—2001)》,北京:方志出版社,2011年,第2—3页。
② 《宜昌市夷陵区区级政府工作部门行政权力清单和责任清单》,http://qzqd.yichang.gov.cn/html/yiling/(2017年7月28日浏览)。

应该说谱早于志,这与中国早期古代社会人口因素重于地域因素有关。地方志的基本范围是地域,而族谱的基本线索是人口,两者是基层社会的结构要素。地方志为经,族谱为纬,时空结合而展现出基层社会的面貌。中国历史上,对地域和人口的注重程度是有过程的,因而对地方志谱的重视程度在历朝也不相同。从地方志谱出现雏形的魏晋南北朝开始,基层社会的地域和人口两大要素中,先是更重人口,然后转向地域"①。如果这个说法有一定道理的话,那我们就可以看到中国社会经济、政治结构的变化对地方志发生发展的影响,包括对地方志体裁的影响。

(一)近古社会地方志体裁的成型

尽管不少学者把地方志的缘起上溯到《国语》《越绝书》。实际上这些典籍与我们根据"地方"概念而认定的地方志相去甚远。我们所认定的地方志,首先是必须符合"地方"概念,即在国家之下的地方行政区域,常常有明确的行政名称,如省、府、县、镇或村。地方志是根据特定体例而全面记载某一地方(地方行政区划,或自然或人文的地域区划)的自然、历史、社会、政治、经济、文化等方面情况的综合文献。中古时期的《豫章古今记》《荆州记》《华阳国记》,开始初具地方志的模样,但严格来说仍是一片地区的广泛论述,而非具体到某地的地方志。

随着近古(通常指宋代至清代这个时期)的社会经济结构的变化,社会重心逐步由人口转向土地,特别是税法进一步由人头税、户税向土地税转化,政治结构上也随着科举制度的盛行而出现了士绅阶层。这个士绅阶层的兴起是中国社会结构的一个大变动。张仲礼指出,士绅的地位是通过功名、学品、学衔和官职而获得的。② 这个因士而仕的阶层,"人数虽少却因其实力、影响力、职位和特权而拥有权力,并占有大量土地。这一阶层所拥有的种种特权,除了自己赋

---

① 程洪:《大历史中的小历史:中国基层社会结构变迁和地方志谱》,见《史志研究》,北京:中华书局,2015年,第1辑第4页。

② Chang, Chung-li. *The Chinese Gentry: Studies on Their Role in Nineteenth-Century Chinese Society*. Seattle: University of Washington Press, 1955, p.3.

予的之外,均来自对教育的垄断"①。

在基层社会结构上,由科举而来的地方官大抵只达到县一级,而县以下则由地方士绅占主导,通常为地方显要家族。至明清时期,基层社会的情况如同赵世瑜在以山西汾水流域的案例研究中所指出的:"在明清时期,北河共设6位渠长,其中花塔村的渠长称为都渠长,为北河之首,由张姓轮流充任,管理整个北河的事务。""世代担任北河都渠长的张姓,实际是这里重要的地方权威。""这种垄断地位又非花塔张氏一姓所独有,如中河渠长一名,由'长巷村张氏轮流充应,他姓不得干涉,中河全河事务归其节制';陆堡河渠长2名,由北大寺村武氏轮流充应,统辖全河事务。"②这种情况可以说是官绅分治的基层社会结构的具体写照。在这样的基层社会结构下,由于官员的设置只达到县一级,并且官署的规模很小,县以下没有官署甚至不设官员,地方志的编撰往往无法由官员或官署直接运作,通常只能由当地的非官员士绅义务承当。官绅分治(即某种意义上对地方基层社会的官绅共治)反映在地方志领域,即私家修撰的地方志大量出现。

在地方志方面,宋元时期的数量仍比较有限,但是地方志的专题体的体裁在这个时期已经得到确立。明清的地方志在体裁和内容安排上大体延续了宋元地方志的传统,逐步地深入和发展。明代的《青浦县志》在体例上比起宋元时期来大致没有什么变化。③但到了清嘉庆年间的《松江府志》④,增加了大量人物传记以及详尽的地图。清雍正《重修安东县志》中"河防志"提供了今江苏省淮安市涟水县地区黄淮流域的珍贵历史资料。⑤这一时期尤为瞩目的是大量乡镇

---

① Balazs, Etienne. *Chinese Civilization and Bureaucracy: Variations on a Theme*. New Haven: Yale University Press, 1964, p.16.
② 赵世瑜:《小历史与大历史:区域社会史的理念、方法与实践》,北京:生活·读书·新知三联书店,2006年,第136—137页。
③ 《青浦县志》目录。《稀见中国地方志汇刊》第1册,北京:中国书店出版社,1992年,第981—982页。
④ 《嘉庆松江府志》目录。《中国地方志集成·上海府县志辑》第1册,上海:上海书店出版社,2010年,第17—21页。
⑤ 《安东县志·河防志》。《复旦大学图书馆藏稀见方志丛刊》第5册,北京:国家图书馆出版社,2010年,第475—528页。

志的出现,这些乡镇志提供了很多一般史籍或省县志无法提供的详尽资料。如清嘉庆年间王一亭原撰的《法华乡志》提供了详尽的基层地图,其中的28保56图绘出了上海交通大学前身南洋公学当时的地理位置,殊为难得。①

这个时期地方志的体裁成型并稳定下来,地方志编撰得到极大发展,根本原因还是在于社会结构的变迁。中国近古社会结构形成了这样一些重要的特点:

中国地方区划在明清时期基本稳定下来,并一直延续至今;

特别在实行一条鞭法和摊丁入亩后,中国的经济的着力点在土地而不在人口;

从地方到中央的分级科举制度加强了地方和籍贯的重要性;

地区性政治文化重镇的出现增强了地方认同感,产生了区域文化圈。

这个时期地方志的大量出现,正是源于地方的政治、经济、文化结构的变迁,以及相互间影响力的增强。

(二)近代社会地方志体裁的衰滞

近代中国社会变迁的最大因素就是战争与革命。先是连年不断的对内对外战争极大地破坏了中国经济,地方割据造成了社会经济、政治结构的不稳定。接着,革命战争胜利后的各种运动,从根本上改变了旧有的社会经济、政治结构。

就基层社会结构而言,民国时期政权的直接统治达到了乡、保这一级,首次影响到县以下的层次,加上城市化影响下,特别是比较发达地区的地方士绅纷纷迁居城市,"官绅分治"的局面难以继续。尽管少数地区仍按照清朝的体例编撰了地方志,但总体上地方志进入了一个衰退和停滞的状态,少有地方志体裁上的变化。中华人民共和国建立以后,政权更逐步直接深入到乡、村和城市中的街道、邻里,剩余的地方士绅作为地主富农、反动阶级被打压。在一元化的体制下,地方需要保持与中央的高度一致,不需要更不允许强调地方的独特性,在

---

① 《法华乡志》地图。《中国地方志集成·乡镇志专辑》第1册,上海:上海书店出版社,1992年,第11页。

这样的形势下,地方志的编撰发行既无可能也无必要。

近现代社会对地方志文化的影响还表现在对社会意识形态上的挑战,最初是来自西方的基督教教义和资本主义自由、平等、博爱的意识形态。具有中国特色的阶级观念和阶级斗争的意识形态在 20 世纪五六十年代起逐渐占据统治地位,七十年代政治运动更明确以"反孔"为口号。在这样的形势下,基层政权组织也长期处于以意识形态为主导的政治运动中,直接动摇了以传统文化为基础的地方志复兴。

简言之,近代以后社会地方志的衰退和停滞,主要基于这样一些社会结构变化的影响:

其一,战争、运动使社会经济受到很大影响,地方经济经常处于不稳定之中。

其二,地方割据和无政府状态,地方和中央政权的关系不断变动。

其三,意识形态的急剧转换和西方宗教文化的影响,对地方志的文化基础产生挑战。

其四,近代人口流动和现代政权对基层的深入,传统的"士绅阶层"不复存在。

(三)当代地方志体裁的转型

中国地方志的复兴是与 20 世纪 80 年代之后的改革开放联系在一起的。经过一二十年的努力,社会经济得到巨大发展,社会结构也随之发生变化,至少有了这样一些特点,从而促进了地方志编撰的普遍兴起:

其一,社会经济上单一的公有制被改变,责任制和多种经济的发展,在结构层面产生了地方性的利益与需求,并有了表达这样的利益与需求的必要。

其二,经济发展带来了富裕程度的提高,在衣食温饱之外发展文化需求有了可能。同时,文化需求不会停留在娱乐层面,"青史留名"的传统观念再次浮现。

其三,随着经济的扩展,政权的影响力更加无处不在。政府机构不仅在深度上深入到城市中街道以下的层面和农村中的乡村层次,在各个层次大设办公机构，也在广度上涉及工厂、学校、事业、企业等，到处都可以与干部级别挂起钩来。地方志可以很好地反映这些政绩。

其四，社会经济和政治结构的变迁，也带来了文化结构的变迁，众多传统文化不再成为革命的目标，而在很大程度上得到重视和发扬。地方志文化就是其中之一。

基于以上变化，新编地方志就应运而兴了。与历史上的地方志不同，推动地方志发展的不再是在野的士绅阶层，而直接是各级领导干部。当代地方志的主编常常是当地的第一把手，具体负责的也是作为公务员机构的地方志办公室，续修地方志的周期也往往与地方官员的任期吻合。地方志由明清至民国士绅阶层主导向由政府机构主持的转化，根本原因是政府职能的深入和强化，随着官员队伍在邓小平南方谈话之后逐年迅速扩大，[1]地方官员对文化领域的影响力超过任何历史时期，有能力直接通过地方志办公室等政府附属机构编写当代地方志，而当代地方志的印行也必须通过地方主要官员的审阅和批准。

在地方政府主持下的当代地方志编撰，当然会有鲜明的时代特点。把这些特点归纳到一起，从量变到质变，最终使地方志的体裁由专题体转型为机构体，开创了新的形式。地方志体裁的变化体现了社会体制特性。与传统地方志的专题体相比，机构体到底有什么不同的特质呢？

首先，地方志的内容结构由政府的行政结构决定，每个政府部门都有相应的地方志章节。在地方志中的地位直接反映了部门在政府中的地位。

其次，地方政府的主持，使地方志成为政府正式出版物，具有相应的权威性。

再次，地方政府机构的扩大决定了地方志篇幅增加，卷帙浩繁。

还有，与一般出版物不同，地方志无须考虑读者面的问题，也无须考虑出版成本和利润问题，地方志的出版发行完全纳入地方政府行政支出，摆脱了商业行为。

---

[1] Yi, Li. *The Structure and Evolution of Chinese Social Stratification*. Lanham: University Press of America, 2005, p.145.

三、地方志体裁与社会结构变迁要素

通过回顾地方志体裁的演化过程,并进而分析其背后的社会结构变迁,我们可以看到有几个要素在其中发挥着关键作用。

(一)社会经济结构变迁中的区域经济要素

地方志的发生发展从根本上说与地域要素在社会经济结构中的地位上升密切相关。我们可以从中国历史上税法的变迁中看到,土地相比人口而言,地位在不断上升之中。如葛金芳所说:"大致而言,中唐以前,人头税和徭役是国家机器赖以运转的主要赋役基础;此后,田亩税逐步取代人头税,构成国家财政的主要收入;至清初'摊丁入亩',田亩税遂成为农业税收的惟一形态。其间分水岭便是唐德宗建中元年(780)公布的两税法。"[①]税法的变迁反映了人口与地域重要性在社会经济结构中的变迁,也反映了地方概念逐步形成和发展的过程;随着这一过程,地方志也逐渐发生发展起来,两者直接相连。

需要说明的是,农业社会的区域经济要素比较单纯,指的就是土地。土地税是中央和地方的经济关系的重中之重。近代化之后,区域经济要素的内涵扩大到地方工业、商业、交通运输、财政金融等各个方面。更要提到的是,中国近代城市的兴起和以火车、轮船、汽车为代表的近代交通的发展,及随之而来的近代移民,带来了与历史上不同的经济结构变迁和新的区域经济要素。

在地方志的历史上,中央和地方的经济关系直接决定地方志的兴衰。没有稳定而成熟的中央和地方的经济关系,地方志的发生发展既无必要,也无可能。中国20世纪多数年代战争环境下经济动荡,中央和地方经济关系不稳定,也正是在这个时期,地方志的编撰进入了低潮时期。当社会经济复苏,在中央和地方经济关系理顺的前提下,地方志也就兴旺起来。

---

① 葛金芳:《两宋摊丁入亩趋势论析》,见葛金芳主编《中国传统社会探研》,北京:人民出版社,2005年,第283页。

(二)社会政治结构变迁中的基层影响力要素

县是中国传统社会政治结构的基点,也是两千年来最稳定的基层政权组织。尽管在历史上,中国政治权力的统治力不断下移,但直至清代,传统政权的影响力和统治力未能达到县以下的层次。县以下的乡、镇、村等基本处于地方士绅的非政权影响力之下,很大程度上也就是宗族势力的统治。中古士族势力的衰退和庶族势力的上升,到近古的明清时期作为庶族势力历史延伸的地方士绅在基层社会中保持着强大的影响力,这个阶层可以向上通过科举进入官场,退隐后又可以回到地方。明清时期的官员都是异地就任,禁止本地籍的官员在本地当官,以防与本宗的宗族集团上下勾结。于是地方官员必须借重驻地的士绅阶层,扩大了地方士绅的影响力。在民国时期,政权的直接统治达到了乡、保这一级,首次影响到县以下的层次,然农村地区的有宗族背景的地方士绅和城市地区的有当地背景的社会贤达仍保有相当的影响力。也因为如此,地方士绅对地方志的编撰有充分影响力。

中华人民共和国建立以后,政权更逐步直接深入到乡、村和城市中的街道、邻里。对于政权统制力逐渐下移的直接证据可见于1956年建立的干部体制。在这一体制下,乡级干部明确被列为行政18级,政权直接建立到乡级,[①]并通过党的基层组织的建立,把政权影响力直接达到更为基层的村、大队、里弄、街坊的层面。政权统制力下移的直接后果就是地方宗族势力的消退,地方士绅不再成为一种政治影响力。政权影响力在基层社会扩大乃至独大的趋势本来可能立即对地方志产生影响,但"文革"是社会基层政权组织的强化过程中的一个逆向运动,地方政府受到强力冲击,其结果自然是造成地方志文化所需求的平静的社会环境的丧失。

20世纪70年代末的拨乱反正和改革开放实现了地方政权的重建,经过几十年的政治经济发展,地方志在地方政府的主持下得到发展,反映了政权在基层社会的主导影响力。同时,我们也可以看到地方的以乡亲、宗族为纽带的地方影响力也在上升,以退休官员、公务员、职工和宗族尊长为主体的地方人士热

---

① Yi, Li. *The Structure and Evolution of Chinese Social Stratification*. Lanham: University Press of America, 2005, p. 61-62.

衷于族谱家谱、文集诗集、回忆录等地方文献的收集、整理和编撰，但尚未参与到地方志的编撰。

(三)社会人文结构变迁中的亚文化要素

地方志作为地方文化的一部分，直接与社会人文结构的变迁相连。地方志在历史上与儒家学说分不开，这在地方志发生发展过程中已经得到印证。在地方志体裁定型的宋元明清时代，无论是基层社会的意识形态，还是地方志所表达的主体观念，都是儒家的正统思想。

鸦片战争以后，基督教、天主教强势进入中国，对中国传统社会的基本理念、基础信条形成挑战。基督教、天主教提出了不同于中国传统的归宿理念和基督教平等观念，对尊崇祖先、君权至上的怀疑直接动摇了地方志文化存在的基础。西方的思想文化继而进入中国，在意识形态的强力冲击下，作为维系旧有社会结构和文化传统的地方志逐步走向衰微也不足为奇了。

然而进入20世纪末叶后，中国的文化复兴渐入高潮，儒学也作为"国学"而受到推崇。地方志的复兴反映了作为中国文化传统之一的儒学的深厚影响，当代地方志并不标榜以儒学为正统准则，而在编撰中博采广学，适应时代潮流，在主导思想上必须符合社会的主流意识形态，同时又表现出地区性的亚文化色彩。地方志在编撰体例上划一和规整，政治、经济、文化、大事记等面面俱到，照顾到地方政府各部门的方方面面，当代地方志也更多地起到了地方性的百科全书的作用，全面反映了地方社会的亚文化。

社会结构变迁中的三个要素，区域经济要素是地方志文化的兴衰前提，基层影响力要素决定地方志文化表现形态，而亚文化要素产生地方志文化的表述内容。地方志在其发生发展过程中，在体裁上脱胎于中古时期纪传体的"志"，定型于近古时期的专题体，在近现代经历了衰退停止，而在当代得以复兴，转型为有时代标记的机构体。这个过程中，三个要素互相作用，在不同侧面、不同阶段影响着地方志的发展进程。

简言之，本文只是一个探讨，希望引起地方志编纂和研究的同事们注意到地方志的史学方法论问题。本文分析了地方志体裁从"专题体"成型到"机构体"转型的历史过程，讨论了这个过程中的社会经济、政治、人文结构变迁，以及渗透其中的区域经济、基层影响力、亚文化三个要素，认识到地方志体裁的演变是社会结构变迁的产物。地方志作为一种历史文献,其发生发展必须、也必然适应各历史时代社会结构变迁。随着大数据时代的来临,我们意识到地方志编纂和研究所面临的挑战。我们期待着新的地方志体裁的革新,我们期待着中国地方志进入一个导引世界潮流的新时代。

美国明尼苏达大学藏《坤舆万国全图》札记

◎ 陈 垚①

摘 要：

2018年中央电视台的一档《国家宝藏》电视节目让世界上第一幅中文世界地图走进了大众的视野。这幅名为《坤舆万国全图》的古地图因其珍贵而被西方誉为"不可能的黑色郁金香"。根据已知信息，这幅地图目前有多个藏本存世，也有一些关于版本和成图时间的争论。本文并不尝试去解决学术界的这些争论，而是旨在介绍1602年刻本《坤舆万国全图》来到美国明尼苏达大学的来龙去脉，并介绍与该图相关的一些信息，希望能对学者的相关研究，或是对此图感兴趣的普通读者，提供一些帮助。

关键词：

《坤舆万国全图》；世界地图；利玛窦；李之藻；万历三十年(1602)；明尼苏达大学

Some Notes on the *Kunyu Wanguo Quantu* at the University of Minnesota

◎ Yao Chen

Abstract：

The National Treasure, a popular cultural exploration television program aired on CCTV in 2018, introduced *Kunyu Wanguo Quantu* (*Map of the Ten Thousand Countries of the Earth*), to

---

① 陈垚，美国明尼苏达大学图书馆东亚研究馆员。

millions of Chinese audience. Nicknamed *The Impossible Black Tulip*, *Kunyu Wanguo Quantu* is the oldest extant map in Chinese to show the world. The map has several surviving editions and has generated a few scholarly debates, such as when the map was completed. Instead of seeking to resolve these arguments, this article introduces how the 1602 edition of the map came to the University of Minnesota, with the hope to provide additional sources of information to researchers and the general public.

Keywords:

Kunyu Wanguo Quantu; World Map; Matteo Ricci; Li Zhizao; The 30th Year of Wanli (1602); University of Minnesota

前言

2018年中国中央电视台一档叫《国家宝藏》的文博探索节目让中国第一幅世界地图为大众所了解。这幅名叫《坤舆万国全图》的古地图是南京博物院的镇院之宝之一,绘制于明代万历三十六年(1608)。该版本是中国现存最早,也是唯一的一幅依据1602年木刻本而来的彩色摹绘本。目前,学者普遍认为《坤舆万国全图》是明代万历年间由意大利传教士利玛窦和中国科学家李之藻合作绘制而成。但也有学者质疑《坤舆万国全图》并非二人绘制,并提出该图成图于1430年左右,即郑和第六次下西洋(1421—1422)之后①。在《国家宝藏》节目中,中国科学院高俊院士评价此图的重要意义在于它融合了中西双方对世界的认知。这幅世界地图确实是西学东渐的一个实例,但它同时也证明了中国在当时已经掌握了西方并没有的世界地理知识。高俊院士指出据专家统计《坤舆万国全图》共出现了1114个地名②,其中400多个地名并没有出现在利玛窦带来的外国资料中,而是来自于中国当时存在的各种资料。有学者考证出了

---

① 李兆良:《明代中国人环球测绘坤舆万国全图》,载《测绘科学》,2016年第41卷第7期。
② 黄时鉴和龚缨晏统计《坤宇万国全图》共有1114个地名。黄时鉴、龚缨晏:《利玛窦世界地图研究》,上海:上海古籍出版社,2004年,第183页。

《坤舆万国全图》中出现的 1195 个地名①。《坤舆万国全图》到底有多少个地名还需进一步考证。本文并不尝试去解决学术界目前的这些争论，而是旨在介绍 1602 年刻本《坤舆万国全图》如何来到美国明尼苏达大学，并介绍和该图相关的一些信息，希望能对学者的相关研究，或是对此图感兴趣的普通读者，提供一些帮助。

《坤舆万国全图》作者简介

这里首先简要介绍一下《坤舆万国全图》的三位创作者。说到此图，第一个联想到的人名就是著名的意大利传教士利玛窦。利玛窦（Matteo Ricci，1552—1610）于 1583 年来到中国传教，最终病逝于北京。在中国的二十余载，除了传播天主教外，利玛窦还积极地促进西方的科学和文化在中国的传播。比如，古希腊数学家欧几里得的《几何原本》（中译本）就是由利玛窦和明代科学家徐光启共同翻译的成果。关于利玛窦的传记和其他资料十分丰富。其中最具影响力的可能是比利时②传教士、汉学家金尼阁（Nicolas Trigault，1577—1628）翻译并整理的利玛窦在中国传教期间记录的日记，以及金尼阁自己在中国的见闻③。相关资料在这里就不一一赘述了。

李之藻（1565—1630）字振之，又字我存，奉教后得葡文教名 Leam，号存园寄叟、凉庵居士，浙江杭州人，万历二十六年（1598）进士，是年步入仕途，曾任多

---

① 高翔：《〈坤舆万国全图〉地名考本》，北京：光明日报出版社，2015 年。意大利传教士、汉学家德礼贤（Pasquale M.d'Elisa 1890—1963）在 1938 年出版的 *Il mappamondo cinese del p. Matteo Ricci, S. I.: conservato presso la Biblioteca Vaticana* 一书中把《坤舆万国全图》中的地名从中文翻译为意大利文。也可以通过此书对比查证地名数目。Ricci, Matteo, and Pasquale M. D' Elia. *Il mappamondo cinese del p. Matteo Ricci, S. I.: Conservato presso la Biblioteca Vaticana*. 2. Ed., Pechino, 1602. Città del Vaticano: Biblioteca apostolica Vaticana, 1938.

② 根据 *Biographical Dictionary of Chinese Christianity* 金尼阁是比利时人 http://bdcconline.net/en/stories/trigault—nicolas (2018 年 5 月 30 日)。有些资料说他是法国人。金尼阁出生于杜埃（Douai），历史上归属比利时，现在归属法国。

③ ［意］利玛窦、［法］金尼阁：《利玛窦中国札记》，北京：中华书局，2014 年。

职,是明代著名的科学家和翻译家。① 与利玛窦相比,李之藻的相关资料就略显不足,连维基百科上李之藻的出生年份也被误标为1571年②。

《坤舆万国全图》左下方(即原图第6屏下方,见图1)注有"钱塘张文焘过纸,万历壬寅孟秋日"款识③。洪业在《考利玛窦的世界地图》一文的注释中说不知"过纸"二字为何意。并推测有可能是刊刻印刷的意思,张文焘是该图的刻工④。有人在博客中有类似的解读,提出过纸类似绘画中的过稿,即先画出草稿再将草稿复制到画纸上的一种过程⑤。现在绝大多数文献在提及《坤舆万国全图》的创作者时只列出了利玛窦和李之藻,而张文焘这个名字则极少被提及,此人的相关信息更是少之又少。明尼苏达大学藏图的相关信息将三位都列为作者,也算是对张文焘所做贡献的一种认可。

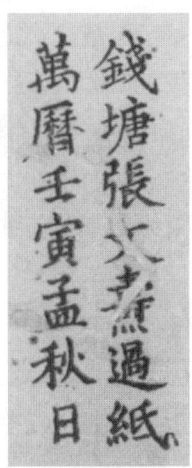

图1　明尼苏达大学藏《坤舆万国全图》款识

---

① 方豪:《李之藻研究》,北京:海豚出版社,2016年,第3—7页。
② https://zh.wikipedia.org/wiki/%E6%9D%8E%E4%B9%8B%E8%97%BB (2018年4月11日)。
③ 明尼苏达藏图电子版截图 (https://www.lib.umn.edu/bell/riccimap)。
④ 洪业:《考利玛窦的世界地图》,载《洪业论学集》,北京:中华书局,2005年,第166页。
⑤ http://blog.sciencenet.cn/blog—2687371—913162.html(2018年4月11日)。

1602 年《坤舆万国全图》的各幅藏本信息

据考证《坤舆万国全图》定为此名前后（1584 — 1608）先后有"原、翻、增、缩之板本"，共达 8 种，刻板、勒石、摹绘共 12 次之多①。已知的 1602 年木刻本（也被称为李之藻原刻本）《坤舆万国全图》只有 6 件完整地保留至今，分别存放在梵蒂冈教廷图书馆、日本京都大学图书馆、日本宫城县立图书馆、日本内阁文库、法国私人收藏家处②，以及美国明尼苏达大学图书馆。网上有些信息说梵蒂冈教廷图书馆有两幅《坤舆万国全图》。2017 年《海交史研究》发表的一篇文章代替梵蒂冈教廷图书馆澄清了这一误传，明确说明了该图书馆只有一幅李之藻原刻本地图③。日本学者高田时雄在一篇名为《俄藏利玛窦世界地图札记》的文章中介绍了圣彼得堡的俄国国家图书馆藏有一幅 1602 年的木刻本《坤舆万国全图》④。但目前笔者没有在其他文献中找到此俄藏本的相关信息。

明尼苏达大学珍藏的《坤舆万国全图》为 1602 年的木刻本（即李之藻原刻本），保存在特藏馆詹姆斯·福特·贝尔图书馆（James Ford Bell Library，后面简称为贝尔图书馆）。全图由 6 幅屏条组成，每幅屏条上的图是由 6 块手工

---

① 洪业：《考利玛窦的世界地图》，载《洪业论学集》，北京：中华书局，2005 年，第 178 页。
② 一些出处说这幅原为克莱芒学院藏本。在 1988 年被亨利·希勒购买后目前下落不明。高田时雄在其文章说他得到了希勒仍藏有此图的确切信息。[日] 高田时雄：《俄藏利玛窦世界地图札记》，载《舆地、考古与史学新说 李孝聪教授荣休纪念论文集》，北京：中华书局，2012 年，第 594 页。
③ 龚缨晏、梁杰龙：《新发现的坤舆万国全图及其学术价值》，载《海交史研究》，2017 年第 1 期。
④ [日] 高田时雄：《俄藏利玛窦世界地图札记》，《舆地、考古与史学新说 李孝聪教授荣休纪念论文集》，北京：中华书局，2012 年，第 594 页。

雕刻的木板印刻在纸上而形成。每幅屏条高约182厘米，宽约60.8厘米①。贝尔图书馆的网站上可以看到数字化的高清全图②。这幅图是由美国国会图书馆进行数字化的，其网站上也有这幅地图。但在国会图书馆网站上只能看到左3屏，右3屏，以及每一单屏的图片，而不能看到拼接在一起的全图。国会图书馆的图片提供不同分辨率的JPEG格式下载功能③。有些学者看到国会图书馆网站上有《坤舆万国全图》的图片就认为国会图书馆藏有一幅《坤舆万国全图》④，这其实是一个误解。这两处的电子图其实是同一张图。明尼苏达大学的藏本曾经被借到国会图书馆展览，后面会有更详细的介绍。

《坤舆万国全图》来到明尼苏达大学始末

明尼苏达大学收藏的《坤舆万国全图》得益于一位名叫丹尼尔·克劳奇（Daniel Crouch）的古董书商。2008年，供职于伦敦最负盛名的古籍书店夏皮罗古籍书店（Shapero Rare Books）的克劳奇在香港某拍卖行的拍卖会目录中发现了一幅被列为书稿的地图。克劳奇意识到这就是被人们称为"不可能的

---

① 美国国会图书馆给出的尺寸为高167厘米，宽61.5厘米（或更小）。https://www.loc.gov/item/2010585650/（2018年4月15日）。两幅是同一张地图，不知为何尺寸不一致。有人认为佳士得于2008年拍卖出的《坤舆万国全图》即是明尼苏达大学的藏本。佳士得拍卖品来自日本私人收藏家。明尼苏达大学藏本也是来自日本私人收藏家。后面提到的购买时间信息也能够对上。佳士得标注的尺寸为高168厘米，宽62厘米，https://www.christies.com/lotfinder/Lot/a－17th－century－print－by－zhong－wentao－5151739－details.aspx?sc_lang=zh（2018年4月17日）。日本学者高田时雄提到的俄藏本尺寸为高178厘米，宽64厘米。各个出处的尺寸略有不同。《坤舆万国全图》的具体尺寸仍需考证。

② https://www.lib.umn.edu/bell/riccimap

③ https://www.loc.gov/item/2010585650/

④ 李兆良称："美国国会图书馆和明尼苏达大学有墨线本，均可在网络上获取。"这是一个误解。网络上可以获取的电子图都来自于同一幅地图。李兆良：《明代中国人环球测绘坤舆万国全图》，载《测绘科学》，第41卷第7期（2016年7月）。

黑色郁金香"①(The Impossible Black Tulip)的《坤舆万国全图》。他抓住了机会一举买下这幅在地理学和制图学界久负盛名的世界地图。据克劳奇回忆，这幅地图之前由一位日本私人收藏家珍藏了35年之久。夏皮罗古籍书店在购买到《坤舆万国全图》之后不久就把它带到2009年春季举办的纽约古书展(New York Antiquarian Book Fair)出售。由于当时无人提出高于采购价的价格，《坤舆万国全图》并没成交。时为詹姆斯·福特·贝尔基金会(James Ford Bell Trust，后面简称为贝尔基金会)负责人的戴安·奈曼(Diane Neimann)得知后便开始积极跟夏皮罗古籍书店商讨购买地图的相关事宜。经过长达半年的沟通谈判，双方于2009年秋达成购买协议，贝尔基金会最终以100万美金的价格购得了这幅地图②。这个成交价也令《坤舆万国全图》成为历史上第二昂贵的古地图。

古董书商克劳奇于2010年离开了供职八年的夏皮罗古籍书店，与人合开了丹尼尔·克劳奇古籍书店(Daniel Crouch Rare Books)。此古籍书店尤其擅长收集地图和航海图，这几年在古籍界崭露头角。2016年克劳奇古籍书店开始拍卖一幅世界上现存最早绘有美国纽约港的世界地图，报价1000万美元。这幅地图目前还没有成交，但成交后《坤舆万国全图》的成交价将会降至第三名。除了在伦敦的总店外，克劳奇古籍书店于2017年初在纽约也开了一家分店。不知克劳奇是否在《坤舆万国全图》这笔大交易中得到了可观的分成从而积累了自己开店的第一桶金。又或是通过这次交易提升了个人影响力，从而攒足了人气关系另行开张。克劳奇古籍书店至今仍然在其网站上罗列了关于《坤舆万国全图》的信息，以及克劳奇的相关演讲和媒体报道。由此可见此图对克劳奇具有何等重要的意义。

2009年12月4日，贝尔基金会负责人尼曼邀请贝尔图书馆馆长玛格丽

---

① 16世纪郁金香被引入欧洲后在欧洲大陆掀起了一股郁金香热(Tulip mania)。在众多的郁金香品种中，黑色郁金香因为难以培植而被视为稀世珍奇。19世纪法国著名作家大仲马的小说《黑色郁金香》就反映了当年荷兰人培育黑色郁金香的艰辛历程。《坤舆万国全图》被称为"不可能的黑色郁金香"凸显其珍贵性。

② 感谢明尼苏达大学玛格丽特·瑞格博士(Dr. Marguerite Ragnow)提供关于《坤舆万国全图》如何来到明尼苏达大学的部分信息。

特·瑞格博士（Dr. Marguerite Ragnow）和明尼苏达大学图书馆馆长温迪·路杰（Wendy Lougee）到家中小聚，期间向她们透露了基金会成功购买到了《坤舆万国全图》并打算将它寄存在明尼苏达大学图书馆这一信息。听到这一消息，两位馆长都激动不已。这幅地图不仅丰富了图书馆的馆藏，而且是世界上唯一一幅对学者和公众开放的《坤舆万国全图》，它为历史学、地理学、制图学等多种学科的学者打开了一扇新的研究之门。

在地图运抵明尼苏达大学之前，贝尔基金会特地安排地图在美国国会图书馆（Library of Congress）和明尼阿波利斯艺术馆（Minneapolis Institute of Art）展览。《坤舆万国全图》于2010年1月12日至4月17日期间在美国国会图书馆的托马斯·杰斐逊大楼（Thomas Jefferson Building）迎接来自世界各地的学者和游客。该图和国会图书馆最重要的一幅地图《马丁·瓦尔德泽米勒世界地图》(*Martin Waldseemüller's World Map*)并排展出，由此更加凸显了《坤舆万国全图》的珍贵性。《马丁·瓦尔德泽米勒世界地图》是国会图书馆最著名的馆藏之一，也是历史成交价最高的地图（1000万美元），它是由德国绘图师马丁·瓦尔德泽米勒（Martin Waldseemüller, 1470—1521）于1507年绘制而成。航海发现的新大陆在这幅地图中被命名为亚美利加州（America），美洲的名称由此而来，这张地图因此也被称为美国的出生证。整幅地图由12块雕版印制而成，展示了地球的全貌[①]。在展览期间，国会图书馆将《坤舆万国全图》数字化并放在网上以供公众欣赏和研究。

---

① https://www.loc.gov/rr/geogmap/waldexh.html(2018年5月15日)。

图2　明尼苏达大学藏《坤舆万国全图》在美国国会图书馆展览①

离开国会图书馆后,《坤舆万国全图》在明尼阿波利斯艺术馆短暂停留,于2010年5月15日到8月29日在该艺术馆展出。展览期间艺术馆特别邀请了识别出此地图的伯乐克劳奇于6月12日做了一场演讲,介绍他和《坤舆万国全图》的故事。2010年9月《坤舆万国全图》最终来到了明尼苏达大学,被存放在贝尔图书馆内的贝尔厅(Bell Room)。该厅是为了纪念贝尔图书馆创始人詹姆斯·福特·贝尔(James Ford Bell)专门建造的一间仿古屋(period room)。贝尔是世界财富500强企业通用磨坊(General Mills)的创始人,并积极投身明尼阿波利斯市的建设。贝尔图书馆建立于1953年,最初的馆藏是来自贝尔私人收藏的各种古籍。目前该馆最古老的馆藏是公元400年从开罗到伊斯坦布尔的商业行程规划单。

2011年贝尔基金会聘请了著名的文物修复师简·扎格尔(Jane Zagel)用中国传统手工造纸法制造的手工纸对地图进行修复,极大程度地还原了地图的原貌。地图之前装裱在黑漆框架里,扎格尔与明尼阿波利斯艺术馆的库尔特·诺德沃(Kurt Nordwall)合作为地图重新设计定做了新的框架,并设计了一个

---

① Smialowski, Brendan. *The Matteo Ricci World Map from 1602 on Display at the Library of Congress*. January 20, 2010. *The New York Times*. Accessed May 12, 2018. https://www.nytimes.com/2010/01/20/arts/design/20map.html

支架系统用来把地图固定在墙上供人观赏。为了让更多的人能有机会近距离观赏《坤舆万国全图》，贝尔基金会把地图借给休斯顿艺术博物馆（Museum of Fine Arts, Houston）（2012年10月19日—2013年1月20日）和旧金山的亚洲艺术博物馆（Asian Art Museum）（2016年3月4日—2016年5月8日）展览。在为数不多的1602年原刻本藏图中，只有明尼苏达大学允许学者和大众研究和观赏该图。在贝尔图书馆开馆期间，任何人都可以无需预约而近距离观看此图。这幅世界上第一幅中文世界地图在大洋彼岸为更多的学者和民众所了解。

结语

有人认为明尼苏达大学的藏图并非是1602年的原刻本，而是日本摹刻的残本。其判断依据是图上的三枚耶稣会印章已被刮去[1]。但笔者还未在其他资料中找到类似观点。仅凭印章缺失就判断地图的真伪，未免证据不足。日本学者高田时雄推测1602年的刻本经过多次印刷，不同次印刷的地图在细节上会有细微的不同。他指出还有其他印本存在的可能性[2]。我们暂且不论地图的真伪，转换一下视角，这也从另一个侧面说明了这幅地图受欢迎的程度。据说万历皇帝非常喜欢《坤舆万国全图》，令人把它做成屏风方便观赏。民间也争相模仿，把《坤舆万国全图》贴在屏风上作为装饰。在那个交通不便利的年代以图代游，做到了"不出户庭，历观万国"[3]。今天如果你看到贴满纸张的六扇屏风，一层层撕下来，没准还能再发现一幅《坤舆万国全图》呢。

---

① http://blog.sciencenet.cn/blog—2687371—1043978.html（2018年5月12日）。
② [日]高田时雄：《俄藏利玛窦世界地图札记》，《舆地、考古与史学新说 李孝聪教授荣休纪念论文集》，北京：中华书局，2012年，第602页。
③ [意]利玛窦：《坤舆万国全图》序。

六家图录之印章考订
——雕虫小记之二

◎李国庆①

摘　要：

本文检视近年出版的《大连图书馆善本古籍藏书印鉴辑考》《海源续阁藏善本古籍掇英》《浙江大学图书馆古籍善本书目》《浙江大学国家珍贵古籍名录图录》《北京师范大学图书馆藏古籍珍品鉴赏定级图录》《青岛市图书馆藏珍贵古籍叙录》六种中文古籍书目或图录所载的藏书印章，就其中的一些释文略加考订。经验之谈，希望与同仁切磋并有助于提高古籍书目图录的编纂质量。

关键词：

古籍书目；中文古籍；藏书印；古文字；藏书家

Correction of Seals Recorded on Six Library Catalogs of Chinese Rare Book：
Notes on the Insignificant Skill Part 2

◎　Guoqing Li

Abstract：

Book collectors' seals contain important information about the former owners and the circulation history of a given book. Therefore, full and correct annotation of these seals is essential for reviewing the information they contain and for study of Chinese rare books history. This article examines some seals recorded in 6 recently published works about Chinese rare books, raises

---

①　李国庆，上海师范大学特聘教授，美国俄亥俄州立大学终身教授。

questions on some annotations as well as provides some suggestions for further discussion.

Keywords：

Ancient Book Booklist; Chinese Rare Book; Seal Script; Ancient Chinese Character; Book Collector

  随着中国经济的快速发展，中文古籍的整理出版也达到了中华人民共和国成立以来前所未有的繁荣程度。除了各种古籍书目，也有越来越多的古籍图录问世。古籍上的藏书印除了有欣赏价值之外，对了解文献的收藏和流传，以及版本的鉴别等也都具有重要价值，所以一般古籍书目都会加以著录和诠释。本文检视近年出版的《大连图书馆善本古籍藏书印鉴辑考》[①]（以下简称《大连》）、《海源续阁藏善本古籍掇英》[②]（以下简称《海源》）、《浙江大学图书馆古籍善本书目》[③]（以下简称《浙大书目》）、《浙江大学国家珍贵古籍名录图录》[④]（以下简称《浙大图录》）、《北京师范大学图书馆藏古籍珍品鉴赏定级图录》[⑤]（以下简称《北师大》）、《青岛市图书馆藏珍贵古籍叙录》[⑥]（以下简称《青岛》）六种著作所载的藏书印章，就其中的一些问题提出个人的看法，希望与同仁切磋并有助于提高古籍书目和图录的编纂质量。

  一，解读藏家之印可知递传，此理甚明。编著书目图录，自当尽力而为。

---

  ① 王雨霖编著：《大连图书馆善本古籍藏书印鉴辑考》，桂林：广西师范大学出版社，2017年1月。
  ② 张玉坤编著：《海源续阁藏善本古籍掇英》，北京：北京联合出版公司，2017年。
  ③ 杨国富主编：《浙江大学图书馆古籍善本书目》，北京：国家图书馆出版社，2016年10月。
  ④ 杨国富主编：《浙江大学国家珍贵古籍名录图录》，杭州：浙江大学出版社，2014年5月。
  ⑤ 北京师范大学图书馆编：《北京师范大学图书馆藏古籍珍品鉴赏定级图录》，北京：国家图书馆出版社，2011年9月。
  ⑥ 于婧等编：《青岛市图书馆藏珍贵古籍叙录》，济南：齐鲁书社，2014年。

《海源》页 12 元本《增广音注唐郢州刺史丁卯诗集》 漏"子嘉""松雪堂郭家"二印 按:此编已著录"潍县郭氏小眉州馆印""西三三三房子孙宝用"二印,可知该书曾藏潍县郭家。具体而言,松雪堂属郭启翼。启翼(1736—1795),字凤举,号莲溪。乾隆时举于乡,官江西、新城、安福等地。有《松雪堂印萃》四卷、《代摹印萃》十二卷、《松雪堂遗集》四卷。其孙郭麐(1823—1893),字子嘉,自号望三散人,学者、书法家,著有《潍县金石志》《望三诗稿》等。	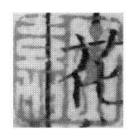
《海源》页 29 宋本《冲虚至德真经》 漏"瞿起田耕石斋真赏""瞿稼轩收藏印" 按:瞿式耜(1590—1650),字起田,号稼轩、耘野,江苏常熟人,1616 年进士。此二印分别在首尾最下方,往上依次为"雪苑宋氏兰挥藏书记""海源残阁",可知最早为瞿氏所藏,后归宋筠。筠(1681—1760),字兰挥,号晋斋。河南商丘人。康熙四十八年(1709)进士。宋荦子。雪苑本是西汉梁孝王在归德所筑造的东苑平台,也称梁园或者梁苑。南朝宋著名文学家谢惠连游至此地时,大雪纷飞,作《雪赋》一首,始有"雪苑"一称。侯方域作为归德人士仰慕昔日梁苑风景,加上又钦佩谢惠连的才气,便于明崇祯十三年(1640)与同里吴伯裔、吴伯胤、贾开宗、徐作霖、刘伯愚等组织"雪苑社",以此为会聚之所,因而有"雪苑六子"之称(此为雪苑前六子)。崇祯十五年(1642)三月,李自成破归德,雪苑社中坚吴伯裔、吴伯胤、徐作霖、张渭、刘伯愚皆死难,贾开宗、侯方域也流落四方,有明一代之雪苑社事遂告结束。鼎革之后,方域又与贾开宗、宋荦、徐作肃、徐邻唐、徐世琛等人重修雪苑社,"雪苑六子社"再度成立。此当为雪苑宋氏之来历。	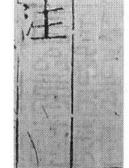

《海源》页 40《宋元明本撷英集》 漏"木庵""近庐" 按：此印或为近人黄正忠所有。黄正忠，号树乔，别号木庵，长沙人，保定军校出身，官至上校、工兵营营长。1933 年曾任商丘县县长。有《木庵文存》二卷(1933)、《木庵文存》六卷、《雪苑骊歌》一卷(1936)。	 
《海源》附录《二经同卷》 漏"遵义黎氏拙尊园珍藏""杨惺吾日本访书之记" 按：据此可知此书乃近代黎庶昌、杨守敬自日本访得。黎庶昌(1837—1896)，字莼斋，自署黔男子，贵州省遵义县人，是晚清著名外交家和散文家。两次出使日本期间，留心流失到日本的旧籍，凡在国内失传的，不惜或以重金求购，或付资影印。于光绪中由杨守敬协助，将访得之书汇辑刻印成《古逸丛书》。家有拙尊园，编有《拙尊园存书目》。杨守敬(1839—1915)，湖北省宜都市人，字惺吾，号邻苏老人。清末民初杰出的历史地理学家、金石文字学家、目录版本学家、藏书家。清光绪时黎庶昌任驻日公使期间，杨守敬为其随员。北京泰和嘉成拍卖有限公司 2013 年秋季艺术品拍卖会有一《二经同卷》，内收《佛说蚁喻经》《观自在菩萨如意轮念诵仪轨》两种，说明为碛砂藏刊本，上有同样两方印。	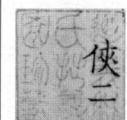 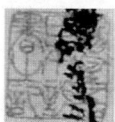
《浙大图录》页 78《兰舫笔记》一卷 漏"卓观书巢""聚书为巢" 按：据《益州书画录补遗》，卓群字莘轩，四川德阳人。廪生，官泸州训导。工诗善书，其家蓄书、画极富，宋、元、明版不下数千卷。知见的印章还有"卓观斋藏""天许作闲人""卓莘观群书""卓观斋"。	 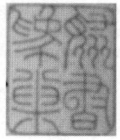

续表

《北师大》页24《书集传》 漏"黄裳鉴藏""季贶" 按：黄裳(1919—2012)，原名容鼎昌，祖籍山东益都(今青州)人，当代藏书家。季贶为周星诒字。周星诒(1833—1904)，河南祥符县人，官福建建宁府知府。著名藏书家。	 
《北师大》页43《群书集事渊海》 漏"臣刘绍濂""濠堂所得善本""欣之之印""澹逜丙辰所得""濠堂藏书" 按：刘绍濂,清乾隆二十二年(1757)任湖南玉潭书院山长。盛景璿(1880—1929)，字季莹，一字淡逜,号芰舲、雪友、濠叟、遁斋、剑气楼,一作盛景璠。广东番禺人,经商之外热衷于文史和书画,其"濠堂"藏书楼有藏书数十架,间有宋元残本。藏书印还有"濠上草堂藏本""芰舲""濠堂之印""虽贫不鬻""濠堂藏本之一""淡逜辛亥后得"等。	 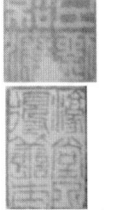 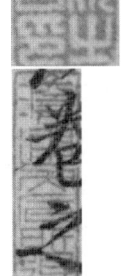
《北师大》页44《豫章黄先生文集》 漏"曾非欤印""徐骏读书记" 按：曾非欤(1901—1989)，江西南丰人,曾任职于江西省博物馆。徐骏,字述夔,雍正时人,江苏昆山人,康熙朝刑部侍郎徐乾学之子,顾炎武的甥孙。	 
《北师大》页126《国朝名臣事略》 漏"晓沧" 按："晓"是"晓"的异体；"沧"是"沧"的异体。印属沈炳垣。沈炳垣(约1784—1855)，原名潮，字鱼门，号晓沧，浙江海盐人，祖籍桐乡。嘉庆十五年(1810)举人,道光二十五年(1845)进士。喜读书,藏书室名"斫砚山房""三千藏印斋""祥止室"等。	
《北师大》页129《附释文互注礼部韵略》 漏"韩寿""徐暎玉印" 按：徐暎玉(1728—1762)，字若冰，自号南楼，浙江钱塘人，著有《南楼吟稿》。	 

二，著录而不确，有害无益。或张冠李戴，或误入歧途。

《青岛》页63《谷城山馆诗集》 "山堂"应为"名山堂"；"葆恂"当为"李葆恂" 按：李葆恂(1859—1915)，原名恂，字宝卿，号文石，更号叔默、戒庵、猛庵，别号红螺山人，五十岁后熙怡叟，辛亥(1911)复改名理，字寒石，号凫翁，又称孤笑老人，奉天义州(今辽宁义县)人。官至江苏候补道。精鉴赏，富收藏。其子李放(？—1926)，字无放，号小石，一号词堪，官度支部员外郎，继承并丰富了藏书，其藏书处有"抱竹居"，其藏书印还有"义州李氏图籍""李放珍秘""义州李放鉴藏""抱竹居藏书记"等。	  山堂　　葆恂
《大连》页766"龟中甘氏"当为"噩中甘氏" 按：噩、咢古同字。容庚云："噩即咢，又孳乳为鄂也。"(《金文编》"咢"字条，中华书局，1985年，第77页)此字偏古，故多家著录错误。详见下"噩中周氏宝藏"条。印主甘鹏云(1861—1940)，近代著名藏书家、学者，字药樵，号翼父，晚号息园居士。湖北潜江人。"噩中"即"鄂中"。笔者所见其藏书印还有"潜江甘鹏云民国改元以后所收善本""潜庐""潜江甘鹏云药樵收藏书籍章"。	 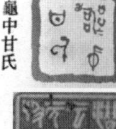   
《大连》页842"龟中周氏宝藏"当为"噩中周氏宝藏" 按：印主周之桢(1861—1933)，字贞亮，晚年以字行，又字子干，别号退舟。湖北汉阳(今蔡甸)人。光绪三十一年(1905)进士，曾先后在北京国立师范大学、辅仁大学、天津南开大学、武汉大学任教授，于目录学有深入研究，与江西南城李之鼎合编《书目举要》。其藏书室有"晚喜庐""津逮宧""书种楼"等。周与甘同省、同时，两印风格同，似出自一人之手。此字多家著录错误，如《国家图书馆古籍藏书印选编》作"丧中周氏宝藏"(第十册，线装书局，2004年，第232页)，台湾"国家图书馆"著录旧钞本《文史通义》(216.1 05185)作"器中周氏宝藏"。	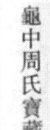 

续表

《海源》页 18 元刊本《音注全文春秋括例始末左传句读直解》 "张辅谟藏书印"当为"畿辅谭氏藏书印" 按:"畿辅谭氏藏书印",印主谭锡庆,字笃生,冀县人,正文斋店主。一说以内监盗卖内府藏书起家,光绪年间执琉璃厂书业之牛耳。"大仓文库"的二十几种四库底本和进呈本上多有此印。	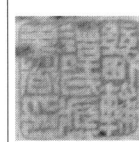
《浙大图录》页 97《昌黎先生集》 "海陵刘氏梁秦斋藏书印"当为"海陵刘氏染素斋藏书印" 按:此印属刘汉臣。汉臣字麓樵,一字庚甫,泰州姜堰镇人。其善本大多购自太平天国运动后。咸丰三年(1853),刘汉臣至扬州搜集阮氏积古斋、姚氏邃古堂及已经败落的藏书家散出之书,舶载以归,筑"染素斋"以藏。清咸丰三年,吴让之为避战乱,流寓到泰州,曾在刘汉臣家居 3 年之久,不仅为其子弟课读,还为刘治印 88 方,此当为其一。	
《浙大图录》页 102《赵清献公文集十卷》 "邓熨徐氏藏书"当为"邓尉徐氏藏书" 按:印属徐坚。徐坚(1712—1798),清吴县人,字孝先,号友竹,又号子固、茧亭、茧园、澡雪老人、洞庭山人、邓尉山人、邓尉老樵等。	
《浙大图录》页 106《欧阳先生文萃二十卷》 "曾寄凌从岩处"当为"曾寄凌北岩处"	
《浙大图录》页 111《道乡先生邹忠公文集》 "孙平珍秘"当为"幼平珍秘" 按:此印当属朱文钧。文钧(1882—1937),字幼平,号翼盦,浙江萧山人。毕业于英国牛津大学,归国后署度支部员外郎。辛亥革命后任财政部参事、盐务署厅长。故宫博物院成立后即被聘为专门委员,负责鉴定书画碑帖。	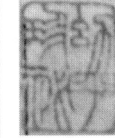

续表

《北师大》页8《西山先生真文忠公读书记》 "荣陵谭氏赐书堂珍藏"应为"茶陵谭氏赐书堂珍藏" 按：民国名人谭延闿家(长沙)有赐书堂。	
《北师大》页12《通志》 "法城水口白氏家传"应为"法城水口甘氏家传"；"鄞堂藏子孙保世"应为"鄞堂藏子孙保之"；"吴氏珍藏"，应为"孟氏珍藏"	  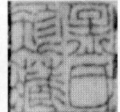
《北师大》页28《老子道德经》 "孙忠滑侯祠堂藏书记"应为"孙忠愍侯祠堂藏书记" 按：此印属孙星衍。孙星衍(1753—1818)，清代中期著名的藏书家，字渊如，号伯渊，常州人。乾隆五十二年(1787)进士，授翰林院编修。孙星衍的藏书处之一是孙氏祠堂，即孙星衍秉父命在金陵修建的以祭祀先祖、明朝功臣孙兴祖的孙氏忠愍祠。撰有《孙氏祠堂书目》。	
《北师大》页132《刘宾客文集》 "季振家藏书"应为"季振宜藏书"（无印） 按：季振宜(1630—?)，字诜兮，号沧苇，明末清初泰兴县季家市(今靖江市季市镇)人。著名藏书家、版本学家、校勘家。	
《青岛》页129《宋书》 "刘墉"应为"刘壿" 按：刘墉(1719—1805)，字崇如，号石庵，山东诸城注沟镇逄戈庄村(今属高密)人。乾隆十六年(1751)中进士，历任翰林院庶吉士、太原府知府、江宁府知府、内阁学士、体仁阁大学士等职，谥文清。刘壿，字淡明，号廉园，诸城人，刘绪照三子，刘墉族兄弟。雍正壬子举人。有《清欢堂诗集》。	

续表

《青岛》页 141《二如亭群芳谱》 "华南许氏"当为"华亭许氏"	 華南許氏

三、藏家之印可助辨识题跋署名。

《北师大》页 105《春在堂随笔》 漏"吴受福印""介兹" 按：吴受福(1840—1919)，字介兹，一作芥子，号晋仙，又作珊轩，晚号子梨、老芥、觉海小乘僧、带湖独叟。嘉兴人。光绪五年(1879)举人。曾任杭州诂经精舍、学海堂监督，后主讲振秀、双山二书院。擅诗词、书法，尤精于金石小学。著有《小種字林集篆》《贞存先生遗墨》等，并主编光绪《嘉兴县志》。题跋署名错释为"吴西福"。如识得印文，当不致误。 又，页 101《说文释例》 除漏"沈世德印"外，题跋释文"比七月初三日一过，十三日粗改一过，十九日又点定一过，犹有重复处，有矛盾处，姑俟三六日再看。廿六日又校一过，八月十二日改一过"亦误二字。"犹""六"应分别为"然""異"二字。	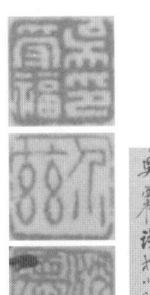

四、藏家暂不可考，亦当著录，以待来者。

《北师大》页 73《遗民诗》 漏"爵天藏书"	
《北师大》页 80《文苑英华律赋选》 漏"估衣""许后淳印"	 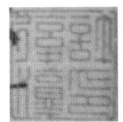

续表

《北师大》页 81《精订纲鉴廿一史通俗演义》 漏“希百”	
《北师大》页 88《三经评注》 漏“张鉽鼎臣”	
《北师大》页 89《史记抄》 漏“甫甜珍藏”	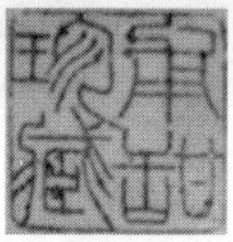
《北师大》页 101《说文释例》 漏“沈世德印” 按:北京泰和嘉成 2015 年春季艺术品拍卖会上有《一梦漫言》二卷,上有同名印,然风格不同。	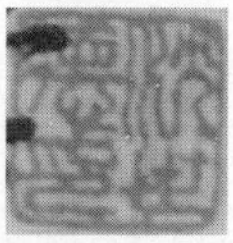
《北师大》页 127《五代史记》 漏“南弯村舍”	
《北师大》页 128《五代史记》 漏“泰峰”	
《北师大》页 56《尔雅》 漏“增湘” 按:不敢确定是否为傅增湘之印。	
《北师大》页 51《六子全书》 漏“莱阳张氏桐生藏书之印” 按:北京翰海拍卖有限公司 2017 春季拍卖会上有明万历吴勉学刻本《前汉书》,钤有同印。	

续表

条目	印章
《北师大》页 25《附释音周礼注疏》 漏"德大""陈氏子右"	 
《北师大》页 14、15《六书统》 漏"余庆堂方氏珍藏" 按：2011 年 10 月上海嘉泰秋季艺术品拍卖会上有明凌稚隆辑《汉书评林》一百卷，上有此印。	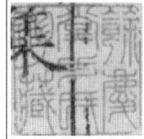
《浙大图录》页 109《后山先生集三十卷》 漏"陈氏藏书子孙永宝""雅山书屋" 按：台湾"国家图书馆"藏《净业往生安养传》上钤有同印，又有"天都陈氏承雅堂图籍"朱文方印、"陈氏家藏"白文方印。浙江图书馆网站《浙江藏书史》下嘉兴—清代之部①列有陈昂，其原籍安徽休宁，所藏多宋元间旧本，藏书处为涌石山房、承雅堂。	 
《浙大图录》页 91《李诗选五卷》 漏"自期堂"	
《浙大图录》页 190《苹洲渔笛谱二卷》 漏"云门"	

---

① http://diglweb.zjlib.cn:8081/zt/zjcss/zjcss_detail.jsp?channelid=70857&record=4 2018-06-10

五，闲章不闲，亦当留意。格言诗句类一般都有出处，可证文字。

《浙大书目》卷首图录 1. 宋刻本《资治通鉴纲目》 按：此页上有康生印章数枚，已经著录的是"康生"（一白，二朱）、"戊戌人"朱方、"大公无私"朱方，漏"归公"朱方一枚。据高明先生《古籍寻踪》①一文可知，此书原为浙江著名实业家和古籍收藏家袁涤庵先生所有。"文革"期间，袁家数度遭遇抄家，袁涤庵聚一生心血收藏的古籍散失迨尽，部分珍本一度成为康生私藏。1987 年，袁氏后人将"文革"后发还的一部分善本书捐赠给了浙江大学图书馆。据《王力反思录》②载，康生的其它文物，特别是善本书和部分字画都很值钱。据谷牧同志介绍，康生在死前自己刻了枚"交公"字样的图章，并在自己的收藏品上都打了"交公"章。目前尚未看到有"交公"印的康生旧藏，或是王力误记。而所谓的康生私人文物，不少即如这个宋本《资治通鉴纲目》，乃是其巧取豪夺之物罢了。	 
《大连》页 464 "但读离骚可无烦"当为"但读离骚可无酒" **《北师大》页 44《豫章黄先生文集》漏"痛饮读离骚"** 按：出处为《世说新语·任诞五十三》，王孝伯言："名士不必须奇才，但使常得无事，痛饮酒，熟读《离骚》，便可称名士。"《香港大学冯平山图书馆藏善本书录》第 398 条元刊本《范文正公集》著录此印，也作"烦"（饶宗颐先生释）。然二字偏旁一为火一为水，甚明。又，无烦与无酒，情趣大不同。	
《浙大图录》页 184《文则四卷》 "孝成名立行耑言乏"当为"学成名立行端言正" 按："耑（duān）"同"端"。"学成名立""行端言正"都是习语，"孝成名立"尚通，"行耑言乏"则不知所云了。	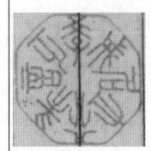

---

① http://www.zju.edu.cn/mobile/redir.php?catalog_id=3112147&object_id=3112197 2017-06-17

② 王力：《王力反思录》，香港：香港北星图书公司，2001 年 12 月。

续表

《北师大》页 38《松雪斋文集》 漏"万物过眼即为我有" 按:此印文古籍上多见,不少名家如黄士陵、齐白石等也都刻过。	
《北师大》页 120《山海经》 漏"困而学者""吾老著读书" 按:前句出于《论语》:"子曰:生而知之者上也,学而知之者次也,困而学者又其次也,困而不学,民斯为下矣。"后句出自唐韩愈《赠张籍》:"吾老著读书,余事不挂眼。"	
《北师大》页 126《国朝名臣事略》 漏"司马人间冗长官" 按:语出白居易《得微之到官后书备知通州之事怅然有感因成四》:"通州海内栖惶地,司马人间冗长官。"	
《青岛》页 95《虞初新志》 "无忧龙威象六心"应是"无复龙威禹穴心" 按:语出龚自珍《己亥杂诗 67》:"十仞书仓郁且深,为夸目录散黄金。吴回一怒知天意,无复龙威禹穴心。"龙威丈人,见《三洞群仙录》卷十九"龙威鸟迹"条,据说得到了帝喾传给大禹、藏在太湖包山石洞(禹穴)中的天书《灵宝五符经》。杜甫《秦州杂诗》:"藏书闻禹穴。"清人马俊良辑有《龙威秘书》一百七十七种,书名即据此。	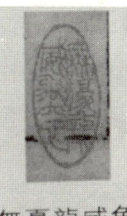

续表

《青岛》页 141《二如亭群芳谱》 "博物先顽"当为"博物先资";"轨同尔雅博并葩奚"当为"轨同尔雅博并葩经" 按:"顽"字为"资"字之误,"资"字篆体如图。"轨同尔雅"不误。《尔雅》乃中国最早的一部训诂书,《十三经》的一种。《汉书·艺文志》称汉代重经学,《尔雅》便是正宗的经学解释书。章太炎称其为"厘正故训,纲维群籍之书"。下一句与此相应,指《十三经》之一的《诗经》,别称"葩经",语本唐韩愈《进学解》:"《诗》正而葩"。《清稗类钞·经术类 3》:"朱竹君学士筠督学八闽,尝教人以读《十三经注疏》,谓法言注疏惟《葩经》最博,先阅此经以为纲领,如其中征引何经,即检原经注疏对勘,读竟此经,诸经之大概已得。"此印文来源如此。"轨同"与"博并"对,《诗经》与《尔雅》对。"经"字既移位又省略,比较特殊。	 博物先顽　　轨同尔雅博竝葩奚
《青岛》页 195《大广益会玉篇》 "妥教乐地"应为"受教乐地" 按:当从"名教乐地"一语化出。《世说新语》卷一《德行》篇:"王平子、胡毋彦国诸人,皆以任放为达,或有裸体者。乐广笑曰:名教中自有乐地,何为乃尔也。"又,此印字体非篆,而近金文。	 妥教樂地

六,认字为本,不妨大胆假设,但须小心求证。

纵观以上考释,凡是释文不通或可疑的,基本都是认错了字。所以说认字是正确释读印文的根本自然是不错的。但是印文用字往往不仅是标准小篆,要认得甲骨、金文等全部古文字对一般图书馆员来说显然是不可能的。个人体会,在尽力学习古文字之外也可借助一些其他手段来达到目的。比如注意辨识异体字和通假字等,这一般通过常见的字典,如在线的《汉典》,即可直接检得,如"歀,资";有些则需要费些心思推理,如"曉沧、晓沧""噩、咢、鄂"等。再如利用其他文史知识。比如古人姓氏前多冠以堂号、地名或郡望,知此便可发觉"华南许氏""邓熨""荣陵谭氏"似是而非,"华亭""邓尉""荼陵"方为合理。又如

"龟中周氏"的"龘"字比较难查,而通过查印主的籍贯湖北来推断不失为一条便捷的线索。以下再列举此六种书中的一些例子,以供讨论。

《大连》页114"沈心之印"当为"沈心私印" 按:"私"的异体为"厶"。古体见右图。沈心(约1697—?),初名廷机,字房仲,号松阜,一作松皋,查慎行诗弟子,仁和(今杭州)诸生。精篆刻,山水宗黄公望,幽深古雅。旁及星遁、卜筮、脉诀,无不洞晓,而尤精于诗。著《弧石山房集》。《广印人传》《读画随笔》《杭郡诗辑》《画家知希录》等有载。	
《大连》页488"董醇字饮生号醖卿行者"疑为"董醇字饮生号醖卿行一" 按:该字或为"弌"的变体,见右图。据《甘棠小志》所附介绍,董醇(1807—1892),初名椿,字寿卿,科试时改名醇,后避同治讳,又更名恂,字忱甫,号醖卿,清甘泉县人。道光二十年(1840)进士,历任户部主事、湖南储运道、直隶清河道、顺天府尹、都察院左都御史及兵、户两部侍郎、尚书。曾为总理各国事务衙门权臣。平时喜读书著述,著《随轺载笔七种》《楚漕江程》《江北运程》《荻芬书屋诗文集》《手订年谱》等近百卷。	
《大连》页688"德清乡贤傅公岳子云龙懋元"当为"德清乡贤傅公长子云龙懋元" 按:"岳子"意不明,长子为排行。二字的篆体如右图,区别明显。傅云龙(1840—1901),字懋元,号醒夫,德清尚博(今德清钟管镇尚坝村)人,学者、外交官,历官兵部主事、郎中、直隶候补道。清光绪十三年(1888)考取清廷出洋游历大臣。事迹详见《傅云龙传》(浙江古籍出版社,2003)、《傅云龙日记》(浙江古籍出版社,2005)。	

《大连》页 692 "蕙苑香生蒋凤藻秦汉十印斋秘箧图书"当为"茂苑香生蒋凤藻秦汉十印斋秘箧图书" 按：蒋凤藻，字香生，吴县（今属江苏苏州）人。"茂苑"释义为：1.花木茂美的苑囿。2.古苑名，又名长洲苑。故址在今江苏省吴县西南。后也作苏州的代称。所以这里是郡望。"蕙"是鹿蹄草，"蕙苑"有意义，但跟印主无关。两字的篆体见右图。	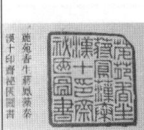
《大连》页 748 "东吴世家"当为"句吴世家" 按：同为郡望印。吴国（前 12 世纪—前 473），存在于长江下游地区的姬姓诸侯国，也叫句吴，太湖流域是其核心，后吞并淮夷徐夷等小国而扩张到今苏皖两省全境、浙中北、赣东北地区。印主吴广霈(1855—1919，一作 1854—1918)，字瀚涛，初号杏时，又号剑华道人、琴溪道士，晚年号梅阳山人。安徽泾县人。事迹见《碑传集补》卷十及金天羽《天放楼续文言·皖志列传选存下》等。笔者所见其藏书印还有："剑华堂藏书印""吴广霈印""剑华道人""仙樵琴诂""瀚涛"等。	
《大连》页 752 "希世之珍"当为"希世之宝" 按：此印非篆体，见于《金索铜盘铭》。	
《大连》页 816 "艾堂印"当为"艾堂父" 按："父"字被误认的例子不少，然多误做"文"或"反"，形近故，突出的一个例子是"慕玄父印"被认作"慕玄文印"。印主慕学勋(1880—1929)，字玄父，一作元甫，山东蓬莱人。雅好藏书，辛苦搜寻 25 年，拥有藏书 4 万余册，其中有善本 4000 余册，后归加拿大多伦多大学图书馆。详见《慕学勋及"慕氏藏书"初考》①。认作"印"显然是猜了。	

---

① 李国庆：《慕学勋及"慕氏藏书"初考》，《文献》，2017 年 1 月第 1 期，第 179—191 页。

续表

《大连》页 852"捶长恩室"当为"拜长恩室" 按:长恩,传说中的书神名。五代末宋初吴淑的《秘阁闲话》:"司书鬼名曰长恩。除夕呼其名而祭之,鼠不敢啮,蠹鱼不生。"清代著名藏书家庄肇麟和傅以礼分别将他们的书室命名为"长恩书室"与"长恩阁"。二字的篆体见右图。	
《大连》页 882"溧水王氏无想山所藏书"当为"溧水王氏无想山房藏书" 按:二字的区别在右半边(篆刻中移位现象常见),一为"方",一为"斤",篆体见右图。此印属王瀣。王瀣(1871—1944),字伯沆,一字沉一、伯谦,室号无想山房,晚年自号冬饮,别署欓生、无想居士。祖籍江苏溧水。早年肄业于南京钟山书院,后执教于南京陆师学堂、两江师范学堂、南京高等师范学校。藏书楼为"冬饮庐"。著有《冬饮庐藏书题记》。	
《浙大图录》页 159《俨山文集》 漏"江左衣冠""雪岩" 按:"冊"古同"貫","貫"和"冠"通假,《释名》:冠,贯也,所以贯韬发也。 江左可指江东。此地域概念盛行于唐以前,尤其是魏晋时期,是以金陵(今南京)为首都的六朝时代的政治与经济中心。人文昌盛,物阜民丰。衣冠可指名门世族,如东晋之王谢。绍兴兰亭有纪念王羲之的一副对联: "陵邑久蒿莱,缅江左衣冠,尚有文章传远胜; 登临徐感慨,望中原戎马,莫教人物负溪山。"	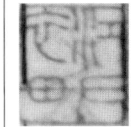
《北师大》页 17《分类补注李太白诗》 "定州王思钱收藏书画章"应为"定州王思钱收藏金石书画章" 按:上海博古斋 2007 年秋季拍卖会上出现的《复古编》二卷上有同样的印。	

续表

《北师大》页 30《元史》 "周元美"应为"周元美印" 按:"印"字为金文。见右图。	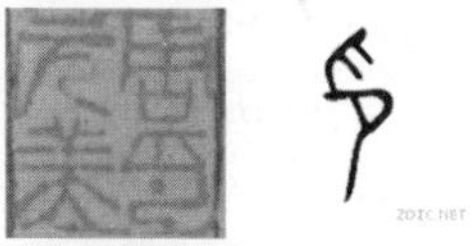
《北师大》页 131《说文解字》 "徐氏所藏金石书画印"应为"徐氏收藏金石书画印" 按:"所"字篆文见上,"收"字见右图。	
《青岛》页 37《唐类函》 "心斋策藏"应为"心斋箧藏" 按:二字篆体明显不同,见右图。	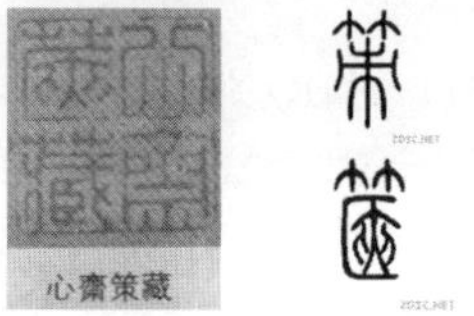

最后再次声明,印章释读之难乃业界共识。一部大书(往往是多人合作)偶有错误,在所难免。上述举例纯为说明问题,意在交流切磋,以求共同提高,尚希同行明鉴。

2018 年 6 月 10 日草于美国哥伦布四松庐

西周早期曾侯谏青铜盉研究浅议

◎ 张向友①

摘　要：

作者对收藏的青铜盉进行了器形、纹饰、工艺和铭文等方面的研究，并与考古出土的湖北随州叶家山西周早期曾侯谏墓地青铜器进行了对照，发现与M28:166曾侯谏青铜盉非常相似，可能是属于同一位主人。

关键词：

西周早期；曾侯谏；青铜盉

An Investigation of Bronze Zeng Hou Jian
of the Early Western Zhou Period

◎　Xiangyou Zhang

Abstract：

Based on the styles, design patterns, and inscriptions, the author makes a comparison between the Bronze Zeng Hou Jian unearthed from the Yejiashan burial ground of the early Western Zhou period and another piece of bronze ware owned by the author himself, he makes an assumption that both bronze wares originally came from the same source.

Keywords：

Early Western Zhou Period; Marquis Jian of the Zeng State; Bronze He

中国古代青铜器历来被视为国之重器，艺术品中的瑰宝。尤其是商晚期至

---

① 张向友，香港文物收藏家。

西周早期的青铜器,达到了中国青铜器历史上艺术水平的高峰,为后世所难以企及。

1978 年中国考古史上的一个重大发现——湖北随州城郊擂鼓墩战国早期曾侯乙墓地的考古发掘,从墓中出土了大量的文物,其中的编钟和尊盘等青铜器以其数量庞大、制作精美而震惊世界,也为人们留下了一个难解之谜:这个在史书中未见记载的曾国和曾侯乙究竟是何方神圣?当时猜想曾国只是一个名不见经传的小国,可是为何竟然会拥有如此众多的精美文物?这也太不可思议了。三十多年过去,随着湖北叶家山等曾国墓地的陆续考古发现,历史的真相逐渐浮出水面:西周到战国时期的曾国就是史书上记载的随国,曾和随是同一个国家,一国两名。2014 年 12 月 21 日,由清华大学出土文献保护与研究中心、北京大学震旦古代文明研究中心、湖北省博物馆、湖北省文物考古研究所联合主办的"曾国考古发现与研究"学术研讨会在北京召开,全国各地的 40 多位考古和历史学者聚集,经过论证,终于为纠缠考古界多年的"曾随之谜"下了论断——确认曾国就是随国。① 中央电视台也曾播出《曾随之谜》的专题节目,展示考古结果证明了曾国就是随国,曾侯谏是曾侯乙五百年前的祖先。

一、曾侯谏青铜盉的外观造型、纹饰

2011 年至 2013 年在湖北随州叶家山考古发掘的曾侯墓,出土了许多西周早期的青铜器,造型雄伟,纹饰繁华,是中国古代青铜器的珍贵代表。其中一件编号为 M28:166 的青铜盉,更是以奇特的造型和美丽的纹饰使人眼前一亮。

这件青铜盉的盖和器身都有"曾侯谏作宝彝"的铭文,盖上有一个立体圆雕的兔形钮,流上有一只圆雕双角龙头虎形瑞兽,錾上有一高浮雕牛头。

---

① 《发现曾国》,《长江商报》,2015.3.2,http://www.changjiangtimes.com/2015/03/497511.html(2016 年 11 月 29 日)。

高 30cm,口径 13.8cm,重 4.49kg

　　器身的主纹饰是三个牛角兽面纹,颈部是三组牛纹,盖上是二个牛角兽面纹。在每个牛角兽面纹的两侧,还各有一条夔龙。纹饰属于商周时期青铜器典型的三层花,地纹是云雷纹,主纹饰是浮雕的牛头兽面纹,在兽面纹上有阴线的辅助纹饰。除此之外,更为与众不同的是还有兔、龙头虎形瑞兽等立体圆雕,风格奇特,装饰繁华,非常罕见,是西周早期青铜器中的一件珍宝。[①]

[①] 《湖北随州叶家山 M28 发掘报告》,《江汉考古》,2013 年 4 月,总第 129 期。

高 32cm，口径 15cm，重 5kg

器身的"曾侯谏作宝彝"六字铭文

无独有偶，笔者有幸收藏到一件青铜盉，和考古出土的 M28∶166 青铜盉造型、纹饰几乎完全一样，尺寸略大些，重量稍重些。盖、器的铭文"曾侯谏作宝彝"也和考古出土的 M28∶166 青铜盉相同。

二、来源及出土年代

随州市博物馆的这件馆藏编号为 M28∶166 的青铜盉，2013 年 7 月出土于湖北随州叶家山的曾侯墓,属于考古发掘所得,时间、地点清楚。①

相比之下,笔者收藏的这件曾侯谏青铜盉是在香港艺术品拍卖会上竞拍购得的,经过之前的藏家盘玩,包浆熟旧,呈现熟坑状态。虽不知何时何地出土,但估计时间应该比较早。据叶家山考古发掘报告称,叶家山墓葬群在考古发掘之前未有盗墓的情况发生,故各墓葬都保存完好。另据资料记载,早在宋代就有曾国的青铜器出土,后世到清代、民国都陆续有曾国青铜器出土问世,只是由于考古工作的时代局限,当时对于曾国和随国的关系没有弄清楚,一般以为是属于山东的曾国。笔者收藏的这件曾侯谏青铜盉,虽然自身带有"曾侯谏作宝彝"铭文,但由于2011年之前对随州叶家山曾侯墓还未进行考古发掘,人们对于西周早期的历史人物曾侯谏还一无所知,加上器形太过奇特,难以被人们所认识,甚至容易被错认为臆造品,没有得到应有的重视,以至于明珠暗投,在民间长期默默无闻。现在有了考古出土的同样器形和纹饰的曾侯谏青铜盉作为参照物,人们眼前一亮,豁然开朗,原来这件宝贝具有如此高贵的出身,是三千年前西周早期诸侯国国君曾侯谏制作的青铜礼器,非常珍贵难得。

曾侯谏方鼎(M28:157、M28:165)

---

① 《湖北随州叶家山M28发掘报告》,《江汉考古》,2013年4月,总第129期。

以前有一种观点,认为"如果有两件一样的青铜器,必有一伪,或者二件皆伪"。这次叶家山曾侯墓考古发掘的出土文物刷新了人们的认知。在叶家山曾侯墓考古发掘报告中可以看到,出土的青铜器中圆鼎、分档鼎、青铜簋等都有多件器形、大小、纹饰、铭文基本相同的器物存在,这充分说明了西周青铜器虽然是手工制作,但不论是中央政权还是诸侯国,在生产工艺上都已经十分成熟,存在标准化、批量化制作的客观条件,并且有出土的实物可以佐证。因此,从前那种"不可能有两件一样的青铜器"的看法是不正确的,应予纠正。①

曾侯谏分档鼎(M28:158、M28:181)

曾侯谏作媿簋(M28:153、M28:154)

---

① 《湖北随州叶家山 M28 发掘报告》,《江汉考古》,2013 年 4 月,总第 129 期。

五件相同的曾侯谏圆鼎①

三、曾侯谏青铜盉的工艺

笔者对收藏的这件曾侯谏青铜盉进行了仔细的观察研究,从制作工艺上确认了它是一件按照商周时期传统的范铸法制作的器物。第一,按照当时的范铸法工艺,这件青铜盉器身分为三个部分,由三块外范合铸而成,应该有浇铸遗留的范线;第二,由于是圆足,外范底部中央还必须有一个外芯范,一方面与三块外范合围,另一方面还预留下了青铜液的浇注口,也应该有相应的痕迹;第三,这件青铜盉的流造型复杂,上面有立体圆雕的龙头虎形瑞兽,必须事先铸好,然后插入器身的主体范中,再经浇铸而成一体,属于分铸法,也应该能够找到相应的铸痕证据;第四,器身的铭文应该有一块独立的范,也应该留下相应的范痕;第五,范铸法在外范和内芯之间必须要有垫片,使得二者之间保持一定距离,以保证整个青铜器的器身厚薄一致,不会偏离太多。以上列举的所有这些范铸法必须存在的特征,在这件青铜盉上都能找到,一一对应,丝毫不差,连铸造时的浇铸口痕迹都清晰可辨。所有证据充分证明了这件青铜盉乃是范铸法所制作,无可怀疑。在青铜盉内部三个足的跟部位置,可以清晰地看到两个一组的三组垫片,呈对称分布,十分科学并有效地将内芯和外范的位置进行固定,防止了浇注过程中的位置漂移。②

---

① 《叶家山墓地曾国铭文青铜器研究》,《江汉考古》,2014 年 1 月,总第 130 期。
② 《论青铜范铸学鉴定古代青铜器》, http://www.360doc.com/content/16/0708/21/11527286_574106242.shtml(2016 年 10 月 28 日)。

合范留下的范缝,足部的范缝有打磨痕迹

再从这件青铜盉的表面状态来看,包浆熟旧,呈熟坑状态。盉身呈现红、黄、黑、绿、蓝等各种锈色,可以明显看出有不同层次,分布和过渡自然,五彩斑斓,非常漂亮。

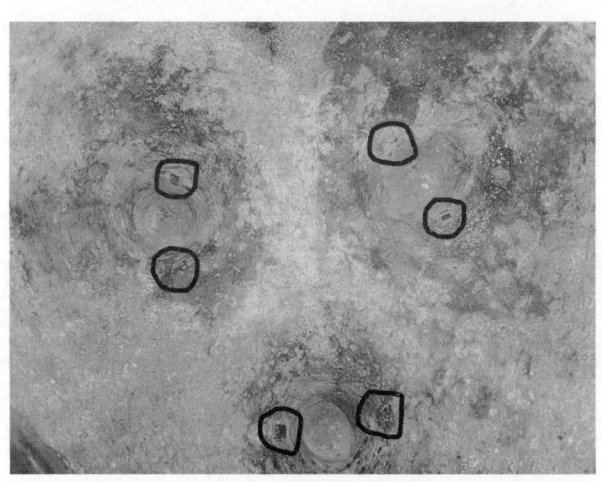

青铜盉内部足根位置的垫片呈对称分布

西周早期曾侯谏青铜盉研究浅议

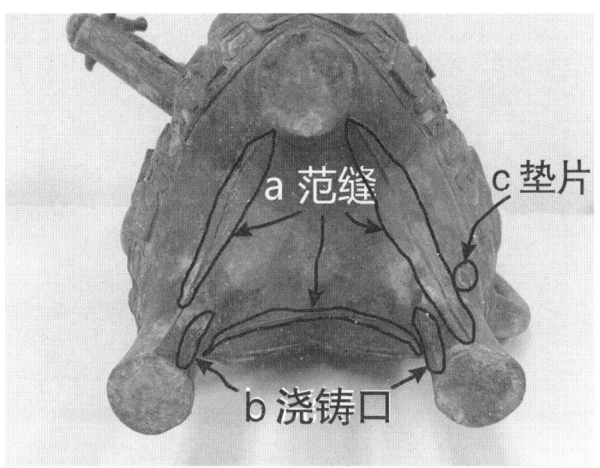

a 范缝　b 浇铸口　c 垫片

盉流根部清晰的分铸痕

盉颈部的牛纹、云雷纹和红斑绿锈

曾侯谏青铜盉全貌

四、关于程式化的讨论

人类历史发展过程中的各种艺术、技术、工艺、技能,凡是发展到高度成熟的时期,都往往形成比较固定的模式,形成了一定程度上的程式化。比如中国书法中的篆隶楷草各种字体,永字八法;山水画中的各种皴法;战汉玉器的龙纹、谷粒纹、蟠螭纹;武术中的各种套路等。

青铜器的制作工艺发展到商晚期、西周早期之际,已经是十分成熟,从这件曾侯谏青铜盉上到处都能够看到程式化的痕迹,这是工艺高度成熟的一个有力证据,同时具有强烈的时代特征。下面分几个方面进行论述。

1.三足青铜盉的造型

商代盉的基本形制有顶流袋足式、顶流有颈袋足式、顶流袋足方体式、小口瓠形圆式、大口宽腹圆足式、提梁壶形三足式;西周时期承袭商代旧制,也有些变化,有大口短梨形三足式、大口长梨型三足式、长短圆腹三足式、高体多档式、低体多档式、长方体长流式、短颈鼓腹柱足式;西周晚期至春秋早期形制有低体敛口广肩短足式、扁圆体四足式;春秋晚期至战国大都是新形制,提梁形制盉增多,有小口广肩提梁盉、短颈广肩式、短颈宽肩式、提梁鸟头流三足式、方体圈足式、平口鬲式等。①

商晚期西周早期父乙盉

---

① 《垫片和芯撑》,http://www.360doc.com/content/16/0708/21/11527286_574106985.shtml(2017 年 9 月 23 日)。

本文考证的曾侯谏青铜盉,应属西周早期较常见的大口长梨型三足式,有盖。唯盖顶的兔钮以及流上的龙头虎身瑞兽较为少见,给人耳目一新的感觉。

2.主体纹饰的牛头纹

新石器晚期良渚文化的神人兽面纹可视为商代青铜器饕餮纹之滥觞,发展到西周早期,饕餮纹变化为牛头纹,这大概与西周时期农业高度发达有关,从高古时期对于猛兽的崇拜转变为对于牛的膜拜,具体反映到青铜器上。考古出土的西周早期青铜器上常常可以看到类似的牛头纹饰,如北京房山琉璃河青铜器和宝鸡竹园沟青铜器,主体纹饰的牛头就和这件青铜盉如出一辙。①

宝鸡青铜器博物院 竹园沟出土西周兽面纹双耳方座簋

3.夔龙纹

西周青铜器的主体纹饰牛头纹的两旁往往有夔龙纹作为辅助纹饰,这也是一种固定的程式。

---

① 《青铜盉鉴赏》,http://www.360doc.com/content/14/1011/15/9165926_416069596.shtml (2016 年 12 月 2 日)。

盉盖牛头纹旁的夔龙纹

4.地纹的云雷纹

商周时期青铜器常以云雷纹为地纹,这是最基本和常见的纹饰。云雷纹是以涡形旋织为骨干构成的几何形云纹和雷纹的总称。形态呈圆形者称为云纹,呈方形者称为雷纹。商代晚期和西周早期,云雷纹常与饕餮纹、鱼纹、鸟纹相搭配,但主纹为饕餮纹、兽面纹等,云雷纹只是起到底纹装饰的作用。①

---

① 《论商周青铜器之云雷纹》,http://www.doc88.com/p-7037793414171.html(2017 年 6 月 12 日)。

5. 颈部的牛纹

西周早期青铜器常见牛纹,作为辅助纹饰。①

6. 双角龙头纹

西周早期青铜器常见双角龙圆雕造型,其双角、双耳的形状及纹饰,还有沿袭商代的臣字眼,额头正中的菱形纹饰等,都形成了一种固定的模式。

西周追簋龙耳

---

① 《湖北随州叶家山西周墓地笔谈》,http://www.shanghaimdw.com/article_read_1902.html(2016 年 10 月 7 日)。

7.流根部的蕉叶纹

在流的根部可以看到蕉叶纹,这也是商周青铜器上常见的一种辅助纹饰。

8.铭文

商代前期的青铜器多无铭文,商代晚期的铭文仍较简单,字数不多。书法特征为笔画首尾出锋,笔画中道较丰肥的波磔体,结构严谨,体势凝重。

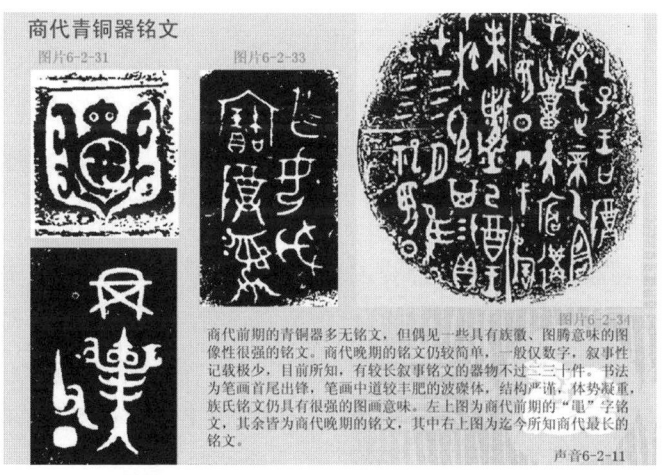

西周早期的青铜器铭文,较商代有显著发展,字数增多,出现长篇铭文。但铭文书法特征仍与商代晚期相似,笔画较肥,波磔比较明显。曾侯谏墓出土青铜器的铭文很好地体现了商晚期到西周早期青铜器铭文的传承发展关系。

事实证明本文研究的曾侯谏青铜盉无论从器形、主体纹饰还是辅助纹饰、地纹、铭文,都完全符合商周时期青铜器的时代特征,呈现出浓厚的时代气息,与大量的考古发掘商周青铜器可以互相印证,完美吻合。①

五、曾侯谏青铜盉的艺术价值

曾侯谏青铜盉造型奇特,纹饰华丽,属于典型的"三层花",工艺复杂,美观大方,艺术性极高,乃精心制作的青铜礼器重器,经过三千年流传至今,仍然完好无损,可称为国之瑰宝。在湖北省博物馆、湖北省文物考古研究所、随州市博物馆联合编辑出版的《随州叶家山——西周早期曾国墓地》图册中,将M28:166曾侯谏青铜盉的照片选作封面,证明了这件国宝级重器无可争辩的地位。②

---

① 《中国古代青铜器的纹饰与铭文》,http://wenku.baidu.com/view/377c80c4e53a580216fcfea2.html(2017年9月16日)。
② 湖北省博物馆、湖北省文物考古研究所、随州市博物馆编:《随州叶家山——西周早期曾国墓地》,北京:文物出版社,2013年。

香港凤凰卫视《文化大观园》栏目曾对随州叶家山考古队进行了多年的跟踪采访,并于2014年10月24日制作播出了《曾随之谜》的专题节目,从几百件出土青铜器中挑出这件曾侯谏青铜盉做了专门介绍,称其精美的动物组合造型在西周早期的青铜器中非常少见(http://news.ifeng.com/history/video/detail_2014_10/28/39217385_0.shtml)。

参考文献

1.《发现曾国》,《长江商报》,2015年3月2日,http://www.changjiangtimes.com/2015/03/497511.html(2016年11月29日)。

2.《湖北随州叶家山M28发掘报告》,《江汉考古》,2013年4月,总第129期。

3.《叶家山墓地曾国铭文青铜器研究》,《江汉考古》,2014年1月,总第130期。

4.《论青铜范铸学鉴定古代青铜器》,http://www.360doc.com/content/16/0708/21/11527286_574106242.shtml(2016年10月28日)。

5.《垫片和芯撑》,http://www.360doc.com/content/16/0708/21/11527286_574106985.shtml(2017年9月23日)。

6.《青铜盉鉴赏》,http://www.360doc.com/content/14/1011/15/9165926_416069596.shtml(2016年12月2日)。

7.《论商周青铜器之云雷纹》,http://www.doc88.com/p-7037793414171.html(2017年6月12日)。

8.《湖北随州叶家山西周墓地笔谈》,http://www.shanghaimdw.com/article_read_1902.

html(2016年10月7日)。

9.《中国古代青铜器的纹饰与铭文》,https://wenku.baidu.com/view/377c80c4e53a580216fcfea2.html(2017年9月16日)。

10.湖北省博物馆、湖北省文物考古研究所、随州市博物馆编:《随州叶家山——西周早期曾国墓地》,北京:文物出版社,2013年。

粤蚁援美记:一则中美农业交流的逸事

◎潘铭燊①

摘　要:

1918 年,获派到中国寻求对治佛罗里达州柑橘虫害的施永高博士,在广州附近发现了柑蚁。他也发现中国农民这种以虫治虫的生物防治法有悠久的历史,记载在 1700 年前的《南方草木状》里。

关键词:

柑蚁;施永高;广州;佛罗里达州

How Cantonese Citrus Ants Aided American Farmers: A Story of Sino-American Agricultural Relations

◎　Ming Sun Poon

Abstract:

In 1918, Dr. Walter Tennyson Swingle who is an American plant physiologist on his mission to find methods to fight citrus canker in Florida discovered the citrus ants in the vicinity of Canton. He also found the agricultural use of citrus ants is a Chinese heritage of biological control of plant diseases recorded in *Nan Fang Cao Mu Zhuang* fully 1700 years ago.

Keywords:

Citrus Ants; Walter T. Swingle; Canton; Florida

---

① 潘铭燊,美国国会图书馆资深馆员。本文内容纯属个人意见,并不代表国会图书馆。

施永高对美国种植柑橘类作物的贡献

农学名家施永高(Walter Tennyson Swingle,1871—1952)出生在宾夕法尼亚州迦南(Canaan)镇,两岁时随家庭搬到堪萨斯州一座农庄居住,自小耳濡目染,观察周围的植物,产生了浓厚兴趣。进大学后,追随多位著名农学教授学习,其中凯勒曼教授(William Ashbrook Kellerman,1850—1908)是植物病理学的先驱,他传授的真菌学和对治植物疾病的知识影响着施永高的一生。施永高后来关于柑橘病害的研究,也在此时打下扎实基础。1890年,19岁的施永高便从堪萨斯州立农学院(Kansas State Agricultural College,后来扩展成为Kansas State University)毕业。① 施永高的妻子(结婚日期1915年10月),便是凯勒曼的女儿。②

1891年,施永高在新成立的美国农业部获得一份工作,并且立刻获派到佛罗里达州参与研究对治橙农所面临的虫害问题。③ 1899年7月,农业部成立植物引进服务处(Plant Introduction Service),准备从世界各地引进植物到美国种植。施永高和费尔柴尔德(David Grandison Fairchild,1869—1954)、韦伯(Herbert John Webber,1865—1946)、格罗夫(George Weidman Groff,1884—1954)获派到国外,长期从事搜寻新的柑橘品种的工作。施永高在佛罗里达州迈阿密地区成功建立一座植物引进实验园,在园里种植引进的柑橘,并

---

① Whitlock, Barbara, "The Swingle Plant Anatomy Reference Collection." http://swingle.miami.edu/wtswingle.html

② Venning, Frank D. "Walter Tennyson Swingle, 1871-1952." *The Carrell*: *Journal of the Friends of the University of Miami Library* 18 (1977) p.20-21.

③ Whitlock, Barbara, "The Swingle Plant Anatomy Reference Collection." http://swingle.miami.edu/wtswingle.html

杂交新的品种。① 他从事柑橘类作物的引进和配种工作长达41年（1893—1984）。②

1943年，迈阿密大学礼聘临近退休的施永高为热带植物学顾问（Consultant of Tropical Botany），为他成立了一所植物研究实验室（Plant Research Laboratory）。于是施永高从农业部（华盛顿）退休之后，便搬到迈阿密去。在迈阿密大学，施永高完成了他的巨著 *The Botany of Citrus and Its Wild Relatives of the Orange Subfamily*，这书至今仍然是研究柑橘类作物的分类、形态和解剖的最权威著作。③

佛罗里达州虫害

佛罗里达州很早便开始种植柑橘类作物，但一直遭遇各种自然灾害的打击。1894年12月和1895年2月的两次冰冷气候，把所有柑橘收成都毁掉了。佛州果农都渴望获得可以抗御各种灾害的优良柑橘品种，施永高和他的同事们于是受命从事这项工作。④ 1910年，佛州爆发大规模的虫害，大家束手无策，假如不能及时控制好，整个橘类种植业都会垮掉。施永高和联邦植物检疫局（Federal Plant Quarantine Board）合作，雷厉风行地启动各种灭害措施，并积极

---

① Swingle, Walter T., "The Botany of the Citrus Fruits and Their Wild Relatives as a Guide to Their Use in Breeding." *Florida State Horticultural Society*, p.156-157. https://fshs.org/proceedings-o/1943-vol-56/156-164％20(SWINGLE).pdf

② 在施永高的努力下，佛罗里达州后来成为全球范围内最重要的柑橘类种植地区。Swingle, Walter T., "The Botany of the Citrus Fruits and Their Wild Relatives as a Guide to Their Use in Breeding." *Florida State Horticultural Society*, p.156. https://fshs.org/proceedings-o/1943-vol-56/156-164％20(SWINGLE).pdf

③ Whitlock, Barbara, "The Swingle Plant Anatomy Reference Collection." http://swingle.miami.edu/wtswingle.html

④ Swingle, Walter T., "The Botany of the Citrus Fruits and Their Wild Relatives as a Guide to Their Use in Breeding." *Florida State Horticultural Society*, p.156. https://fshs.org/proceedings-o/1943-vol-56/156-164％20(SWINGLE).pdf

寻求灭害的新办法。①

1915年,因为柑橘虫害特别严重,农业部拨出特别经费,让施永高能够多次到中国、日本以及东南亚国家取经。这项工作持续了几乎二十年,施永高不负使命,发现了许多比较能够抵抗虫害的品种,也引进了新大陆和欧洲果农所未知悉的柑橘新品种。② 他发现,中国南方许多地区的低地,星罗棋布的柑橘果园已经存在了三四千年,家家户户的屋前空地都有柑橘果树,其中不少已获证实是优良品种,有些品种其优良性来自蜜蜂等昆虫传播花粉导致的杂交。他估计中国南方是冠绝全球的柑橘宝库,种植的不同品种为数过千,是当时美国种植品种的十倍。③

在广州,施永高与时为岭南大学教授的格罗夫合作。1918年,他和格罗夫及其学生常到广州附近采访。来到一个乡村,村民自称养蚁维生。岭南大学的学生见到遍地桑树和蚕坊,笑说他们其实是养蚕人家。村民回答:蚕只是用来喂蚁,蚁才是产品,卖给果农,每袋可得一元。村民把蚁巢绑在橙树的枝丫上,蚁不再吃蚕,改而捕食橙树的害虫。不但橙树的果实得以保存,有些种荔枝的村民也用这些蚁来消灭荔枝害虫。格罗夫教授的一位学生郭华秀,父亲是果农。经过调查,郭华秀发现这种蚁在当地叫柑蚁,或叫惊蚁、大黄蚁,原生态的柑蚁生长在竹林或橄榄树上。在四会、番禺、阳春、电白等县都有蚁农养殖。④

---

① 佛罗里达州终于在1926年消灭了虫害,施永高居功至伟。Venning, Frank D. "Walter Tennyson Swingle, 1871-1952." *The Carrell: Journal of the Friends of the University of Miami Library* 18 (1977) p.20.

② Swingle, Walter T., "The Botany of the Citrus Fruits and Their Wild Relatives as a Guide to Their Use in Breeding." *Florida State Horticultural Society*, p. 157. https://fshs.org/proceedings—o/1943—vol—56/156—164%20(SWINGLE).pdf

③ Swingle, Walter T., "The Botany of the Citrus Fruits and Their Wild Relatives as a Guide to Their Use in Breeding." *Florida State Horticultural Society*, p. 157. https://fshs.org/proceedings—o/1943—vol—56/156—164%20(SWINGLE).pdf

④ Needham, Joseph. *Science and Civilisation in China*. Cambridge [Eng.]: Cambridge University Press, 1954-2008. Volume 6 (Biology and Biological Technology), Part 1 (Botany), pp. 535-536.

后来,郭华秀接施永高的余绪,研究在广州附近种植的柑橘,成绩斐然,这是后话。①

1921年,哈佛大学的昆虫学家惠勒(William Morton Wheeler,1865—1937)教授收到这种蚁的样本,进行鉴定,确定它们的学名叫 Oecophylla smaragdina Fabr.。粤人养蚁灭虫经施永高发现之后,格罗夫和霍华德(C. W. Howard)发表了研究文章(1924年),唤起美国农学界的注意。②

施永高利用柑蚁对治佛州虫患更多的直接证据,有待继续发掘。美国采用生物防治救护农作物已有先例,科贝勒(Albert Koebele,1853—1924)和农业部合作,在加州利用瓢虫来消灭棉花害虫获得成功,使生物防治成为农业的显学。于是昆虫研究所的罗尔夫斯(Peter Henry Rolfs,1865—1944)和哈伯德(Henry Guernsey Hubbard,1850—1899)也利用此法来对治其他农作物的害虫。③柑橘种植方面,施永高在控制病害的成就使其大大提高了经济效益。果农都乐意提供他们的果园,让他进行实验。④

《南方草木状》

上文提到施永高从农业部退休后,接受迈阿密大学礼聘为热带植物学顾问。1943年施永高到任,一位当时的四年级植物学主修生文宁(Frank D.

---

① Swingle, Walter T., "The Botany of the Citrus Fruits and Their Wild Relatives as a Guide to Their Use in Breeding." *Florida State Horticultural Society*, p. 157. https://fshs.org/proceedings—o/1943—vol—56/156—164％20(SWINGLE).pdf

② Needham, Joseph. *Science and Civilisation in China*. Cambridge [Eng.]: Cambridge University Press, 1954-2008. Volume 6 (Biology and Biological Technology), Part 1 (Botany), pp. 536-537.

③ Smith, J. P. "The Birth of an Industry, Part III." *Central Florida Agnews*. http://centralfloridaagnews.com/birth—industry—part—iii/

④ Smith, J. P. "The Birth of an Industry, Part III." *Central Florida Agnews*. http://centralfloridaagnews.com/birth—industry—part—iii/

Venning，1920—?）获派为他的助理。①

　　文宁为他分别从华盛顿和加州运到的合共 3 吨重的书籍、期刊开箱上架，聆听他评说正在上架的书刊和他到各地旅行搜访植物的经历。开箱看到中文书时，施永高极其兴奋。他指着一部名为《南方草木状》的线装书对文宁说："这是我们所知中国最早的植物学著作，嵇含在公元三世纪写这本书。书中有一处描述了中国南方采用的一种防治橘类植物虫害的方法，是一种生物防治法。中国的农民在果树上繁殖一种善于啮咬的蚂蚁，这些蚂蚁会驱除所有果树上的昆虫。它们在靠近树枝末端编织叶子来造巢，晚上都入巢休息。嵇含说中国南方有人养蚁维生，到晚上用袋子贮好蚁巢，封了袋口，然后截取树枝，连袋子一起贩卖。果农买了这些蚁巢，绑在果树的树枝上，打开袋口，又把竹枝搁在相邻的树上，让蚂蚁沿着竹枝到处跑，在整个果园里繁殖。"施永高接着说，"我们把这段文字翻译出来，公之于世，人们却不相信。但你知道吗，我们在中国南方的确找到一个村子，村民养殖这种蚂蚁，卖给果农，就像嵇含在 1700 年前所说的一样！"②

　　施永高向文宁讲述的《南方草木状》这则记载，原文如下："交趾人以席囊贮蚁，鬻于市者，其巢如薄絮，囊皆连枝叶，蚁在其中，并巢而卖。蚁赤黄色，大于常蚁。南方柑树若无此蚁，则其实皆为群蠧所伤，无复一完者矣。"③

　　嵇含（263—306）大约在公元 304 年撰写《南方草木状》，这则 1700 年前的文字应该是中外文献中最早关于生物防治的记录。嵇含之后，关于养蚁治虫的记载持续不断，包括：段成式《酉阳杂俎》（863）、刘恂《岭表录异》（890）、乐史《太平寰宇记》（985）、庄季裕《鸡肋篇》（1130）、俞贞木《种树书》（1401）、徐光启《农政全书》（1639）、吴震方《岭南杂记》（1600）、方以智《物理小识》（1643）、陈溟子

---

　　① 文宁获得博士学位后，也成为植物学名家和迈阿密大学的研究教授。50 年代起到过亚、非、拉美 23 个国家担任农业顾问。Venning, Frank D. "Walter Tennyson Swingle, 1871-1952." *The Carrell*：*Journal of the Friends of the University of Miami Library* 18（1977）p.32.

　　② Venning, Frank D. "Walter Tennyson Swingle, 1871-1952." *The Carrell*：*Journal of the Friends of the University of Miami Library* 18（1977）p.5.

　　③ 见《南方草木状》卷下，在《广汉魏丛书》（明万历二十年[1592]序，清嘉庆中刊本）。承蒙美国哈佛大学哈佛燕京图书馆马小鹤兄扫描，谨此致谢！

《花镜》(1688)、屈大均《广东新语》(1700)、《南越笔记》(1795)。①

自清文廷式(1856—1904)以来,颇有怀疑《南方草木状》非嵇含所作,吾友马泰来持论尤其激烈。② 本文主旨非在文献考证,不愿在作者问题上多耗笔墨,但愚见倾向于相信其为嵇含原作,只是混入小量较晚的材料。③

施永高亲历见闻粤人养蚁治虫,并印证文献记载,将这古老而科学的方法介绍到美国,可谓农业史上一则佳话。

---

① Needham, Joseph. *Science and Civilisation in China*. Cambridge [Eng.]: Cambridge University Press, 1954-2008. Volume 6 (Biology and Biological Technology), Part 1 (Botany), pp. 531-535.

② 马泰来是笔者芝加哥大学同窗,同学少年闲谈交流,他已指出《南方草木状》是伪书,见解坚持了数十年。他去年出版的论文集《采铜于山》,第一篇即为"《南方草木状》所记小说故实讨原——伪书窥管",该文用力甚勤,举证充分,文中说:"《南方草木状》是一部无中生有的伪书,和嵇含全无关系。书中文字多撮拾类书所载六朝旧籍中断章零句,以及本草书和一些唐人有关南方专著,可谓点铁成金。"《采铜于山——马泰来文史论集》(北京:国家图书馆出版社,2017),页1。但愚见则与马兄相反,认为是后人撮拾《南方草木状》文字,而且嵇含其他作品常表现出对植物的浓厚兴趣,虽获任命广州刺史而未就任,但对于岭表事物早有打听亦不足为奇。

③ 我所见论及《南方草木状》真伪的文章,以苟萃华有关文章比较持平,可以参看。苟萃华《也谈〈南方草木状〉一书的作者和年代问题》,《自然科学史研究》,1984年第2期,第145—150页。

《南方草木状》中关于"柑"的介绍

共铸学术精品,耕耘中外文苑
——王佐良先生与商务印书馆①

◎王 立②

摘 要:

本文通过对王佐良先生生前与商务印书馆的学术交往和出版合作的简要回顾,缅怀前辈学者和学术出版人共同致力于奉献高水准中英文译作,辛勤耕耘优秀人文园地,以提高中国英语的教育水平和民族文化素质的崇高事业。并结合近年来对其早期著作的文献发掘整理,进一步探讨王佐良先生对"五四"以来的中国新文学、比较文学领域的杰出贡献,特别是他提出的中外文学之间"契合"的思想与实践。最后指出王佐良先生一贯身体力行所蕴涵的世纪愿景的前瞻性意义,在倡导跨文化交流与理解方面树立了典范。

关键词:

王佐良;商务印书馆;英国文学;英语教育;比较文学;翻译;跨文化交流,世界文学

---

① 本文主要部分曾在2017年8月"商务印书馆与中国现代文化的兴起国际学术研讨会"上宣读。这次发表做了内容精简和文字修订。

② 王立,美国布朗大学东亚图书馆馆长、高级研究馆员;宗教学博士、图书馆与信息科学硕士。

Creating Masterpieces Jointly, Cultivating the Field of Cross-Cultural Literatures: Professor Wang Zuoliang and the Commercial Press

◎ Li Wang

Abstract:

This paper recalls the scholarly cooperation and joint efforts between Professor Wang Zuoliang and the Commercial Press, which resulted in a series of high-quality academic publications in English and Chinese in the past decades. Their diligent work heightened China's English education and enhanced the cultural quality of the nation. This paper also recounts Professor Wang's outstanding contributions to the fields of "Chinese New Literature" developed after the May Fourth Movement and comparative literature studies. The paper lauds Professor Wang's forward looking approach exemplified by his promotion of cross-cultural exchange and understanding.

Keywords:

Wang Zuoliang; The Commercial Press; English Literature; English Education; Comparative Literature; Translation; Cross-Cultural Exchange; World Literature

一、导言：辛勤耕耘，卓越奉献——一位中国"文艺复兴式"学者

2016年是令人难忘的一年，清华大学、北京外国语大学分别举行了纪念先父王佐良先生百年诞辰的一系列学术活动（图1）。清华大学外文系等单位于2016年6月6日联合举行了"全球化时代的契合：王佐良先生百年诞辰学术研讨会暨清华大学图书馆王佐良著作专架揭牌仪式"。本次会议展现了王佐良先生治学奉献的一生："卓越为公清华志，才华奉献天下行。"同时清华大学校史馆和北外校史馆还举办了"卓越与为公：王佐良先生百年诞辰展览"（图2）。为了缅怀王佐良先生的卓越学术成就与重要学术影响，促进外国文学研究和外语教育的发展，北京外国语大学于2016年7月16日组织召开王佐良先生百年诞辰纪念系列活动暨"外国文学研究中的传统与创新"学术研讨会，包括成立王佐良

外国文学高等研究院、发布《王佐良全集》、设立"王佐良外国文学研究奖"、举办"王佐良先生生平与学术展"等(图3)。

图1　清华大学、北京外国语大学2016年分别纪念
王佐良先生百年诞辰的学术活动的会议手册

图2　清华大学于2016年6月6日举行"全球化时代的契合：
王佐良先生百年诞辰学术研讨会暨清华大学图书馆王佐良著作专架揭牌仪式"

图3　北京外国语大学于2016年7月16日举办了
王佐良先生百年诞辰纪念活动合影

先父王佐良(1916.2.12—1995.1.19),浙江上虞人,外国文学研究专家、英语教育家、翻译家、作家和诗人。早年他毕业于武昌文华中学,1935年考入清华大学外文系。抗战爆发后随校迁往云南昆明,在西南联合大学完成学业,1939年留校任教。1947年考取庚款公费留学,入英国牛津大学茂登学院,获牛津文学硕士学位。1949年回国,任教于北京外国语学院(即今北京外国语大学)。历任北外教授、英语系主任、副院长、顾问、外国文学研究所所长,中国外语教学研究会副会长,中国外国文学学会副会长,中国英语教学研究会会长,中国莎士比亚研究会副会长,学术期刊《外国文学》主编,多语种学术杂志《文苑》主编等。并任第六、七届全国政协委员,国务院学位委员会学科评议组外国文学组组长,国家教委高等学校专业外语教材编审委员会主任等。

他毕生致力于外语教育与外国文学研究事业,不仅为国家培养了大批优秀外语人材和学术精英,还为中国外语教学的学科建设和外国文学研究的发展作出了卓越贡献。他学术视野开阔,学识广博,对英国文学的研究成果丰硕。作为中国现代少数几位用英文撰写比较文化与文学研究论著的先驱之一,他以民族文化为立足点,吸纳西方先进的研究方法,形成了独特的翻译理论,且身体力行,翻译了多部佳作。父亲学贯中西,一生治学严谨,著作宏富,在学术领域卓有建树,奉献了近四十部高水平著(译)作,文思新锐而清越,风格平实而超凡,深受读者喜爱和推崇,被誉为当代中国一位"文艺复兴式"学者。

笔者有幸躬逢上述纪念学术盛会,抚今追昔,不胜感慨。笔者很惭愧原先对于父亲的著作和学术思想所知甚少,只是近年来参与搜集整理他的生平和著作有关文献时才开始学习和探讨。2017年8月笔者参加了为纪念商务印书馆创业120年举办的"商务印书馆与中国现代文化的兴起国际学术研讨会",赶写和宣读了论文《王佐良先生与商务印书馆》,深感荣幸。作为中国第一家现代出版机构的商务印书馆,自1897年创立以来,以"昌明教育、开启民智"为宗旨,引进西学、整理国故,编印出版各科教科书、工具书、学术图书,刊行各类杂志,兴办社会文化教育事业等,在建设现代教育制度、促进中西文化交流、推动近现代学术进步、促进社会观念更新、提升国民素质等方面进行了卓绝的努力,成为中国现代文化兴起的重要引擎,为推动中国现代化事业做出了独特贡献。

本文试通过对王佐良先生与商务印书馆的学术交往和合作成果的简要回顾,缅怀前辈学者和学术出版人共同致力于奉献高水准中英文译作,辛勤耕耘优秀人文园地,以提高中国英语教育水平、民族文化素质的崇高思想和实践。并结合近年来对其早期著作的文献发掘整理,进一步探讨王佐良先生对"五四"以来的中国新文学、比较文学领域所做出的杰出贡献和前瞻性意义。特别是他身体力行中外文学"论契合"的精神,在倡导跨文化交流与理解方面树立了典范。

二、合作商务,共铸精品(一)——《英国文学名篇选注》和《美国短篇小说选》

先父和商务印书馆的主要合作大概始于1960年代初的项目——《英美文学活叶文选》。该选本由北京外国语学院王佐良教授、北京大学西语系李赋宁教授、北京外国语学院周珏良教授共同主编,商务印书馆出版,从1962年10月第一期开始直到1965年,陆续介绍了一大批英美文学名家名篇。每期选一位重要作者的若干精选作品,全部英文原文加中文解题注释。《文选》首期发表了

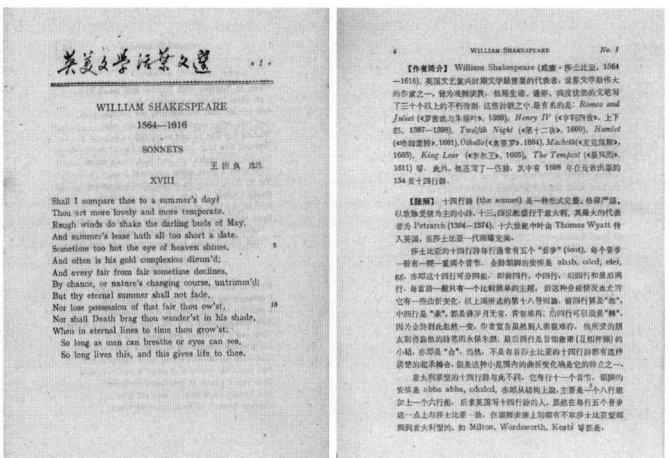

图 4 《英美活叶文选》第 1 期王佐良选注"莎士比亚"第 1 页[左] 第 4 页[右]

王佐良选注的莎士比亚(William Shakespeare, 1564—1616)的"十四行诗"(the sonnet)四首:第 18 号、第 29 号、第 30 号及第 65 号(图 4)。该期于 1962 年 10 月出版发行,印数 2 万册。其后又陆续出版了至少五六十种。《文选》的各篇选注都出自当时国内英美文学研究专家之手,体裁风格多样,文字简明精炼,雅俗共赏,受到社会上的重视和赞誉。然而,到了 1966 年,这部文选也给编著者带来了厄难。先父时任北外英语系主任,他和另外两位教授一起被打成"洋三家村"、反动学术权威,遭受种种迫害,被下放外地,历尽磨难。后因国际形势紧迫需要恢复外语教学和编写《汉英词典》,才把他调回北京恢复部分教研工作。

《汉英词典》是当时国家重点出版项目,由北外英语系组织专家集体编纂,商务印书馆出版。①这部有创新特色的权威性词典于 1987 年荣获北京市首届"哲学社会学和政策研究优秀成果一等奖"(同时王佐良《论契合》获本届最高的"荣誉奖")②。

《英美文学活叶文选》对提高广大读者的英语水平和文学欣赏能力无疑起到了积极推动作用,不过采取活页的出版形式虽然比较灵活快捷,但各零篇不

---

① 《汉英词典》,北京外国语学院英语系《汉英词典》编写组编,北京:商务印书馆,1982 年。

② 王佐良:《论契合:比较文学研究集》(*Degrees of Affinity*:*Studies in Comparative Literature*),北京:外语教学与研究出版社,1985 年。

便保存，极易散失，而且很难完整地全部收集。20世纪70年代末改革开放的热潮兴起，为了适应新时期对外语学习的迫切需求，将其筹划编辑成书，即《英国文学名篇选注》（图5左）。该书是以《英美文学活叶文选》英国部分扩充而成。其中精选16世纪英国文艺复兴时期起至20世纪20年代现代派文学为止的英国文学名家52人的名篇，此外还收录了一组英格兰和苏格兰民谣。作品种类包括民谣、诗、诗剧、英文《圣经》、随笔小品、文论、游记、传记、历史、小说、剧本等。这些篇章绝大多数是有定评的名文，选文对较近的时期略有侧重。在注释方面，注意从详。

王佐良教授给《英国文学名篇选注》作"序"，并为斯宾塞（Edmund Spenser，1552—1599）、莎士比亚、培根（Francis Bacon，1561—1626）等12位作者的约40篇作品作选注（另有两篇由时任教于清华大学外语教研室的先母徐序所撰）。他作为首席主编，不仅倾心竭力谋划全书布局选篇，还遍约全国多所高校的英语界专家学者。《选注》出版后，受到广大英语学习者和文学爱好者的热烈欢迎，后来在学术界被公认为国内出版的英美文学选编最佳读本，至今众多学界人士都对当年受益于该书而深怀感激。据商务印书馆编审徐式谷先生的回忆："该书每篇英语选文后面都附有'题解与注释'，辑成厚厚一册，大32开精装本，共1200多页。由于是名家主编，名家选名篇，名家讲名篇，此书于1983年9月出版后，立即成为全国高校英语系师生的必备书，到20世纪末，即1999年5月已8次重印，迄今仍是我馆的常销书。"①

20世纪80年代初王佐良先生还编选了《美国短篇小说选》，先由中国青年出版社于1980年6月出版了中译本上下册，印数达20万册；②后商务印书馆于1982年又出版了与其配套的英文原文中文注释本（王佐良、刘承沛编选）（图5右）。③该书共收美国短篇小说31篇，皆以美国为背景，即使写美国人在国外，也有助于加深读者对美国现实的了解。所选篇目古今都有，而以今为主。作家

---

① 徐式谷：《迎接120周年馆庆时怀念作译者》，http://www.cp.com.cn/content/2016/05-16/1559176202.html

② 王佐良编选：《美国短篇小说选》，北京：中国青年出版社，1980年。

③ 王佐良、刘承沛编选：《美国短篇小说选》（英文版），北京：商务印书馆，1982年。

图 5 《英国文学名篇选注》(1983)[左]《美国短篇小说选》(英文版)(1982)[右]

包括欧文、霍桑、爱伦·坡、马克·吐温以至海明威、辛格、福克纳等31位名家,各种主要流派都略备一格。而每篇本身则或是内容有较大意义,或是艺术上有特点,若干篇目则是两者并具。篇目大致按作品内容所涉及的时代排列。每篇皆加详注并附前言及作者简介,供读者参考。

《美国短篇小说选》的中、英两个版本选篇完全相同,英文本的注释者有些就是同一作品的中译者本人,有些则因故而不同,注释工作改由他人(多为年轻学者)代劳。这样实际上扩大了参与编、译这些美国文学作品的学者团队。当时先母徐序也翻译注释了其中黑人作家兰斯顿·休士(Langston Hughes, 1902—1967)的小说《教授》。父亲作为主编不仅筹划组织了整个项目,还在每篇小说前精心撰写了画龙点睛式的书评,加上由母亲为英文版各篇编写的"作者简介"。这样尽心打造出来的一套高水准的文选尽可能地贴近广大读者,使人学有所依,开卷有益。文学评论家曾镇南先生曾谈到他开始学习写文艺评论时,从王佐良先生的文章,特别是《美国短篇小说选》中为作品所写的短评得到的启发引领。他认为:"王先生的文字,平易近人而自有清新深邃之处,单纯疏朗而又不失厚重绵密之致,这也是难能可贵的。"①

"编者序"实际上是一篇对所选美国短篇小说的概括评述,并由此升发出对

---

① 曾镇南:《下笔情深不自持——读〈照澜集〉兼忆王佐良先生给我的启示》,载《曾镇南文学论集》,石家庄:花山文艺出版社,2001年,第318—325页。

美国文学发展的总体看法。正如王佐良先生最后总结所言：

> 当然，这三十一篇小说不可能表达美国的全部现实，但是在它们各自所表达的小范围内——一个侧面，一个小问题——它们却都有不同程度的深刻，越是作家的思想认识透彻、艺术手段高超就越深刻。这就是为什么要深入了解一个民族，不能只注意他们那些五光十色的报纸、杂志、广播、电视，而必须还要读他们的文学作品；正是在文学作品里，可以寻到比表面现象要深刻的多的东西：这个民族的真正的思想、感情，甚至灵魂。
>
> 美国短篇小说的将来如何？我们读完了这三十一篇小说，把书掩上之后，不免会有这样的问题。显然，会出现各式各样的新风格、新流派、"新浪潮"的变化，但是也许有两样东西是不变的：一是美国文学对于美国现实的注视、发掘、剖析、批判，以至抗议，这个强大的传统会继续下去；二是美国文学至今不衰的活力，会使美国短篇小说依然生气勃勃。无论在主题的选择和发掘上，或者在技巧的发扬和实验上，美国短篇小说作家会继续作出他们的努力和贡献。美国短篇小说的将来是美国人民的将来的一部分，而美国人民是大有希望的。①

三、合作商务，共铸精品（二）——《英国散文的流变》和《英国文学史》

在 90 年代初，王佐良先生又继续与商务出版社合作，奉献了两部重要的英国文学研究专著：《英国散文的流变》②和《英国文学史》③（图 6）。

---

① 王佐良：《美国短篇小说选·编者序》，载《美国短篇小说选》（英文版），北京：商务印书馆，1982 年，第 4 页。
② 王佐良：《英国散文的流变》，北京：商务印书馆，1994 年（初版）；2011 年（珍藏版）。
③ 王佐良：《英国文学史》，北京：商务印书馆，1996 年；2017 年（再版精装本）。

 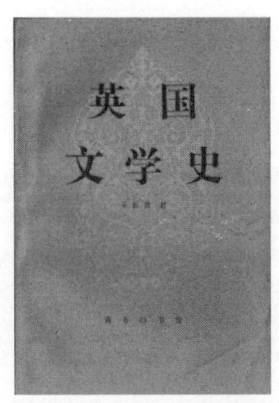

图 6 《英国散文的流变》(1994)[左]、《英国文学史》(1996)[右]

王佐良先生不仅是学者，还是诗人，他提出的"以诗译诗"的翻译观尤为人们所称道。在此之前，他已发表了一系列译著，特别是关于英国诗歌的，如《苏格兰诗选》①《英国诗选》②《英诗的境界》③《英国浪漫主义诗歌史》④和《英国诗史》⑤等。(图 7)他不仅对英诗情有独钟，而且对英国散文也挚爱有加。因此有机会在商务出版《英国散文的流变》，他非常高兴。据该书的责任编辑徐式谷先生在《一次成功的组稿》一文中回忆，父亲曾在一次学术聚会上表示："……现在大家研究英国文学，重点都放在英诗和长篇小说上，很少看到有人谈及英国散文。我倒是想写一点有关英国散文方面的东西……"徐先生就赶紧和他联系商定，由商务印书馆出版。他说，出书后"王先生还专门打电话给我，对书的封面设计和版式都表示十分满意，那时，我馆是新闻出版署直属单位，每隔两年署里都要对直属社的出版物评一次奖，在某一年的评奖中，王佐良先生这本填补了英国文学研究领域空白的《英国散文的流变》获得了'编辑奖'，那张奖状我至今还保存在手边"⑥。

---

① 王佐良译：《苏格兰诗选》，长沙：湖南人民出版社，1986 年。
② 王佐良译：《英国诗选》，上海：上海译文出版社，1988 年。
③ 王佐良：《英诗的境界》，北京：三联书店出版社，1991 年。
④ 王佐良：《英国浪漫主义诗歌史》，北京：人民文学出版社，1991 年。
⑤ 王佐良：《英国诗史》，南京：译林出版社，1993 年；2008 第二版。
⑥ 徐式谷：《迎接 120 周年馆庆时怀念作译者》。

《流变》一书涵盖的是所有不属于韵文的广义的散文,从文艺复兴时期莫尔的史书到20世纪下半叶的口述历史。《流变》精选的各时期的作品反映了当时社会的变迁,文明的演进,和随着时代发展而不断变化的艺术形式和风格。《流变》写法是以散文笔法论述散文。王佐良先生将英国散文史上的诸般问题在这里娓娓道来,语气平易安详。《流变》历数重要散文名篇选段的思想特点和风格文采,加上中英文对照的优美名篇选段,意味盎然,令人赏心悦目,深受启迪。自1994年这部力作出版以来,受到读者和学术界的欢迎和盛赞。因此,2011年商务印书馆又出版了"珍藏本"(遗憾的是有一字误订,希望将来有机会订正)。①

英国文学史是王佐良先生倾注毕生心力教学和研究的学科。尽管一生历经风雨坎坷,又长期担负许多行政职务和参加许多社会活动,父亲一直孜孜不倦地博览群书,钻研学术,成果丰沛。这部《英国文学史》可以说是他晚年学识文采的又一结晶。令人欣慰的是这部著作已经收入2016年出版的《王佐良全集》第一卷中,② 2017年商务印书馆再版了精装本(图7)。

要为传统深厚、历代名家辈出、名作浩繁、思潮纷涌的英国文学写好一部通史,没有过人的研究实力和广博学识是很难想象的。王佐良先生勤奋的学术生

图7 《英国散文的流变》(2011)[左]《英国文学史》(2017)[右]

---

① 即《谈读书》(*Of Studies*)中译文将两处"傅彩"均误订为"博识"(第29页)。详见后页引文注。

② 王佐良:《王佐良全集》(12卷本),北京:外语教学与研究出版社,2016年。

涯和多方面的研究成果为创作一部具有中国特色的高水准的英国文学史做了充分坚实的学术准备。改革开放以后,他先出版了《英国文学论文集》,①其后笔耕不辍,又发表了大量文章和20多部专著、译作及文选等。除了前述英国诗歌以外,还在英语文体学、比较文学、翻译理论和"莎学"研究等领域出版了多部专著,展现了弘博精深的学术造诣(图8)。这样到后来他和周珏良先生主持编写国家社会科学重点项目五卷本《英国文学史》时,自然是成竹在胸,水到渠成了。

五卷本分别为《英国中古时期文学史》(李赋宁、何其莘主编)、《英国文艺复兴时期文学史》(王佐良、何其莘主编)、《英国十八世纪文学史》(刘意青主编)、《英国十九世纪文学史》(钱青主编)、《英国二十世纪文学史》(王佐良、周珏良主编)。② 全书合编为通史,分卷又是断代史。该项目从1984年启动,直到2006年完成,历时22年,共有33位专家学者参与了编写工作,共同打造了这部规模宏大、资料丰富、论述精深、代表最高学术水准的有中国特色的英国文学史。其划时代的开创意义和对跨世纪的外国文学研究、比较文学等学科发展的重要影响自不待言,需要在研究中进一步深入总结和继承。③

图8　1991年王佐良先生伏案笔耕。一共有二十多部著作在清华大学中楼家中写成

---

① 王佐良:《英国文学论文集》,北京:外国文学出版社,1980年。
② 王佐良、周珏良主编:《英国二十世纪文学史》(五卷本),北京:外语教学与研究出版社,1994—2006年。
③ 对这一时期的英国文学史研究概况,可参见一些书评和综述,如龚翰雄:《20世纪西方文学研究》,福州:福建人民出版社,2005年,第441—457页;何辉斌、蔡海燕:《王佐良的外国文学研究》,载《20世纪外国文学研究史论》,杭州:浙江大学出版社,2014年,第368—382页等。

王佐良先生不仅作为主编统揽五卷本《英国文学史》的全局,还对方法论等纲领性问题进行了深入思考和多方面的论述,为文学史写作提供了总的指导思想。他提出中国特色的西方文学史著作应当具有"叙述性""阐释性""全局观""历史唯物主义观点"和"文学性"等特点,并一一加以论述。①他把理念方法付诸实践,先后合著了《英国文学史》中的《英国二十世纪文学史》(五卷本之五)②和《英国文艺复兴时期文学史》(五卷本之二)③两卷,均深受赞誉。前者于1995年荣获"全国高等学校出版社第二届优秀学术专著奖特等奖";后者于1998年荣获"第十一届中国图书奖",1999年获"国家社会科学基金项目优秀成果奖"。但由于种种客观原因,五卷本直到2006年才全部出齐。这次笔者在北京参观商务印书馆办的涵芬楼书店时,正巧见到刚发行的2017年精装本《英国文学史》,感到非常惊喜。

商务印书馆出版的单卷本《英国文学史》由王佐良个人独著,其基本思路是与五卷本一致的,可以说是他在那段时间一系列研究成果的浓缩本。在序言中他提出文学史写作的纲领性方法:

> 没有纲则文学史不过是若干作家论的串联,有了纲才足以言史。经过一个时期的摸索,我感到比较切实可行的办法是以几个主要文学品种(诗歌、戏剧、小说、散文等)的演化为经,以大的文学潮流(文艺复兴、浪漫主义、现代主义等)为纬,重要作家则用"特写镜头"突出出来,这样文学本身的发展可以说得比较具体,也有大的线索可循。同时,又要把文学同整个文化(社会、政治、经济等)的变化联系起来谈,避免把文学孤独起来,成为幽室之兰。④

在这样的纲的统领之下,作者把从古代到20世纪英国文学做了一个总体

---

① 参见王佐良:《英国浪漫主义诗歌史·序》,载《英国浪漫主义诗歌史》,北京:人民文学出版社,1991年,第2—6页。
② 王佐良、周珏良:《英国二十世纪文学史》,北京:外语教学与研究出版社,1994年。
③ 王佐良、何其莘:《英国文艺复兴时期文学史》,北京:外语教学与研究出版社,1996年。
④ 王佐良:《英国文学史·序》,北京:商务印书馆,1996年,第1页。

的疏理(图 9)。有评论指出,《英国文学史》这部全景式展示英国文学发展历程的力作,“以清新活泼的文字、生动形象的叙述,展开一个接一个的高潮,发挥富有创见的评论”。尤其是,“对于我国广大读者来说,《英国文学史》之格外令人感到亲切,还在于其中贯彻始终的‘中国视角’”。①王佐良先生说:“一种民族文

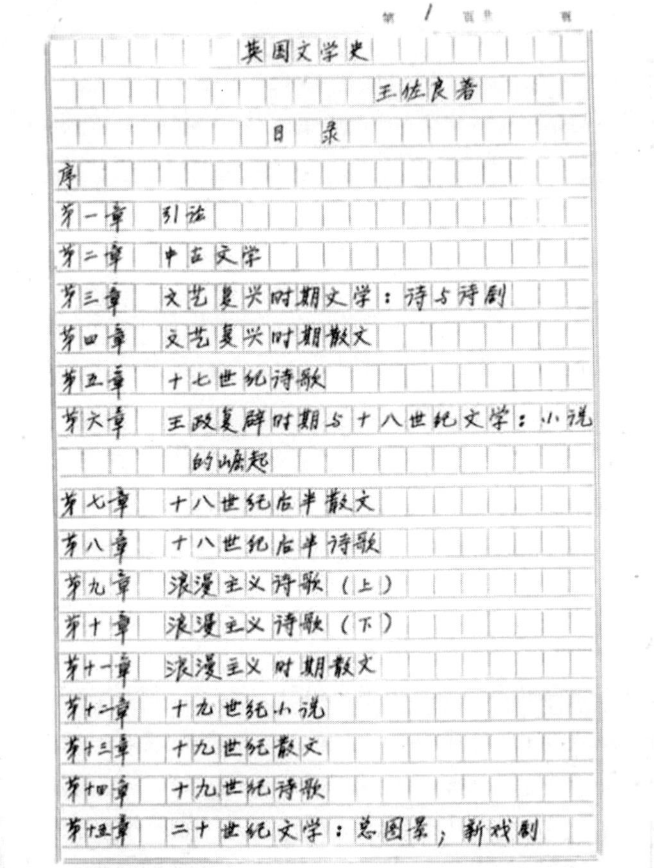

第 1 页

英国文学史

王佐良著

目　录

序
第一章　引论
第二章　中古文学
第三章　文艺复兴时期文学：诗与诗剧
第四章　文艺复兴时期散文
第五章　十七世纪诗歌
第六章　王政复辟时期与十八世纪文学：小说的崛起
第七章　十八世纪后半散文
第八章　十八世纪后半诗歌
第九章　浪漫主义诗歌（上）
第十章　浪漫主义诗歌（下）
第十一章　浪漫主义时期散文
第十二章　十九世纪小说
第十三章　十九世纪散文
第十四章　十九世纪诗歌
第十五章　二十世纪文学：总图景；新戏剧

（电开21）20×20＝400

图 9　《英国文学史》目录手稿(徐序誊写)

① 潘绍中:《立意新颖、富于启迪的力作——读王佐良著〈英国文学史〉》,《外语教学与研究》,1997 年第 4 期,第 71 页。

学固然需要钻进去研究,但有时也需要从外边,从远处有一种全面观——这样一来,人们不仅可以纵观它的整个轮廓,而且还会看清其高峰之所在,以及这些高峰与别的民族文学的高峰之间的距离和关系。"①全书结尾一章"英国文学与世界文学",把英国文学放在整个世界文学的背景中加以考察,从而使这部力作有了广阔的视野和历史的高度。其高瞻远瞩的见解正是以全局观和比较文学方法来更全面理解英国文学的发展及其特点与品质。作者最后总结说:

> 英国文学,带着它的优点和缺点,它的光荣感和忧患感,它现在的成就和困惑,它对将来的希望,正在进入本世纪的最后10年,已经听得见21世纪的召唤了。②

总的来说,单卷本《英国文学史》不仅极好地体现了上述方法论的五点原则,而且写作上更有其鲜明的风格特色,特别是作者强调谈文学要有文学性,写文学史要有可读性,要有文采,并列举古今中外优秀文学史论为例,如意大利文艺理论家德·桑克蒂斯③的《意大利文学史》,就是"既有卓见,又有文采"。他尤其提出对文采的看法:"真正的文采不是舞文弄墨,而是文字后面有新鲜的见解和丰富的想象力,放出的实是思想的光彩。为了写好文学史,应该提倡一种清新、朴素,闪耀着才智,但又能透彻地说清事情和辩明道理的文字。"④实际上他自己一贯身体力行,笔下的众多文字都是这种既有新颖卓见,又有文采神韵的精粹。钱钟书先生曾这样称赞父亲的作品,特别是对英国文学史研究的精进和成果:

> 时时于刊物上得读大作,学识文采,美具难并,赏叹无已。承惠近著,

---

① 王佐良:《英国文学史》,北京:商务印书馆,1996年,第698页。
② 王佐良:《英国文学史》,北京:商务印书馆,1996年,第698页。
③ 弗朗西斯科·德·桑克蒂斯(Francesco De Sanctis,1817—1883),意大利文学批评家、理论家,著有《十九世纪意大利文学史》(*La litteratura italiana nel secolo XIX*)等。
④ 王佐良:《英国浪漫主义诗歌史·序》,载《英国浪漫主义诗歌史》,北京:人民文学出版社,1991年,第6页。

急读序言,尝鼎一脔,已知力矫时流文学史为"闷欲死"之习,上追 De Sanctis 遗规。即此一端,足破天荒。①

这里需要补充的是,单卷本《英国文学史》的缘起也和先父为国家重点出版项目 1982 年版《中国大百科全书·外国文学卷》撰写"英国文学"概况这一重要条目密切相关的。②《中国大百科全书》后于 2009 年又出了全部按汉语拼音排序的新版。③对照两个版本,可知"英国文学"条目在 1982 年版约 14000 字,文末有作者署名及参考书目;而 2009 年版篇幅缩减为约 11000 字,无(编)作者署名(只在全书末卷附录里列出所有作者的长名单)。从该条目内容上看,后者基本上沿用了 1982 年版的结构、形式和语言,只是文字篇幅有所缩编,而在最后部分加了两段关于反映"后殖民时代"新特点的叙述。1982 年的条目以《英国文学概略》为题收入《王佐良文集》。1981 年夏天当时父亲冒着酷暑用了约一个月时间在其他工作中抽空完成全篇。在这期间除了"英国文学"这个重点条目之外,他还撰写了"爱尔兰文学"这一较大条目以及"培根""韦伯斯特""蒲柏""彭斯""拜伦""科贝特"和"麦克迪尔米德"等其他 7 个中、小条目。他精心撰写的这些大百科条目为新时期外国文学的学科建设做出了又一开创性的贡献。写完"英国文学"作者感到很高兴,"因为有了一个概略,以后扩充即成简明的英国文学史"。在这个他又称之为"英国文学小史"的基础上,十余年后单卷本《英国文学史》终于付梓了。作为第一部由中国学者用中文撰写的比较完备的英国文学通史,该书为书写中国特色的外国文学史提供了又一范例。

四、《英语世界》,人文精神——中外文学"论契合"思想与实践

改革开放中兴起的学习外语的热潮带来了雨后春笋般的出版物,其中有一

---

① 钱钟书致王佐良的信,1992 年 2 月 26 日。
② 《中国大百科全书·外国文学卷》,北京:中国大百科全书出版社,1982 年,第一版;第 1210—1217 页。
③ 《中国大百科全书·外国文学卷》,北京:中国大百科全书出版社,2009 年,第二版,第 26 卷,第 592—596 页。

个学习阅读刊物格外引人瞩目,这就是商务印书馆于1981年创办的《英语世界》(图10)。秉承"文拓视野、译悦心灵"的办刊宗旨,该刊面向大学师生及其他英语爱好者,系中国第一家英汉对照的英语学习杂志。《英语世界》向以内容新颖、形式活泼而著称,如首期的栏目包括:识途篇、时事、文苑、名著故事梗概、人物、翻译探索、汉英佳译、政论、科技、教学研究、西方侧影、杂辑等,后又与时俱进地不断调整以适应新的语境和需求。所选文章英语纯正,译文规范,经典而不失趣味性,时尚而不落俗套,在介绍并借鉴西方文明的同时,对中国文化予以深切的关照。每期还选登一些新颖的、耐人寻味的艺术插图。因此,创刊以来一直受到广大读者的喜爱和推崇。尽管时代发展带来出版物形式和内容的很大变化,《英语世界》一直保持其最重要的特色,符合不同水平的读者的兴趣和品味。

《英语世界》的成功是与其强大的编委阵容分不开的,堪称"名家办刊"的范例。王佐良先生作为顾问编委之一,在其中发挥了重要的咨询指导作用。《英语世界》主编陈羽纶先生曾回忆,"我于1981年开始创办《英语世界》时,首先考虑的是要有一个高层次的、强大的编委会""而王公理所当然是我首先考虑到的权威学者。经我面请后,他立即慨然应允,令人铭感""每次编委会聚会,王公皆

图10 《英语世界》创刊号

慨然亲临""还作了精彩的发言,具有指导意义"。①从父亲的历次题词就能看出他对这个刊物的期望和关爱之情。在纪念《英语世界》创刊四周年时王佐良题词:"《英语世界》具有知识性和可读性,且英汉对照,特色突出,受到老、中、青读者的欢迎。相信这一长处,将能继续很好地保持与发扬,而题材则当更求现代化。"②在纪念创刊五周年时他用英文写了一整页的贺词,指出:"*The World of English* has turned out to be the most readable magazine of its kind in China. Its success has been phenomenal."(《英语世界》已成为同类刊物中最有可读性的一种。它的成功是惊人的。)③在纪念创刊十周年时他的英文贺词是:

So far so good. For the future, may I suggest two things — more readable articles about the people and mores in different countries and a bit more space to the arts? Perhaps we could also do with a correspondence column, with all letters in English and limited to 150 words, including some short, sharp ones to the Editor? (现在看来一切都好。为将来我想建议两件事:登更多的关于不同国家人民和习俗的有可读性的文章;留更多一点空间给艺术作品。也许还可以设通讯栏目,全部用英文,不超过150字,包括一些短小犀利的致编辑的信。)④(图11左)

在《英语世界》创刊号上,王佐良教授在"识途篇"栏目发表了关于英语学习中如何提高阅读能力的文章《谈读书》(图11右),最后小结道:

---

① 陈羽纶:《琐忆王佐良教授》,载《王佐良先生纪念文集》,北京:外语教学与研究出版社,2001年,第55页。
② 《英语世界》,1986年第2期,第4页。
③ 《英语世界》,1986年第6期,第4—5页。
④ 《英语世界》,1991年第1期,第9页。

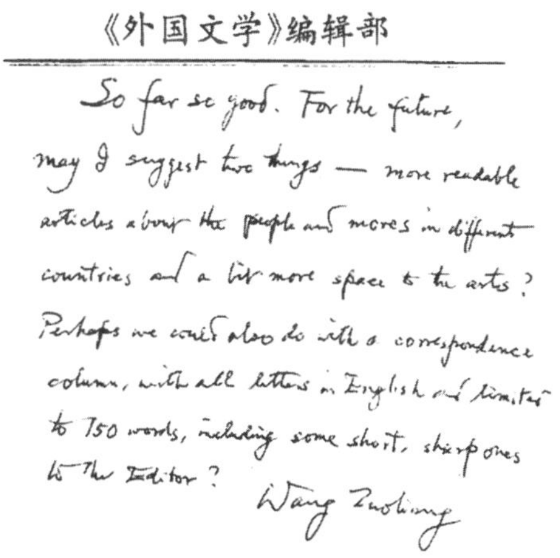

图 11　王佐良为创刊十周年题词,《英语世界》1991 年第 1 期[左]、王佐良《谈读书》第 1 页[右]

也许有一点值得多说几句,那就是阅读的好处。只要方法对头,即注意扩大阅读面,既要快读抓内容,又要停下来思考其要旨,我们会发现在提高阅读力的过程里,我们不仅吸收了知识,而且获得一种辨别能力,从而知道什么是好书,什么样的语言是好语言。有些好书使我们更加关心人类的成就和命运,有些好作品使我们的感情更深挚或更纯净。阅读是一种文化活动,阅读力的提高最终意味着一个人的文化修养的全面提高。①

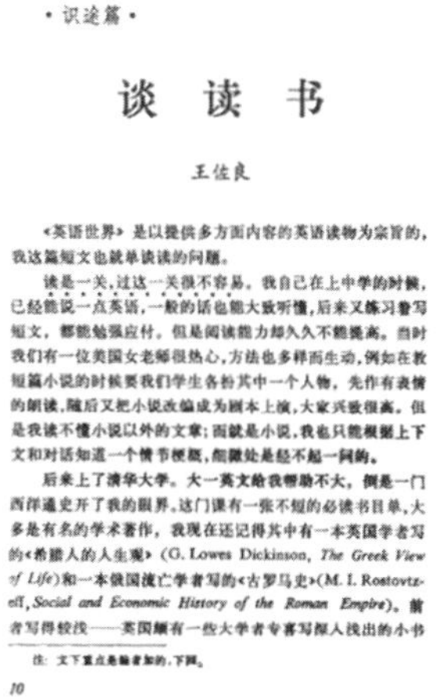

看到《谈读书》,不由得使人想起父亲所译的英国17世纪哲学家培根的脍炙人口的随笔《谈读书》(Of Studies)中的精彩文字:

读书足以怡情,足以傅彩,足以长才。其怡情也,最见于独处幽居之时;其傅彩也,最见于高谈阔论之中;其长才也,最见于处世判事之际。……读史使人明智,读诗使人灵秀,数学使人周密,科学使人深刻,伦理学

---

① 王佐良:《谈读书》,《英语世界》,1981 年第 1 期,第 12 页。注:该文似未收入《王佐良全集》。

使人庄重,逻辑修辞之学使人善辩;凡有所学,皆成性格。^①

这两段风格迥然不同,然而都体现了王佐良先生对读书求知的真诚心态和体悟。他当时担任中国英语教学研究会会长,在繁忙的本校教学科研和行政工作之余,不遗余力地参与英语教育的社会普及工作。除了前述的 60 年代主编《英美文学活叶文选》等阅读材料外,他一直对《英语学习》《中小学外语教学》等普及性阅读学习刊物热心指导。改革开放以后,他受聘于多所高校和研究机构,担任兼职教授,还不辞辛苦应邀到几十所大专院校讲学,足迹遍布大半个中国。他曾应邀到中央电视台、北京电视台等媒体做指导英语学习的讲座和介绍英国文学的节目,还在国际广播电台(Radio Peking)专家访谈中讲述中国文化等。1983 年 8 月他应北京作家协会之邀在长安大戏院举办了一场别开生面的"英国诗歌艺术"讲座,介绍了十几首各种类型的英语名诗,受到观众热烈欢迎。他还热心参加社会活动,同广大读者互动交流(图 12)。对于《英语世界》这个新生的优秀人文园地,王佐良先生更是辛勤耕耘,珍爱有加,给予多方面支持和帮助。他曾为刊物撰写了不少文章、译作,多为英文写的,加上中译文。笔者所见的有由母亲徐序译注的《论摩尔·弗兰德斯》(*On Moll Flanders*)^②和《文学史在古中国的先驱》(*Literary History:Chinese Beginnings*)^③,以及散文《初访都柏林的印象》(*First Impression of Dublin*)等。^④还有一篇是 1985 年 9 月在

---

① [英]培根:《谈读书》(*Of Studies*),王佐良译,载王佐良:《英国散文的流变》,1994 年版,第 30 页。需注意 2011 年珍藏版将两处"傅彩"均误订为"博识"(第 29 页);另见《王佐良全集》第 4 卷第 38 页也同样有误。经查作者其他著作中的这段译文,包括商务 1996 和 2017 年版《英国文学史》,该处均为"傅彩",故各本出现的错误均应改正。

② 王佐良著:*On Moll Flanders*(《论摩尔·弗兰德斯》),徐序译注,《英语世界》,1991 年第 1 期,第 10—18 页。

③ 王佐良著:*Literary History:Chinese Beginnings*(《文学史在古中国的先驱》),徐序译注《英语世界》,1990 年第 6 期;1991 年第 1 期,第 10—18 页。

④ 王佐良著:*First Impression of Dublin*(《初访都柏林的印象》),徐海昕译注,《英语世界》,1984 年第 5 期,第 9—11 页。注:该文似也未收入《全集》,待查补。

图 12　在北京全国报刊展上为《英语世界》杂志的读者签名留念——
左起陈羽纶、王佐良、李赋宁(1980 年代初)

广州举行的英语教学国际会议上致的英文开幕词。①

作为了解外部世界的一个窗口,《英语世界》还是中外文化交流的园地,其中包括对当时在中国大陆刚刚兴起的比较文学的关注。在 80 年代中期,它特别连载了王佐良比较文学研究的最新成果《论契合》的中英对照选段。②(图 13、14)在这期间父亲活跃在比较文学领域,做了许多开创性的工作。1983 年 8 月 29 日至 31 日他作为中方代表团团长,主持了在北京万寿路宾馆举行的第一届中美学者比较文学讨论会。中美双方各出十名正式代表,中方有王佐良(团长)、杨宪益、杨周翰、许国璋、周珏良、袁可嘉、钱中文、周发祥、张隆溪、赵毅衡。美方代表团团长麦尔康(Earl Minor,普林斯顿),成员包括刘若愚(James J.Y. Liu,斯坦福)、欧阳祯(Eugene Ouyang,印地安纳)、唐纳德·范杰(Donald Fanger,哈佛)、芭芭拉·莱沃斯基(Barbara Lewalski,哈佛)、芭芭拉·史密斯(Barbara H. Smith,宾夕法尼亚)、余宝琳(Pauline Yu,明尼苏达)、保罗·富塞尔(Paul Fussell,宾夕法尼亚)、林顺夫(Lin Shun-fu,密歇根)、白之(Cyril

---

① Wang Zuoliang(王佐良), "Opening Speech at the Guangzhou International Symposium on 'Teaching English in the Chinese Context'",《英语世界》1985 年第 6 期,第 4—7 页。注:该文似也未收入《全集》,待查补。

② 王佐良著:《论契合》选段[一]、[二]、[三],朱次榴译注,《英语世界》,1986 年第 3 期;1986 第 4 期,第 4—7 页;1986 第 5 期,第 12—17 页。

Birch,伯克利)。中方还有李赋宁、杨业治、叶水夫、朱虹、董衡巽等 20 多位列席代表。

会前中国社科院副院长钱钟书先生宴请了双方代表团。并在开幕式上致辞说:"我们在创造历史,这不意味着交流的结束,而是刚刚开始。"美方代表团团长、普林斯顿大学比较文学系主任麦尔康教授说:"比较文学可以促进和平。"父亲不仅主持了整个会议,还提交论文并做了多次精彩发言,反响都很好。代表们讨论热烈,交流真诚。结束时双方学者都认为研讨会非常成功,收获丰硕,且有相见恨晚之感。这次会议打开了中美比较文学领域学术交流的大门,其后又于 1987 年底在美国举行了第二届比较文学中美双边讨论会,仍由王佐良教授作为中方代表团团长带队前往。

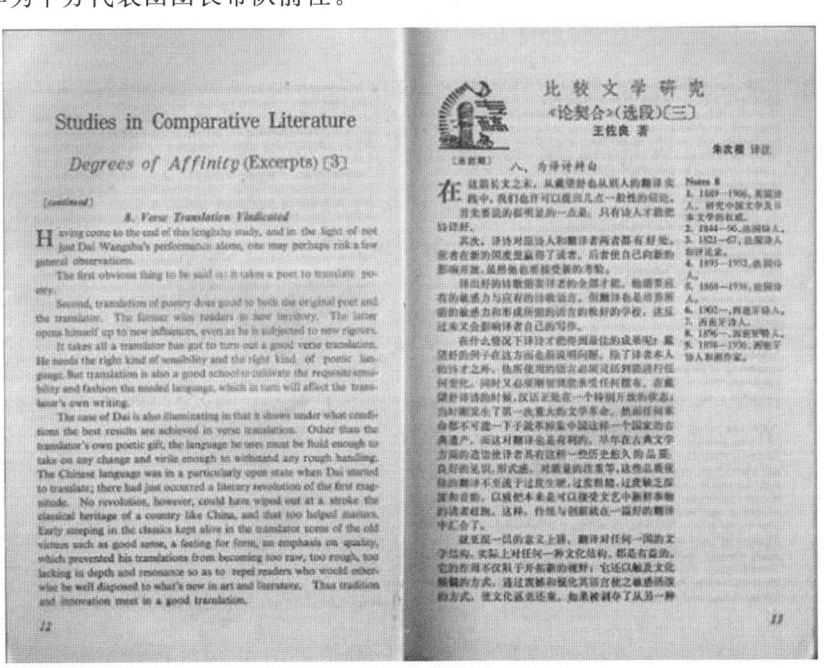

图 13 《论契合》(选段)[三],《英语世界》1986 年第 5 期

图 14 《论契合》(1985)

　　这也是王佐良先生第四次访美了。第一次是在 1980 年春他作为客座教授赴美国明尼苏达大学授课讲学,是中美建交后最早进行学术交流的中国著名学者之一。其后于 1985 年春他作为美中学术交流委员会邀请的杰出学者,赴美在普林斯顿、哈佛、加州伯克利、斯坦福、加州理工等多所著名学府及研究机构进行研究和讲学,其间共发表了 9 次学术演讲,主题包括"文学史的方法论""莎士比亚在中国""中国新诗中的现代主义""英美文学在中国""文学教学问题研究"等,都与比较文学研究相关,深受欢迎。1986 年 3 月他又率中方教委代表团赴美首次参加国际英语教师协会(TESOL,Teachers of English to Speakers of Other Languages)的年会,介绍中国近年来在英语教学方面的重要成就。次年他率团参加中美比较文学双边讨论会及工作坊,访问了普林斯顿、印地安纳、加州洛杉矶等几所大学,随后应邀到加拿大维多利亚大学访问讲演。此外,父亲还曾以中国作家、特邀学者和国际评委的身份出访英国、法国、爱尔兰、苏联、澳大利亚、阿尔及利亚、中国香港等国家和地区进行文化教育交流活动,足迹遍布五大洲。无论到了哪里,他都用传神精彩的笔调和清新独特的见解,记述当地的风土人情、学术文化以及人民之间友好往来的情谊。这些演讲和访学的成果成为《论契合》的主体或收入其他文集。

　　王佐良先生当时在国内和出访的学术演讲大都是和比较文学研究有关的,

同时期他发表了用英文撰写的比较文学的力作《论契合》,首次提出了比较文学研究中"契合"这一概念,这是对该研究领域的重要贡献。① 全书通过对现代中国文学一些典型作品和翻译的深入分析和阐述,揭示了近一个世纪中西方文学之间的相互渗透和影响等重要课题。该书出版以后,备受多方好评。明尼苏达大学英语系主任 J. 劳伦斯·米切尔(J. Lawrence Mitchell)教授称赞《论契合》是一部"出色的文集,资料丰富,启迪人心","仅从这些顺便提到的作家当中,也能窥见作者兴趣与学识的广博"。② 该著作从 1987 至 1992 年先后荣获北京市首届"哲学社会学和政策研究优秀成果荣誉奖"、全国首届"比较文学图书荣誉奖"和"教委高校出版社优秀学术专著奖"。2015 年由施普林格和外研社又分别出了新版及英汉对照本(图 15)。③

其实,王佐良先生不仅是研究和传播外国文学的专家,还作为一位跨语言、跨文化交流的使者,一生致力于促进中外文学间的互动和各国人民之间的理

图 15　《论契合》(施普林格版 2015)[左] 外研社英汉对照本(2015)[右]

---

①　王佐良:《论契合——比较文学研究集》(Degrees of Affinity: Studies in Comparative Literature),北京:外语教学与研究出版社,1985 年。

②　[美]J. 劳伦斯·米切尔:《评〈论契合〉》,王军译,《外国文学》(1987 年第 7 期),第 87—90 页。

③　Wang Zuoliang (王佐良), Degree of Affinity: Studies in Comparative Literature and Translation (《论契合——比较文学与翻译研究集》), Heidelberg; New York: Springer, 2015; 王佐良:《论契合——比较文学研究集》,梁颖译,北京:外语教学与研究出版社,2015 年(英汉双语版)。

解。早在清华和西南联大求学期间,他就开始注意辨析不同文化的细微差异,并指出翻译的复杂性和重要性,对人类跨文化交流理解的可能性进行探索。他的大量中英翻译实践和对翻译理论的研究著作一直是近年来学术界探讨的热点话题之一。①笔者近年来在抗战文献研究中发现的他撰写的 *Trends in Chinese Literature Today*(《今日中国文学之趋向》)的抗战英文宣传册和其他早期作品为这方面的贡献又添了实例(图 16)。②《趋向》以精辟的见解,生动的笔触,概述了从"五四"新文化运动开始的约 25 年里中国新文学的全景式发展历程、时代特征和历史意义。③全篇分为四部分。首先用精炼的语言概括了中国新文学的起因、社会背景和时代特征,激发读者的兴趣。然后是全文的主体,简要叙述了从新文学的发端到抗战全面爆发前的各文学流派的发展演变、代表人物及其作品。文中评介了鲁迅、胡适、郭沫若、闻一多、徐志摩、丁玲、冰心、茅盾、沈从文、巴金、曹禺等一大批当时最活跃于文坛的作家,并时时分析他们受到的外国文学的影响和创新之处。接着概述了抗战时期的文学创作的内容、特点和风格。最后概括了中国新文学的两大特征和重要意义,并对未来的发展作出了前瞻性的思考。

---

① 王佐良关于翻译理论的研究论述,除了散见于各书刊中,主要集中在《翻译:思考与试笔》(*Translation: Experiments and Reflections*)(北京:外语教学与研究出版社,1990 年)、《论新开端:文学与翻译研究集》(*A Sense of Beginning: Studies in Literature and Translation*)(北京:外语教学与研究出版社,1991 年)和《论诗的翻译》(南昌:江西教育出版社,1992 年)等。对这一课题至今最系统全面的研究成果之一是黎昌抱著《王佐良翻译风格研究》(北京:光明日报出版社,2009 年)。

② 王佐良(Wang Tso-Liang):《今日中国文学之趋向》(*Trends in Chinese Literature Today*),北平:军委会战地服务团(Peiping: War Area Service Corps, National Military Council),1946 年;中译全文(王立译,杨国斌校)载《国际汉学》2016 年第 3 期,第 38—48 页。

③ 参见王立:《文献钩沉——王佐良〈今日中国文学之趋向〉与抗战英文宣传册》,第 17—36 页。

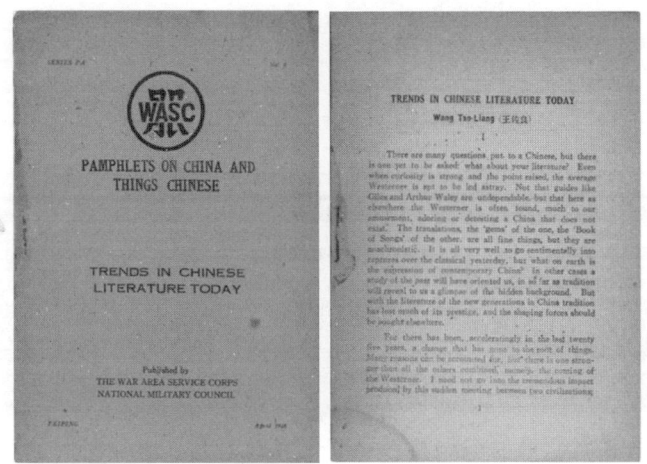

图 16 《今日中国文学之趋向》(*Trends in Chinese Literature Today*)
封面[左]和第 1 页[右]

  《趋向》以洞察的眼光，独到的见解，精辟的论证，速写了这一时期的中国文学史，这种写作方法本身其实就是一种比较文学的方法，是从中国文学接受外国文学流派的契合和影响的视角进行创作的。最后的落脚点还是中国新文学本身，并由此而总结出中国文学的两大突出的优点：严肃和纯洁。因此，它无疑是一部具有很高学术价值的著作，尽显比较文学高屋建瓴的世界性意义。《趋向》语言风格也丰富多彩，呈现出一种独特的诗人的灵秀和智者的哲思。全篇不仅勾勒出中国新文学简史，而且呈献给读者一篇诗化散文，阅后给人以文采的滋润，思想的启迪和美感的享受。正如美国汉学家韦闻笛（Wendi Adamek）教授所评论的：

  这是给人以如此深刻印象的作品，多么引人入胜的写作风格！这篇文章把 20 世纪早期的中国文学放在政治和审美的视角下来考察，确实可以概括出这个复杂的文学领域的努力的成果。真是太令人陶醉了……①

---

① 译自给笔者的电子邮件，2015 年 3 月 16 日。

的确,虽然《趋向》是叙述中国新文学史的,但我们从《英国散文的流变》和《英国文学史》中也能看到似曾相识的文风和思路:既有卓见,又有文采,竟是一脉相承,不断演绎成熟,而又交相辉映的。

五、结语:身体力行,世纪愿景——跨文化交流与理解的典范

通过以上的简要回顾我们可以看出,从20世纪五六十年代直到九十年代,王佐良先生一直同商务印书馆的学术出版人和资深编辑们密切合作,携手打造了多部关于英美文学研究、英语教育和比较文学等方面的学术精品。他一生勤奋、睿智、卓越、奉献,是老一辈中国知识分子中的一位杰出代表。南京大学原副校长、著名教育家、英国文学研究专家、学术界前辈范存忠教授曾这样称赞说:"佐良先生中英文造诣都很深,又非常谦虚热情。近几年来,他的成果很多,我看他将成为我国最优秀的学者。"①的确,父亲数十年如一日地深思精进,忘我著述,而且一贯独立思考,从不人云亦云,富于探索和创新精神,在许多领域都卓有建树,为我们留下了一批宝贵的精神财富(图17)。

图 17 《王佐良全集》(2016)

---

① 杨仁敬:《文采风流今尚存》,载《王佐良先生纪念文集》,北京:外语教学与研究出版社,2001年,第85页。

特别是王佐良先生关于中外文学、比较文学等领域的研究成果，为学术研究和英语教学等领域做出了杰出贡献。他身体力行地探寻中外文学"契合"的精神，在倡导跨文化交流与理解方面树立了卓越的典范。这和商务印书馆促进中西文化交流、推动近现代学术进步的宗旨是息息相通、不谋而合的。从创意新锐的《今日中国文学之趋向》，到见解独特的《论契合》，再到鸿篇巨制的《英国散文的流变》和《英国文学史》，王佐良先生娴熟地驾驭中外文化，以全局观、历史观、比较文化观相融会的高度来思考和著述文学，集中体现了他关注提高民族文化素质、关注人类命运以及世界和平的高尚情怀。

王佐良先生当年和商务印书馆的同仁们以提高中国英语教育水平和民族文化素质为己任，他们对优秀人文园地的不懈追求和为之进行的实践，将永远令人怀念并被继承发扬。

五卅运动与美洲华侨的爱国宣传

◎ 高金歌①

摘　要：

发生在1925年的五卅运动，是中国新民主主义革命运动的重要组成部分，也是华侨史上具有重要历史意义的反帝爱国运动。五卅惨案消息传到美洲后，各地华侨积极行动起来，开展抵日救亡运动。舆论宣传是美洲华侨开展救亡运动的主要内容，也是开展救亡行动的基础。因此，舆论宣传无疑成为抵日运动的重要一环。本文利用《少年中国晨报》《大汉公报》等报纸对美洲华侨开展的宣传活动的相关报道进行整理分析，试图阐释舆论宣传对激发华侨民族主义情绪的作用。

关键词：

美洲华侨；五卅运动；爱国舆论宣传

May 30th Movement of 1925 and the Patriotic Media of Overseas Chinese in the Americas

◎　Jinge Gao

Abstract：

The May 30th movement of 1925 was not only an important component of China's New Democratic Revolution, but also served as an excitant that mobilized Overseas Chinese into an anti-imperialist and patriotic movement that marked a milestone in their history. After receiving the

---

① 高金歌，暨南大学国际关系学院。

news of killing Chinese compatriots in Shanghai and Guangzhou by Japanese and British, Overseas Chinese in the Americas were infuriated and launched a salvation campaign for their motherland. The patriotic media, such as *The Young China* and *The Chinese Times*, played a crucial role in agitating and organizing the general public. This article provides an insightful discussion regarding what the media did during the campaign.

Keywords:

American Chinese; May 30th Movement; Chinese Patriotic Media

舆论往往是行动的先导,是大规模运动开展的前提。远居海外的华侨之所以能够熟知国内消息,且能够广泛地被发动起来支援革命,与革命党领导人和革命派华侨进行的舆论宣传密切相关。① 其中,通过侨报进行舆论宣传是最重要的方式。从《少年中国晨报》《大汉公报》等侨报对五卅惨案的报道中可看出,在侨团、革命党海外人士及留美学生团体的宣传作用下,美洲华侨通过组织救国会并开展演讲活动,不仅激发了美洲华侨的民族主义情绪,同时也争取了国际舆论的支持与国际援助。

一、成立抵日组织,发表救国言论

1882年美国实施《排华法案》,这一法案的出台使得美洲其他各国也相继开始排华,不断制定新的苛例。这些遭遇使得华侨感觉在美国寄人篱下,低人一等,不是美国社会的一部分而是蜷缩在唐人街的华侨社会里,与主流社会相隔绝。很多人抱着侨居的心理而更关注中国局势的发展,也把前途寄托在中国。② 此外,乡土感情和宗族观念促使华侨聚合在一起。因此,侨团变成了华侨互助互利,共同救助,外则御侮,内则相助的平台。③ 作为全侨性的旧金山中

---

① 任贵祥:《辛亥革命时期的华侨报刊》,《华侨华人历史研究》,1997年第4期。
② 潮龙起:《美国华人认同的历史演变》,《史学理论研究》,2014年第2期。
③ 刘汉标:《美国华侨的会馆组织》,《暨南学报》,1985年第4期。

华会馆在美国乃至美洲华社中都享有很高地位,其权限很大,为美洲侨界最高机关。① 五卅惨案消息传到美洲时,广大爱国侨胞热血满腔,奔走呼号,对帝国主义的无耻暴行,无不义愤填膺。在祖国危难之际,中华会馆立即号召各地华侨,开展抵日运动。

1925年6月8日,中华会馆召开华侨各团体代表会议,提议组织筹赈祖国失业工人妇孺会,其请柬如下:

> 为筹赈上海工人妇孺事,谨订本月八日(礼拜一)晚间七点半钟,在本埠市作顿街中华会馆会议,筹商一切进行事宜。此乃急济义举,请即委派代表依时莅会。幸勿吝玉,至盼。②

当晚中华总商会、国民党、报社、学生会、学校等20余个团体参与会议讨论,决议起草章程委员如下:

会长:邝炳舜
副会长:陈愿朝
书记:黄定一
司库:梁树雨③
另有陈度生、朱如濡、郑汝均等15位职员。④

---

① 有关旧金山中华会馆的论述,可参见 William Hoy, *The Chinese Six Companies*, San Francisco, The Chinese Consolidated Benevolent Association, 1942; Him Mark Lai, *Becoming Chinese American: A History of Communities and Institutions*. Walnut Creek, CA: AltaMira, 2004; Yucheng Qin, *The Diplomacy of Nationalism: The Six Companies and China's Policy Toward Exclusion*. University of Hawaii Press, 2009;刘伯骥:《美国华侨史》,台北:黎明文化事业公司,1976年版,第149—212页;刘伯骥:《美国华侨史续编》,台北:黎明文化事业公司,1981年版,第157—216页。
② 《本埠华侨对沪案之义愤》,《少年中国晨报》,1925年6月9日。
③ 《筹赈祖国工人妇孺慈善会成立》,《少年中国晨报》,1925年6月11日。
④ 《筹赈祖国工人妇孺慈善会成立(续闻)》,《少年中国晨报》,1925年6月2日。

为迅速开展组织工作,1925 年 6 月 10 日,邝炳舜主席又再次召开会议:

> 为筹赈上海工人妇孺事,谨订本月十日(礼拜三)晚间八点钟,在本埠市作顿街中华会馆会议,筹商一切进行事宜。此乃济急义举,请即委派代表二名,依时莅会,幸勿吝玉,至盼。①

美国华侨筹赈祖国失业工人妇孺慈善会的成立,得益于"旅美华侨之具有救国热诚者,莫不奔走骇汗,疾首蹙额,力竭声嘶,以呼援于我华侨各团体。而我华侨各团体,亦多闻声响应,愿挺身以为之助"②。其成立宗旨为筹集款项,赈济失业的工人妇孺。

筹赈祖国失业工人慈善会成立后,它一面宣传并争取美国各业工人同情中国人民的反帝斗争,一面又反对美国同英、日等国一道成为镇压中国人民的帮凶。③ 然而,抵日运动需全美洲华侨通力合作,因此,筹赈总会敬告各地华侨"尚望即行组织分会,以拯救无辜被难之同胞"④。在筹赈会的号召下,各地纷纷开始组织分会。

在美国其他各地,华侨迅速组织其分会。6 月 14 日晚,企李扶伦埠(今译:克利夫兰)华侨召开全体华侨大会,提议组织华侨救国团。其组织成立的目的主要为:其一是劝捐款项,以援助沪案;其二是预备健儿,以应国家将来危急之时机。该救国团的成立,使得企城华侨开展救国运动更加有条不紊。在有序的沿门劝捐下,企城华侨救国团仅在半天时间内就筹集赈款千元。⑤ 6 月 29 日,纽约华侨假座千秋戏院,召开纽约华侨各团体代表大会。其主席赵□荣报告组织华侨对外后援会的经过后,华昌公司、中华公所、学生总会代表随即开始演讲,其宣传思想皆为"帝国主义淫威一日不灭,我国一日不宁"等。在场侨胞皆

---

① 《筹赈上海工人妇孺之进行》,《少年中国晨报》,1925 年 6 月 10 日。
② 《敬告未加入"筹赈祖国失业工人妇孺会"之名团体》,《少年中国晨报》,1925 年 6 月 12 日。
③ 任贵祥:《华侨与中国民族民主革命》,北京:中央编译出版社,2005 年版,第 238 页。
④ 《慈善会关于筹赈之公函》,《少年中国晨报》,1925 年 6 月 12 日。
⑤ 《各埠华侨对沪案之义愤》,《少年中国晨报》,1925 年 6 月 26 日。

责无旁贷,仁声义气,当场共筹集5000元左右。①

墨西哥也表现出强烈的抵日心态,在筹赈妇孺总会成立后不久,墨西哥末市卡利埠(今译:摩西卡利)也立即筹备救济上海工学后援会。末市卡利中华会馆作为后援会组织者,连日开演讲大会,激发侨众爱国精神,其队员纷纷向各界劝捐。6月11日,持续3小时的沿门劝捐,就筹得美金2000元;②6月13日及14日,连续两日的劝捐,又捐得美金2000元。截止14日在队员以及华侨的爱国热心支持下,该后援会共筹得美金6500余元。③ 而在此期间,墨国棉造失败,工商业极为冷淡,然华侨仍不遗余力,获得如此成绩实为可观。

加拿大也是美洲华侨聚集的地区之一,7月15日,加拿大云埠(今译:温哥华)中华会馆召开职员会议,决议组织云埠华侨有奖卖物救济团。决议章程共有以下几项:

(一)定名:云埠华侨有奖卖物救济团;

(二)宗旨:专以卖物筹款救济沪粤失业工人为宗旨;

(三)地点:由职员择定;

(四)货品:由华侨农工商学各界捐出;

(五)时期:由职员择定,连卖两星期(或再延长)。每日下午三点钟开,至晚间十点止,惟星期六晚则卖至十二点;

(六)奖励办法:至结束之日,汇齐用抽签法,奖赏货品与若干名;

(七)办事职员:设委员长、委员,另分理财、文事、交际、监察、核数、招待、装饰、卖物、游艺等九科。④

卖物团成立后,迅速发挥其作用。7月17日,在中华会馆召开委员会,计

---

① 《各埠华侨对沪案之义愤》,《少年中国晨报》,1925年6月29日。
② 《各埠华侨对沪案之义愤》,《少年中国晨报》,1925年6月17日。
③ 《各埠华侨对沪案之义愤》,《少年中国晨报》,1925年6月18日。
④ 《中华会馆昨晚议决案》,《大汉公报》,1925年7月16日。

划于 7 月 25 日在旧洞天酒楼开场。① 在卖物团开场第一日,经同利和衣馆、广和源等日夜卖场,共卖得银 983.19 元。② 截止 8 月 8 日,经 13 天的卖物,共得各侨商捐获值银 4287.8 元,共沾得银 4505.66 元。③

此外,美洲其他各地还组织了学生救国团、国事后援会等,其具体组织情况如下表:

美洲各地华侨救国团组织情况表

救国团名称	组织者	组织时间
美洲华侨筹赈祖国失业工人妇孺慈善会	旧金山中华会馆	1925.06.08
(美国)加大中国学生援沪工学委员会	加大中国学生会	1925.06.11
(美国)企城华侨救国团	—	1925.06.14
(美国)纽约华侨对外后援会		1925.06.29
(美国)纽英仑华侨援助上海工学联合会	波士顿中华会馆	—
(加拿大)片市鲁弼救国后援会	平民阅书报社	1925.06.30
(墨西哥)末市卡利上海工学后援会	末市卡利中华会馆	1925.06
(加拿大)云咛埠华侨后援会	—	
(加拿大)云埠华侨有奖卖物救济团	云埠中华会馆	1925.07.15
(加拿大)呒□埠沪粤后援会		
(美国)国事后援委员会④	留美学生总会	1925.07

资料来源:《少年中国晨报》1925 年 6 月 1 日—6 月 30 日;《大汉公报》1925 年 6 月 1 日—7 月 30 日。

美洲华侨筹赈祖国失业工人妇孺慈善会及各地、各职业筹赈分会的成立无疑对五卅的宣传起到了举足轻重的作用,该组织的成立也为美洲华侨开展其他抵日运动提供便利。6 月 18 日,筹赈祖国失业工人妇孺慈善会即向上海总商

---

① 《卖物救济团商议进行》,《大汉公报》,1925 年 7 月 18 日。
② 《卖物场之第一日》,《大汉公报》,1925 年 7 月 27 日。
③ 《卖物团之第十三日》,《大汉公报》,1925 年 8 月 10 日。
④ 《留美学生代表抵沪》,《申报》,1925 年 7 月 21 日。

会汇款沪银 10000 元,以救济祖国同胞。① 其筹款效率足见华侨热爱祖国之心。

二、侨报积极宣传,激发民族情绪

20 世纪初,由于当时信息传递不便,华侨了解国内消息最主要的方式就是通过报纸。《少年中国晨报》是孙中山在美洲成立的同盟会机关报,创办于 1910 年,是宣传资产阶级革命的重要武器,为革命党报纸中效益最好者,②"营业日隆,获利甚丰,置有大厦一所,及今犹巍然矗立,为清季革命党机关报之唯一寿命最长者"③。该报纸面目一新,编辑力量强,成为美洲宣传三民主义的重要阵地。④《大汉公报》是加拿大洪门致公党于 1907 年创办的,是洪门致公党的机关报,旨在宣传中国革命事业。五卅惨案发生后,《少年中国晨报》《大汉公报》等侨报通过还原事情的真相,在整个抵日运动中发挥了良好的舆论宣传作用。

《少年中国晨报》在 6 月 1 日就刊登了有关五卅惨案的消息:

> 五月三十日上海电,此间日本纱厂罢工,是日午候酿成极大之惨杀风潮。华人被杀者八名,伤者四名,被捕者三十名。先是有华人十七名被会审公堂判决,治以鼓动罢工之罪,旋有学生数百名,向租借游行示威。警察将学生领袖逮捕,押在拘留所内。学生于是聚众攻击警局,警察与学生相持一小时之久,学生愈聚愈众,警察乃开枪轰击。当时租借居民大为惊恐,警察长调集后备警察,同时有武装铁甲汽车在租借巡逻。⑤

---

① 《筹赈会电汇赈款一万元》,《少年中国晨报》,1925 年 6 月 19 日。
② 《辛亥革命时期的华侨报刊》,载《华侨华人历史研究》,1997 年第 4 期。
③ 冯自由:《华侨革命组织史话》,台北:中正书局,1974 年第 2 版,第 77 页。
④ 任贵祥:《辛亥革命时期的华侨报刊》,载《华侨华人历史研究》,1997 年第 4 期。
⑤ 《上海工潮酿成残杀再志》,《少年中国晨报》,1925 年 6 月 1 日。

众所周知,海外华侨社会的民族主义是由中国本土输入的。19 世纪后期华侨社会的特点也使华侨易于接受这种民族主义,尤其是中下层华侨,经过革命派的动员之后,更倾向于孙中山的革命主张。① 因此,《少年中国晨报》作为革命派的喉舌,它发挥的作用更多地体现在革命党派人士对海外华侨的宣传上,例如:

然此不独吾党之责,乃全国人民之责;不独国内人民之责,而海外侨胞均与有责焉。孙公之言曰:"吾国革命,每次起义,皆以华侨为原动力",足证革命事业,实以华侨赞助之力为最多,输财运动,成绩昭然。后先辉映,焉知来者之不如今,欲增光吾侨赞助革命之历史,以竟孙公未竟之志。②

在革命党人的支持下,《少年中国晨报》更是通过社论、宣言等向侨胞宣传。在一篇宣言《敬告侨胞》中写道:

人迫我赔款则赔之,人迫我割地也则割之,甚至人操刀以杀我也,则引颈以俟,或则嘤嘤啜泣以求免。嗟呼。此之谓心死,国人之心死,则其国必亡。而有国之名,无国之实,亦等于已亡。我不敢知曰,吾国之人心已死也;我亦不敢知曰,吾国之人心未死也。我惟敢知曰,国人心死与否,将视此次交涉以为断,使当事者能坚持到底,局外者能奋力协助,则人心未死也,国事可为也。使当事者持五分钟之热度,局外者复袖手旁观,则人心真死矣,国事真不可为矣。此孰吉孰凶,何去何从,惟我侨胞择之。③

---

① 庄国土:《论清末华侨认同的变化和民族主义形成的原因》,载《中山大学学报》(社会科学版),1997 年第 2 期。
② 《中国国民党芝城分部征求党员大会宣言》,《少年中国晨报》,1925 年 6 月 3 日。
③ 《敬告侨胞》,《少年中国晨报》,1925 年 6 月 17 日。

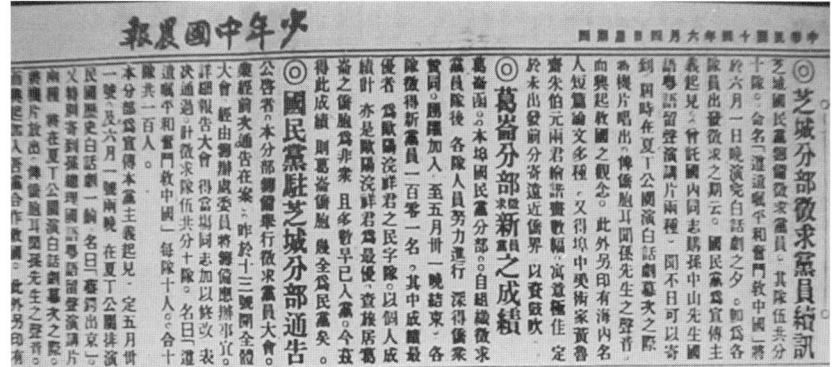

(《少年中国晨报》)

与其几乎同步,《大汉公报》在6月3日也开始持续报道沪案详情,认为五卅惨案是帝国主义唯恐中国不乱而造成的,其影响也是极恶劣的。

> 此次沪汉外人军警屠戮无辜学生工人后,复擅行逮捕,解放学校,搜索家宅,逞专制之淫威,极凶残之能事,即在前数世纪黑暗时期,及近世对待亡国人民,亦无如是手段,影响极东和平,及各国与吾国将来关系极大。①

同时,它又评论五卅惨案为"在法律上,为强暴行为;在道德上,为兽性冲动,以文明之种族,而有此野蛮之举,洵为人类厉行所不取,固不待辩而自明"②。从法律和道德的角度批判帝国主义的行为之不道义。对于此行为,《大汉公报》号召华侨:

> 一则筹款辅助国内工人,坚持罢工到底,一则竭力提倡杯葛,与其绝交纯为文明之交涉,不作鲁莽之叫嚣。一方愿作政府后盾,督促外交当局,应取严重抗争……一方警告侨胞,须懔唇亡齿寒之痛,勿贻五分钟热度之讥,众志成城,奋斗勿备受馁。靡特可卜此后抗争之胜利,并可伸雪数十年来外界迫压之奇耻者焉,国之存亡,在此一举。③

---

① 《惟恐中国不乱》,《大汉公报》,1925年6月23日。
② 《上海外人残杀同胞之感想》,《大汉公报》,1925年6月16日。
③ 《评论外人戕杀沪汉学工风潮》,《大汉公报》,1925年6月19日。

此外，由于清政府长期奉行的禁止移民、敌视海外移民的政策，使得华侨只知有家，不知有政府与国家。① 因此，在号召华侨积极抗日同时，《大汉公报》又为各地华侨叙说具体原因，那就是为何要捐赈罢工工人。其认为：

> 各项工人，凭薪金以资事畜，一旦罢业，举家有冻馁之虞，势未可持久，则终不能与帝国主义者搏战获胜。而我国国体，及吾人人格，扫地以尽，将永沦为奴隶而莫返矣。故此际最要之道，乃在援助罢工人，资以衣食，使之恒久奋斗勿衰扰。②

同时，也劝告华侨，"国凭民力，民以国存，货财非宝，国家为宝。国若丧亡，虽拥巨资，曾何足贵"③。那么，从此处也可看出，华侨的身份认同在从文化认同向国家认同的方向转变。

（《大汉公报》）

---

① 罗福惠：《孙中山时代华侨的祖国认同》，见中山大学孙中山研究所编：《孙中山与华侨——"孙中山与华侨"学术研讨会论文集》，广州：中山大学出版社，1996年。庄国土：《论清末华侨认同的变化和民族主义形成的原因》，《中山大学学报》（社会科学版），1997年第2期。
② 《华侨如何对待外兵残杀》，《大汉公报》，1925年6月6日。
③ 《何以要捐赈罢工人》，《大汉公报》，1925年6月20日。

纵观《少年中国晨报》与《大汉公报》，《大汉公报》的宣传更倾向于利用社论，社论代表华侨的声音和意见，在报纸舆论的引导方面发挥着最为强势的传播作用。《少年中国晨报》《大汉公报》作为日刊报纸，其对于革命的宣传不仅仅体现在表面上，而更具现实性、具体性以及多样性。在提供国内新闻引起华侨关注的同时，又发表言论激发华侨的爱国主义情怀，在如何支援国内民主革命的问题上提出具体的救援措施。

三、利用其他形式，反对日本侵略

除各筹赈会积极开展宣传进行筹款之外，华侨及留学生自发组织的宣传活动也起到极为重要的作用。

首先，留学生积极开展对外宣传工作。留美学生总会为获得美国的支持，称道：

> 中国自有其主权，中国人均尊重之，为世界幸福及和平计，更为远东和平计。中国应为列强视为世界上国家中之一完全的国家。……美国处置外交之明判，吾中国人素深信赖，尤信赖其能公道处置关涉远东之外交，……甚望此数政治家之对外感觉其远大眼光，能安然存在于此次上海危局中，而不受影响，使中美两国，彼此日益信赖，而渡过此暂现的困难。①

与此同时，由于五卅惨案起源于上海日本纱厂对中国工人的屠杀，因此，留美学生也发表告日本人士书：

> 夫贵国之所以必欲侵略中国者，无非存邻薄己厚之心，故宁勾结异族，以压迫同种。……美国之新移民律，英国之在新加坡建筑军港，目的何在，明眼人无不知之。然犹一种朕兆而已耳。吾人旅居西洋，静观默察，觉白

---

① 《留美学生总会致美国务卿书》，《少年中国晨报》，1925年6月11日。

人之轻视黄种,几成天性,蚕食东亚,视若固然,深信东亚民族,有合作之必要,即东亚民族中自当互相提携。……此吾人所以深望贵国当局能有远大之眼光,速弃侵略敝国之政策,以表示有提携之诚意也。①

对外宣言的发表引起了他国的关注,美国舆论界对华最表同情。纽约《世界报》及《芝加哥日报》等均发表最公正的评论,美国国会外交委员会会长用个人名义发表宣言,认为对华应采取的态度即为主张取消不平等条约。② 华盛顿《明星晚报》将五卅惨案发生的原因归结为欧洲各国背弃信诺,中国人为摆脱外人压制。同时,该报还呼吁美国政府"吾人仍希望贵国不仅表同情,又意乘此机缘,代申义愤,自动与敝国政府交涉,取消不平等条约,以为各国倡"③。这些抗议对于美国政府来说无疑是一种压力。

其次,华工、侨商充分利用各种集会进行抵日宣传。五卅惨案发生后,世界人士,或抱不平,认为这是最不人道的举动。各国工界,都义愤填膺,起而反抗,美国工会也不例外。6月15日,《少年中国晨报》记录了美国工人会召集会议的传单:

数十万华工,因反对最不人道之工作条件,联同罢工,其中男女界及儿童均有之。彼等要求一、废除工厂内属身体上之责罚;二、限制场内雇佣童工;三、减短每日作工钟点(现在每天作工十二小时以上);四、改良住居情状。④

经传单的发放,美国华工会定于6月21日在三藩市(今译:旧金山)召开大会讨论沪案,其开会理由为:

---

① 《留美学生代表告日本人士书》,《申报》,1925年7月25日。
② 《留美学生代表抵沪》,《申报》,1925年7月21日。
③ 《美报对沪案之公论》,《申报》,1925年7月27日。
④ 《美工界对沪案召集会议》,《少年中国晨报》,1925年6月15日。

一、中国工厂内工人系因现在工作情形,腐败不堪,令人惊骇,故实行罢工,以谋改良中国工作现在情形。二、外国政府在华之治外法权,使各国有派武装军队驻华之机会,此等武装军队,遍布于现在罢工华人所在中国城市。据可靠消息,列强利用此等军队,向罢工者恐吓,及作种种威逼举动。

鉴于以上理由,美国华工会通过议案:"三藩市工界诸议会,对于华人罢工者之要求改良工作状,宣布表示同情。"①

与华工的表现形式不同,侨商则主要利用商业的利润施赈罢工的失业群众。潘仲谦先生是较早抵日的侨商之一。6月18日,潘先生决定将经营的金陵酒楼在6月21日的日夜茶市晚餐宵夜等生意所入款项的20%交于中华会馆,以援助失业工人。② 这一举动得到其他华商及华工的效仿。三藩市斐孟大旅馆在华工部司理黄华培的请准下,召集全体华工会议,筹商援助办法,当场即筹得百余元。巴利市(今译:伯克利市)大旅馆华工也立即响应,足见华工之愤慨。③

最后,话剧也是华侨宣传抵日的重要手段。话剧是一种"底层叙事"的代表,它是广大底层社会生活与人生命运的事件的叙述,④而20世纪初的美洲华侨恰是这一极具代表性的群体。一直以来,底层被看作是一种强大的革命力量,而话剧本身所具有的通俗易懂的特性为广大的底层社会人民所喜欢。孙中山先生也曾说过"华侨乃革命之母",也正因为这样,话剧对五卅惨案的渲染力使得华侨更加关注。

6月28日,中华、阳和、南侨、天主教、协和五校学生在大中华戏院排演《申江潮》,一则唤醒侨胞,一则筹款。其剧目分为五幕:第一幕为《训子爱国》;第二

---

① 《美工界因沪案向政府抗议》,《少年中国晨报》,6月21日。
② 《金陵酒楼之义举》,《大汉公报》,1925年6月18日。
③ 《各埠华侨对沪案之义愤》,《少年中国晨报》,1925年6月27日。
④ 陈爱国:《1920年代中国话剧的民众之结:从底层叙事到革命叙事》,载《南大戏剧论丛》,2013年第00期。

幕为《外警横行》;第三幕为《为国捐躯》;第四幕为《行刺泄□》;第五幕为《坚持到底》。① 演毕,阳和学生登台演讲,劝勉侨胞合力救国,持续一个半小时的话剧,共筹得 700 元左右。② 7 月 5 日,加拿大现象社同人为救沪粤失业难民演白话剧。其幕外有《赵匡胤三下河东》《罗成写书》《浪子扫长堤》《金山客痛陈时局》等剧,并敬告侨胞"帝国主义之打破,不平等条约之废弃,租借之收回,税关税率之增加,领事裁判权之取消,洗刷半殖民地不美之名词,完成自由独立之国家。惟成功与否,端赖此次救国运动实力之厚薄无转移,同人等身羁海外,不能参与其役,与凶狠残暴西恶作铁血周旋,爱竭绵力,排演新剧,藉兹筹款,援助工学"。仅一个半小时就售得 126 元,足见侨胞的爱国主义情怀。③

如果说"硬杀伤"的武力战是一种有形战争,那么媒体宣传就是一种"软杀伤"的无形战争。作为一种特殊的战争形态,不用枪弹,没有硝烟,它是在无形的战场上进行的生死搏斗,它是在广阔的领域里进行的心理交锋。④ 长达 1 个月的舆论宣传唤醒了民众,鼓舞了士气。辛亥革命后,华侨民族主义随着中国本土民族危机的加深而愈发强烈,⑤此次抵日运动也是继辛亥革命、五四运动之后,华侨反帝爱国斗争的新发展。

---

① 《学界演剧筹募善款》,《少年中国晨报》,1925 年 6 月 27 日。
② 《本埠华侨演剧筹赈纪闻》,《少年中国晨报》,1925 年 6 月 29 日。
③ 《演剧筹款救国昨讯》,《大汉公报》,1925 年 7 月 3 日。
④ 孙健、龚奕:《试论舆论宣传在战争中的作用》,载《军事记者》,2004 年第 6 期。
⑤ 庄国土:《从民族主义到爱国主义:1911~1941 年间南洋华侨对中国认同的变化》,载《中山大学学报》(社会科学版),2000 年第 4 期。

数字人文研究又一例:海外华人媒体的个案分析

◎乔晓勤①

摘　要:

　　数字人文的研究是近二三十年来随着人文学科各类数字化资源的开发和应用而出现的新兴研究领域。数字人文研究的概念和方法已被引入人类学研究多年,并在具体研究项目中取得了成果。跨越一定时空范围的海外华人媒体研究,具有数字化资源的丰富性及多样性的特性,是采用数字人文研究的理想对象。通过相关资料文本的词频分析等方法,可探讨海外华人媒体研究所能揭示的规律性内容。

关键词:

　　数字人文;海外华人;媒体研究

Digital Humanities in Perspectives: Overseas Chinese Media Studies Abstract

◎　Stephen Qiao

Abstract:

　　Adaptation of Digital Humanities (DH) approaches in many research fields of humanities have been developed for decades. The current research will concentrate on the DH approaches on the study of Chinese language media in Chinese Canadian communities. Abundant research materials

---

　　①　乔晓勤,广州中山大学人类学博士,美国匹兹堡大学图书馆信息学硕士,现任加拿大多伦多大学郑裕彤东亚图书馆中文部主任,北美东亚图书馆协会中文委员会主席。

especially those digitized resources provide ideal data for DH studies. The frequency of keyword co-occurrence analysis of Austronesian archaeological literature and text analysis of Chinese newspapers in Canada also shed the light on the big picture of socio-cultural changes of Chinese immigrants in Canada.

Keywords:

Digital Humanities; Overseas Chinese; Media Studies

本文尝试将数字人文的概念和方法应用于对海外华人,特别是加拿大华人媒体的研究之中。相关的研究内容具有跨越较大时空范围,占有大量已数字化的多学科文献材料及研究数据的特性,是数字人文研究较为理想的研究客体。本研究将着重探讨词频分析的引入对上述课题的文献中研究重心的确立及分析词语关系与所反映的研究内容的关联性。相关的尝试希望能够引起相关学者对数字人文研究手段的关注。同时期望数字资源的提供者和信息技术专家们能够提供和开发更多相应的特色资源数据库及文本与数据发掘工具。

数字人文的研究主要指将数字化的学术资源和信息技术引入人文科学各学科而产生的具有跨领域、跨学科性质的新型学术研究。虽然已经过二十余年的发展,但数字人文研究的内涵和其所涉及的外延一直都处于变化发展之中。甚至对于数字人文的概念,学术界仍然未形成共识。维基百科给出的数字人文的定义是:"数字人文是涉及计算机及数字化科技与人文科学各学科交集的研究领域。其内涵包括在人文科学的各领域内对数字化资源的系统化应用。它是一种将协作、跨学科研究、计算机演算贯彻于研究、教学、出版始终的新兴研究方法。它将数字化的工具、方法引入到人文学科的研究之中,在这里,印刷成文的文献不再是知识的产生和传播的唯一介质。"[1]安妮·布迪克(Anne Burdick)认为,"对研究资料进行系统整理、分析、处理及模式构建是数字人文的核心活动内容。其过程涉及对相关材料的归档、集群、存储及其他聚合行

---

[1] Wikipedia "Digital Humanities" https://en.wikipedia.org/wiki/Digital_humanities

为"①。加布里埃尔·博达尔（Gabriel Bodard）等人则以为："数字人文研究所涉及的不是单个学科的集合，而是指整体性的人文科学。能够跨越媒体、语言、地域和历史过程来对特定的主题进行研究。其研究过程强调创造性、相互联系、诠释及学者间的协作。"②归纳起来，发现、收集、比较、发布与协作等要素在很多从事数字人文研究的学者们看来，构成了数字人文研究的核心内容。在国内，数字人文的概念也在探讨和发展之中。王晓光认为数字人文"是一个将现代计算机和网络技术深入应用于传统的人文研究与教学的新型跨学科研究领域，它的产生与发展得益于数字技术的进步及其在科学领域的普及应用。……数字人文的产生在本质上属于一种方法论和研究范式上的创新，其目标是将现代信息技术融入于传统的人文研究与教学过程中，从而在根本上改变人文知识的获取、标注、比较、取样、阐释与表现方式"③。

以1970年罗伯托·布萨（Roberto Busa）在IBM协助下，完成56卷本圣托马斯·阿奎那（Saint Thomas Aquinas）等作家拉丁文著作索引（*Index Thomisticus*）为标志，计算机在人文学科的应用就正式走上历史舞台。1986年在欧洲出现《文学与语言的计算机研究》（*Literary and Linguistic Computing*）的学术刊物（现改为《人文科学的数字化研究》*Digital Scholarship in the Humanities*），为欧洲数字人文研究学会的会刊，标志着数字人文研究在欧洲的兴起。2006年，美国国家人文科学基金会（NEH）下属的数字人文办公室（ODH——Office of Digital Humanities）成立，该办公室的主要使命就是与学术界及各类基金会密切联系，鼓励和支持数字人文领域跨地域和跨学科的协作。同年，国际数字人文组织联盟（ADHO——The Alliance of Digital Humanities Organizations）成立，致力在文本分析、电子出版、文件编

---

① Burdick, Anne. Et al. *Digital Humanities*. MIT Press, 2012; Hockey, Susan. "The History of Humanities Computing", in Susan Schreibman, Ray Siemens and John Unsworth ed. *A Companion to Digital Humanities*, Oxford: Blackwell, 2004, 1-19.

② Mahony, Simon & Gabriel Bodard. Introduction, in Gabriel Bodard and Simon Mahony, ed. *Digital Research in the Study of Classical Antiquity*, Farnham: Ashgate, 2010.

③ 王晓光：《"数字人文"学科的产生、发展与前沿》，全国高校社会科学科研管理研究会组编：《方法创新与哲学社会科学发展》，武汉：武汉大学出版社，2010年，第207页。

码、文字资源的研究和理论、新媒体及多媒体研究、数字图书馆、与人工智能相关实景增强技术（AR）的应用、互动游戏等诸多领域的研究中起引领作用。

数字人文研究的主要应用领域涉及人文科学中各学科的文字资源的文本处理及分析，以及相关数据的深度发掘处理、量化分析。传统人文科学各学科，如哲学、宗教学、历史学、考古学、语言学、文学、艺术学等易于进行跨学科研究的学者们进行协作研究是数字人文研究发展的重要方向之一。人文学科数据库所包含的文献数量巨大，对具体关键词的语义分析和词频分析有超越个体主观理解的客观性解释的可能性，词义在不同时期、不同语义背景下的使用情况和历时变化有可能得到宏观层面的追踪和深层次的意义分析，使用相应的分析工具还可以清楚地看出关键词之间的关联性及在特定语境下的词频率。采用数字人文的分析方法具有某种程度的可验证性。同质数据的整合、文本的编码与为特定研究而创立的数据库能够引导出跨越较大时空框架下的具体的、供分析的特质的分布规律、数量变化规律及相互关联性。从21世纪初期开始，由哈佛燕京学社牵头，有北京大学中国古代史研究中心、"中研院"史语所参与的中国历代人物传记数据库计划（China Biographical Database Project-CBDB）就成为中文人文资源数字人文研究的标志性成果。作为在Microsoft Access平台上开发的大型关系型数据库，CBDB将在传记资料中的个人视为一个将各种与个人相关信息串联在一起的实体。在此基础上，数据库允许研究者在寻找、分析事实和事实陈述的过程中，将个人置于特定的时空及社会关系的框架中进行观察。迄今为止，数据库已包含了从唐代到近现代的十万多人的人物传记基本资料。文本挖掘（text-mining）和社会关系在地理信息系统中的呈现（SNA、SNS & GIS）已被广泛的应用于利用CBDB进行的各类数字人文研究项目之中。斯坦福大学人文科学中心下的数字人文项目在数字人文的综合研究和应用方面做了不少努力，如其空间与文本分析中心CESTA（Center for Spatial and Textual Analysis）的设立，3D地图处理、演算法的文本分析、高级视觉化技术、非拉丁语言的词语语料库的数码化等一系列工具与方法的开发等。国内数字资源开发者如中国知网在创建用于文本与数据发掘对原始资料的多重分类、归纳、标引的方法方面可以起到关键性的引领作用。

海外华人媒体，特别是加拿大华人媒体演变的研究，可以利用的数字化资源正在不断增加之中。中文媒体包括以报纸为主的印刷品、广播电台、电视台等是形成和强化海外华人凝聚力的重要因素。媒体也是一面镜子，能反映出海外华人在价值取向、文化认同、生存状况、族群关系等诸方面的真实状况。以加拿大的华文媒体为例，华人的心声和诉求往往都通过媒体而得以表达。加拿大政府所采行的多元文化政策也使得华人媒体获得了必须的生存空间。跨进21世纪，传统媒体出现了被新媒体和社交媒体逐步边缘化和取代的趋向。对新媒体和社交媒体内容的收集、整理和分析也是在此研究领域进行数字人文尝试所面临的挑战。

最早的有记录的华人进入加拿大的时间是1788年，当年有一批契约华工由华南地区到达不列颠哥伦比亚省的温哥华岛从事劳作。1850年前后，随着美国加州淘金热的兴起，华人开始较大规模地进入北美西海岸。1860年前后在加拿大不列颠哥伦比亚省的维多利亚、温哥华等地出现了华人聚居的"唐人街"。当华人人口沿美加边境逐步向东移动时，多伦多在1890年出现了"唐人街"。在连接加拿大东西海岸的太平洋铁路建成通车后，加拿大政府就推出了一系列旨在歧视限制华人的政策，其中最臭名昭著的是1885年通过的《中国人人头税法案》(Chinese Head Tax)和1923年开始实施的《排华法案》(Chinese Exclusion Act)。前者一直实施到1923年，后者则持续到1947年。由此带来的后果是20世纪前半叶加拿大华人人口增长的长期停滞不前。从20世纪80年代开始，随着歧视政策的逐渐废除及中国形势的变化才有较多的新移民进入加拿大。1980年代华人移民较多的是来自中国台湾，1990年代中期以后大量中国香港移民涌入加拿大，来自中国大陆的移民自80年代中期起不断移民加拿大，其中2000年前后是大陆移民到达的一个高潮。今天，华人移民群体是仅次于南亚移民群体的加拿大的第二大移民群体。根据2016年的人口统计资料，加拿大全国共有华人移民130余万人。

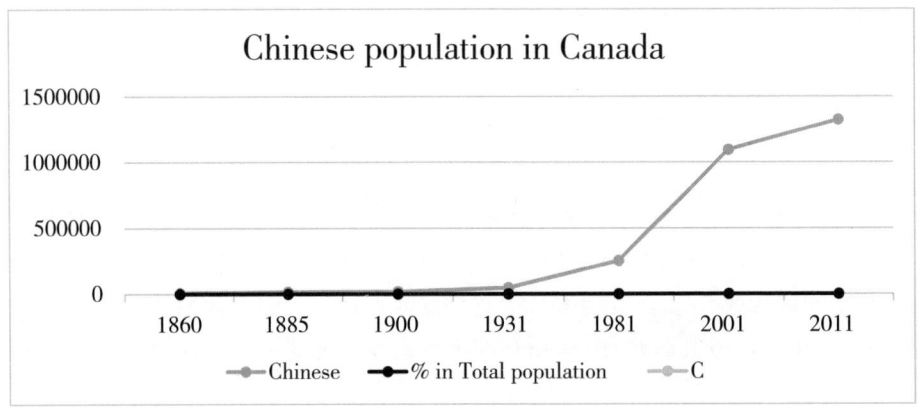

图 1　百年来加拿大华人移民人口的变化

加拿大最早出现的华文报纸是 1907 年在温哥华创办的《大汉公报》及 1922 年于多伦多创刊的《醒华日报》。这两份报纸是加拿大最早的及最重要的华文报纸。《醒华日报》的独特性表现在它是受国民党完全控制的，具有稳定的出版商和财务状况保障的中文日报，对本地华人社区的影响较为深远。加拿大 BC 省的西门菲莎大学（Simon Fraser University）的数字化项目——"加拿大的多元文化"（Multicultural Canada），包含了该报的数字化扫描版本，多伦多大学郑裕彤东亚图书馆藏有该报的印刷版本，涵盖时间是 1950 年代至 1990 年代。其他比较重要的华文报纸包括：《新国民报》（1912—1984）、《洪钟报》（1928 年创刊）、《太平洋星期刊》（1936 年创刊）等。到 20 世纪 70 年代基于台湾和香港的商业日报先后出现在多伦多。1976 年《世界日报》在加拿大首发，1993 年《明报》《星岛日报》相继在加拿大发行，并逐渐扩增出"加东版"和"加西版"。自 90 年代开始，社区性的各类免费中文报纸相继出现在美加各地，成为中文媒体的另一种重要形式。其中有的报纸，如《明报》加西版，已经经过数字化加工，方便读者使用。信息科技的进步与数字人文研究方法的出现，改变着海外华人研究者收集和分析相关资料的方法。使用包括数字人文研究方法之内的研究手段，为在宏观与微观层面上掌握分析研究资料提供了更多的可能性。数字化的人文学科第一手资料和研究成果使得研究者能够更自如地在更广阔的时空框架下把握所分析的材料。对于华人媒体的大量文本材料和其他材料的深入分析,有可能归纳出由这些材料所反映出的加拿大华人社会所经历的短期及长期的社会文化变化。需要指出的是,在众多包括早期华人报章如《醒华日报》数字化的尝试中,由于原始材料的局限性,如报纸的数字文本是由缩微胶卷转换而来,和特定时期技术的局限性,只能以扫描图像档显示,无法进行进一步的文本和数据的发掘加工。本文所采用的加西版《明报》的资料,是可以进行进一步文本加工分析的素材,但其时代跨度就有局限性了。

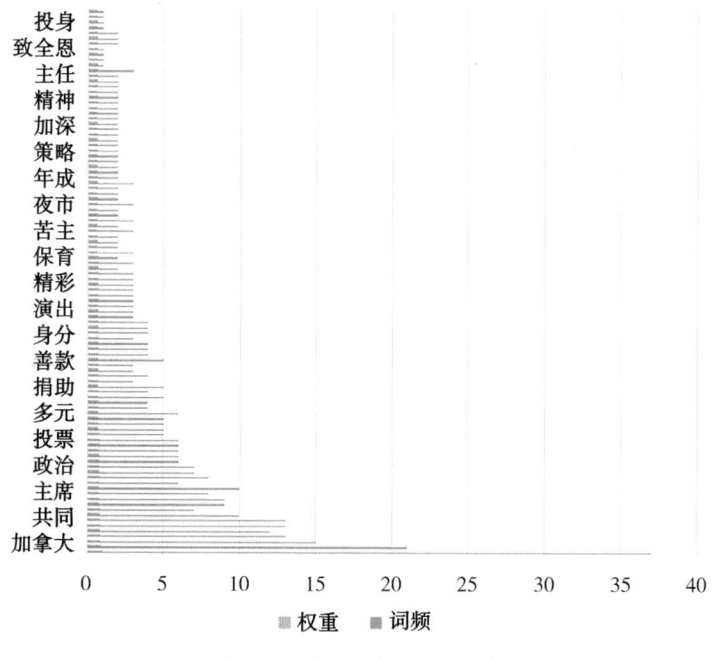

图 2 《明报》文本的词频分析

从图2的《明报》词频分析的图表可以看出,在社区新闻栏目内的文章中,"加拿大""共同""主席""政治""投票"等高频出现的词语反映出加拿大华人社区政治参与的热情。而在参与的形式中选举投票是重要的形式。加拿大政府所奉行的多元文化政策在"多元"这样高出现率的词语中有所反映。反映加拿大华人的生存状况和社会文化生活的词语包括"捐助""善款""身分""苦主""夜市"等。更广泛内容的媒体报道中出现的高频词语见图3。不难看出,"加拿大"在广泛题目的文本分析中仍然占有核心角色,表明身在加拿大的华人始终需要将关注的重点集中在自己所在国身上,有"文化""政府""共同"这样的高频词汇。中国的新闻和发展亦是本地华人关注的另一焦点所在。本地社区组织、政治活动、文化活动的参与也非常重要。"致公""支部""慈善""策略""揭幕"这样的词汇均与社区组织和社区活动有关。

图 3　媒体文章文本分析的高频词语云图

从图 4 所揭示的文本的关联性来看,文本与地域、时间、人物、机构、关键词等产生着直接的联系。在地域关联方面,关注的重点放在加拿大东西海岸和其他地区的大城市以及中国的主要城市,如北京、上海、天津与侨乡广东。越南、意大利等有华人华侨聚居的地方也是关注焦点所在。在时间轴上,由于所采集的文本资料的年代跨度集中于 2000 年至 2010 年间,所以时间的关联性也集中于这一阶段。文本与关键词的关联性有"媒体""中文媒体""当地主流媒体""移民"这类的关键词及"枫华园"这样的华人网络媒体和媒体人,显示两者之间的密切联系。文本与人名、机构名等的相关性可能由于分析样本的数量有限,没能显示足够多的关联词语。

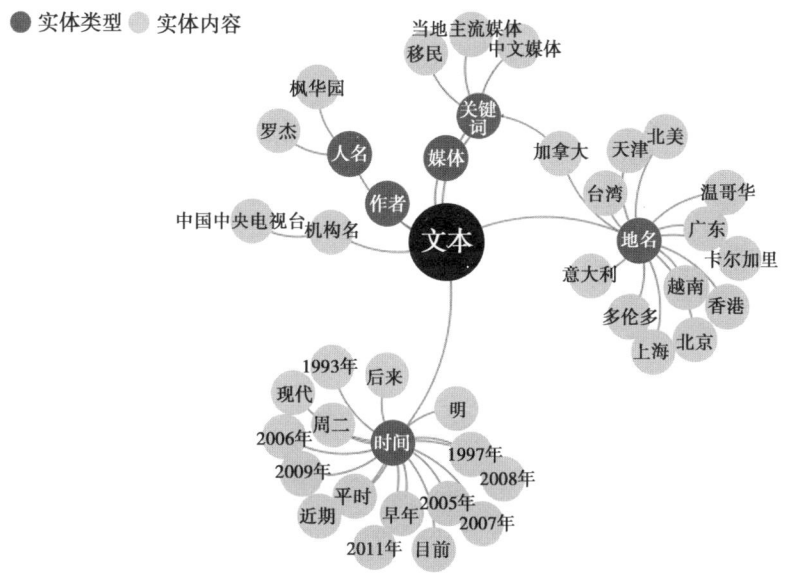

图 4　华文媒体文本的关联分析

虽然数字人文的研究不断取得新的研究成果并不断扩展到新的研究领域，但对于数字人文研究方法的批评一直不绝于耳。最近的例子来自于蒂莫西·布伦南（Timothy Brennan）的批评。他指出：多年来数字人文的投入、产出并不成比例，过去所取得的成果也是屈指可数。计算机、信息技术本身的特点限制了数字人文能够提出的问题和回答的问题。数字人文有变成为苦于向学术象牙塔顶端（终身教职）攀登的年轻学者们的第三条道路的趋向，并不为研究机构的大量研究者所认同。数字人文在阐释特定研究项目的真正研究目的时，往往语焉不详①。

总体而言，应用数字人文方法已经取得了一些鼓舞人心的成果，但其仍属方兴未艾的阶段。数字人文的研究鼓励学者、IT 专业人员、图书馆员、档案馆员之间的协调合作及跨学科研究，这是学术研究发展的良好趋向。海外华人研

---

① Brennan, Timothy: The Digital Humanities Bust: After a Decade of Investment and Hype, What Has the Field Accomplished? Not Much; *The Chronical of Higher Education*, Oct. 20, 2017.

究中的第一手材料为数字人文的研究提供了理想的先决条件,是数字人文研究可以发挥潜力的领域。本文在这一领域进行了一些粗浅尝试,希望抛砖引玉,引起相关学科的学者、数字资源的开发者及图书馆员、档案馆员对此的重视。

  注:本文的部分内容在 2018 年 10 月 16 日至 19 日上海图书馆举行的"第九届上海国际图书馆论坛:图书馆,让社会更智慧更包容"上宣读并发表在相关的论文集中。

康奈尔大学汉译校名考

◎ 郑力人[①]

摘　要：

文章讲述有关康奈尔大学汉译校名的故事及其历史背景,折射了康奈尔大学与中国的历史联系。

关键词：

康奈尔大学；戴鸿慈；胡适

Chinese Names for Cornell University and Related Background

◎　Liren Zheng

Abstract：

The article recounts the stories related to Cornell University's transliterated Chinese names and their backgrounds, which reflect on the historical relationship between Cornell and China.

Keywords：

Cornell University，Dai Hongci；Hu Shi

一、引言

2017 年春,美国康奈尔大学的法律办公室(University Council Office)准

[①]　郑力人,康奈尔大学东亚图书馆馆长。

备在中国大陆正式注册康奈尔大学的汉译校名,对此有三个基本要求:(1)追溯康奈尔大学汉译校名的演变历史;(2)最终注册的康奈尔大学汉译校名必须长期以来被公众认知;(3)汉译校名必须以简体字形式出现。康奈尔大学东亚图书馆承担了这一任务,仔细梳理了有关康奈尔大学汉译校名的历史资料。

康奈尔大学建校于 1865 年,是常青藤八所盟校中最年轻的一个成员,但又有自己唯一的特色,比如她是私立和公立混合的,17 个学院中 12 个是私立的,5 个是州立的;她没有神学院;她不授"荣誉博士"学位;她是八所盟校中唯一不采用拉丁文,而使用英文作为校训格言的。① 康奈尔大学的校训格言是:"这是一所任何人可以学习任何知识的殿堂。"(An institution where any person can find instruction in any study)② 遵循这一办学理念,康奈尔大学在 1870 年开设了中文课,是北美最早教授中文的高校之一,由 Roehrig 教授讲课。③ 我们曾冀望从当时的课程表和其他资料上寻找有关康奈尔大学汉译校名的蛛丝马迹,但线索全无。④康奈尔大学的第一个中国毕业生是施肇基,但他撰写的回忆录里,也未提及康奈尔大学最初的汉译校名。⑤

二、嵌列尔

康奈尔大学汉译校名的第一次出现是在 1899 年。康奈尔大学在世界上以其农学研究和教学遐迩驰名,因此积极提倡实业的湖广总督张之洞在 1898 年

---

① 哈佛格言:Veritas (Truth)真理;耶鲁格言:Lux et Veritas (Light and Truth) 光明和真理;哥伦比亚格言:In lumine Tuo vedebimus lumen (In the light shall we see light) 光明中看到光明;普林斯顿格言:Dei Sub Numine Viget (Under the Protection of God She Flourishes) 神的保佑使其繁荣昌盛;布朗格言:In Deo Speramus (In God We Hope) 神是希望;宾大格言:Leges sine moribus vanae (Laws without morals are useless) 法律与道德不可分离;达特茅斯格言:Vox clamantis in deserto (The voice of one crying out in the wilderness) 荒野里的呼唤。

② Carl L. Becker: *Cornell University: Founders and the Founding*, Cornell University Press,Ithaca,New York,1943,p.111.

③ 康奈尔大学正式开课是 1868 年。

④ *The Cornell University Register 1870-1871*,Ithaca:The University Press,1870,p.92.

⑤ 施肇基:《施肇基早年回忆录》,台北:传记文学出版社,1967 年。

邀请了康奈尔大学农学院的布里尔教授(G. D. Brill)前往湖北武昌,创办农业学校。合同在1898年5月6日签订,年薪为3000美元。从1898年至2018年,120年间美元的平均通胀率为2.88%,依此计算,布里尔教授的年薪价值在2018年则为90761美元。合同以英文书写,未见康奈尔大学的汉译校名。次年,美国农业部也邀请布里尔教授考察中国农业。在美国驻北京农务总署发给布里尔教授的中文护照上有如下文字:

> 大美国驻京农务总署大臣魏立生　为颁发执照事统　因本国农学士布里尔　向由纽约省之猷特克城内　嵌列尔农务学堂出身　兹经本署简选　派往中华察探各处农务　随时函报本署　应请驻华之本国官弁　随时保护　并无论何处农人　烦即襄助是荷　须至执照者　一千八百九十九年十一月十九日　由美国京城签印　照行　大美国钦命驻扎汉口办理通商事务　九江宜昌领事府魏　译出加印。

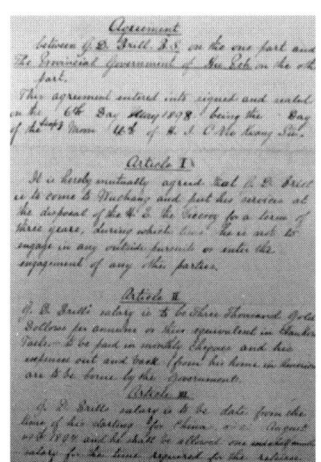

图1　1898年布里尔的英文合同

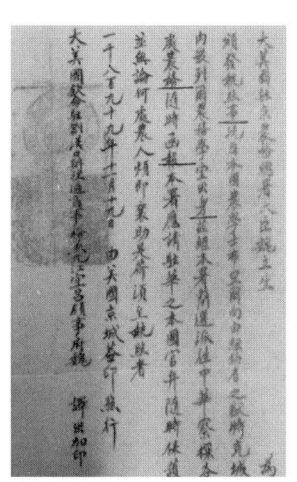

图2　1899年布里尔的中文护照

护照里的"猷特克城"即美国纽约上州的伊萨卡(Ithaca),"嵌列尔"即康奈尔(Cornell)。"嵌列尔"便是康奈尔大学的第一个汉译校名。布里尔教授来湖北武昌开办农业学校是康奈尔大学与中国最初的学术交流。薪火相承,1926

年至1931年,康奈尔大学与南京金陵大学在洛克菲勒基金会赞助下,开展了一个为期5年的农作物改良合作研究计划。3位康奈尔大学农学院教授洛夫(Harry H. Love)、马雅思(C. H. Myers)、魏庚(R.G. Wiggans)6次来华,指导农作物改良,成功地培育了高产的小麦、大豆、水稻、高粱、大麦等优良品种,推广给农民种植,同时通过在康奈尔大学的学习,培养了如王绶、戴松恩等杰出的中国育种专家。①

三、干尼路

康奈尔大学的汉译校名的再次出现是在1906年。1905年清廷欲图推行君主立宪,遂派五大臣(镇国公载泽,户部侍郎戴鸿慈,湖南巡抚端方,山东布政使尚其亨,顺天府丞李盛铎)出洋,考察日本和欧美的宪政。考察团分两组,戴鸿慈和端方②率领的这一组于1905年12月7日启程,经日本抵美国。考察团除访问立法议会、行政部门、金融机构、工厂企业、社会团体外,也参观了美国七所高等学校,包括斯坦福大学、加州伯克利大学、林肯大学、哥伦比亚大学、康奈尔大学、哈佛大学、耶鲁大学。③ 这是历史上第一次中国政府代表团系列考察美国一流的高等学府,其中2所加州大学,1所中西部大学,4所常青藤大学,说明在出发前,考察团对美国高校情况已有所了解,并做了参观选择。

考察团抵达康奈尔大学是1906年2月9日(农历正月十六日)。在戴鸿慈撰写的《出使九国日记》上,有如下记载:

---

① Harry H. Love: *The Cornell-Nanking Story; The First International Technical Cooperation Program in Agriculture by Cornell University*, Dept. of Plant Breeding, New York State College of Agriculture, Cornell University, 1963. Harry H. Love papers,1907-1964, Kroch Library Rare & Manuscripts, 21-28-890.张瑞胜:《金陵大学与康奈尔大学作物改良合作计划研究(1925—1931)》,硕士论文,南京农业大学,2014年。

② 戴鸿慈(1853—1910),原为户部侍郎,考察途中升任礼部尚书。端方(1861—1911),原任湖南巡抚,出洋前升任闽浙总督,但未上任。回国后任两江总督,直隶总督,参与镇压四川保路运动,为哗变新军所杀。

③ 戴鸿慈将斯坦福大学(Stanford)译为"士丹佛大学",加大伯克利(Berkeley)译为"卜忌利大学",康奈尔大学译为"干尼路大学",耶鲁大学译为"耶路大学"。

是日，诸生欢迎，争以上客一入其室为荣。至五时，回车，复往衣迪加，干尼路总校长某来迎，因偕往访今校长萨尔文。①

"衣迪加"即伊萨卡，"干尼路"即康奈尔，"萨尔文"即康奈尔大学第三任校长舒尔曼（Jacob G. Schurman）。考察团受到康奈尔大学师生的热烈欢迎，舒尔曼校长在欢迎词中高度赞美中华文明。他说：

你们代表的是世界上最悠久的文明。虽然现在年轻国家可能在科技发明上领先，带动了工业的发展，但你们祖先早在西方最古老的国家诞生之前，就为你们留下了知识和文化的遗产。②

舒尔曼校长卸任后，即被美国政府任命为美国驻华全权公使（1921—1925）。据《康奈尔校友报》（*Cornell Alumni News*）的报道，当日康奈尔校园并排飘扬美国国旗和大清黄龙旗，后备军官团为考察团作了操练，学校男生合唱团也专门做了表演。考察团会见了校董会成员、各学院院长，接见了当时在校学习的9名中国学生。③这次访问的重大成果之一是康奈尔大学应允每年给予6名中国学生奖学金，为此中国驻美公使梁诚专门向康奈尔大学校长写了感谢信。戴鸿慈的《出使九国日记》于1906年12月由清政府农工商部工艺局印刷科的"第一书局"印刷发行。④这也是康奈尔大学的汉译校名第一次见诸中文印刷物。

---

① 戴鸿慈：《出使九国日记》，长沙：湖南人民出版社，1982年，第96—97页。该代表团由康奈尔大学的第一个中国毕业生施肇基任首席翻译，全团共25人。
② "Chinese Visit Cornell" in *Cornell Alumni News*，8，No.19（February 14，2016），p.218.
③ "Chinese Visit Cornell" in *Cornell Alumni News*，8，No.19（February 14，2016），p.218.
④ 戴鸿慈：《出使九国日记》，长沙：湖南人民出版社，1982年，第20页。

图 3 《出使九国日记》

四、康南耳

在布里尔教授护照里,康奈尔大学的汉译校名为"嵌列尔",在戴鸿慈的《出使九国日记》里,康奈尔大学的汉译校名为"干尼路",均与"康奈尔"的实际英语发音相差甚远。直到 1911 年,当胡适撰写康奈尔传记时,才出现了与康奈尔大学英文校名发音相近的"康南耳"。1911 年,胡适的日记里有如下记载:

4 月 8 日:读本校创办者康南耳(Ezra Cornell)传。此传为君之长子 Alonzo(后为纽约省总督)所著。

4 月 10 日:作康南耳传,未完。

6 月 27 日:作康南耳传,未完。

6 月 30 日:作康南耳传,未完。

8 月 21 日:下午至藏书楼作康南耳传。

8 与 22 日:作康南耳传,凡五六千言。拟系以短论,久之未成。

8 月 25 日:作康南耳传结论,约三百余字。终日始成。久矣余之不亲古文,宜其艰如是也。

9 月 3 日:改康南耳传结论,删去二百字,存百字耳。①

历时近 5 个月,胡适完成了《康南耳传》。该传记刊登于 1915 年《留美学生季报》春季第一期。②胡适是第二批庚款留学生,1910 年入学,第二学期他便撰写了《康南耳传》。第三学期,即 1911 年 10 月 19 日,他写信给康奈尔大学图书馆馆长,要求图书馆设立中文部,并号召中国同学捐赠了 350 本中文古籍。最后一年,1915 年,他修荣誉学位,在康奈尔大学发起了关于白话文取代文言文的辩论,使康奈尔大学成为中国白话文运动的发轫地。

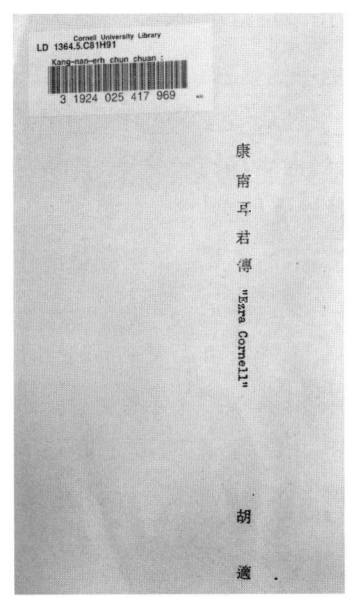

图 4　康奈尔大学图书馆馆藏的胡适《康南耳传》打印本

① 胡适:《胡适留学日记》,合肥:安徽教育出版社,第 2 版,2006 年。
② 《留美学生季报》即 Chinese Students' Monthly,发行于 1906 年至 1931 年,是美国中国学生联合会(The Chinese Students' Alliance in the United States of America)的机关刊物。

但胡适是否是第一个采用"康南耳"作为康奈尔大学的汉译校名却存在疑问。在康奈尔大学图书馆特藏部里存有一份"康奈尔大学中国学生俱乐部"的请柬,请柬由文字和图案构成。文字是英文的,内容如下:

> Reception by
> The Cornell
> Chinese Students' Club
> At the Tenth Anniversary
> Barnes Hall
> December 5th, 1914

大意是康奈尔大学中国学生俱乐部将在 1914 年 12 月 5 日,于校园的巴恩斯楼(Barnes Hall),举办该俱乐部成立十周年的庆典。请柬揭示了一个事实,即按时间推算,早在 1904 年康奈尔大学就有了中国学生俱乐部,所以康奈尔大学是最早建立中国学生组织的美国高校之一,1906 年戴鸿慈接见的 9 个中国学生,他们可能就是中国学生俱乐部的成员。

需要斟酌的是请柬图案中的中文。请柬图案是中国学生俱乐部的官印,官印是由两个同心圆组成的,外圆是康奈尔大学的英文校名,内圆则是康奈尔大学的汉译校名——"康南耳大学",由 5 个小篆汉字组成。由此便产生了疑问,究竟是康奈尔大学中国学生俱乐部在成立之初就创造了"康南耳"这个译名,而胡适在撰写《康南耳传》时沿用之;还是胡适在 1911 年写《康南耳传》时首创这个译名,而后来康奈尔大学中国学生俱乐部在其官印中采用之? 孰先孰后,要靠以后更多的史料来辨明。

图 5 1914 年中国学生俱乐部 10 年庆请柬

五、康奈尔

如今常见的康奈尔大学汉译校名终于在 1919 年出现了，但她的出现却披露了当时中国校友对康奈尔大学成立时间的不同意见。康奈尔大学创建于 1865 年，这在康奈尔大学校徽上显示得清清楚楚。康奈尔大学正式开课是 1868 年，也就是在学校成立的 3 年之后。康奈尔大学在 1915 年庆祝了 50 寿辰，但康奈尔大学中国校友会却在 1919 年庆祝母校的 50 周年诞辰。显然康奈尔大学中国校友会并不把康奈尔大学奠基的 1865 年定为康奈尔大学元年，而是把康奈尔大学开始授课的 1868 定为元年，并在筹备了一年之后，于 1919 年庆祝康奈尔大学的 50 寿辰。

图 6　康奈尔大学校徽

在 1919 年的庆祝活动中，为赞颂母校半世纪的成就，康奈尔大学华北校友会以"康奈尔中国校友会"的名义，呈献了一份《致母校书》。《致母校书》采用了"康奈尔"为母校的汉译校名。《致母校书》内容如下：

康奈尔中国校友《致母校书》

欣逢母校创立五十周年校庆，吾等寄居中华民国北部之中国籍校友愿与其他各地校友同申贺忱遥祝母校鹏程万里。

吾等因确信康校乃美国文化精华荟萃之地，故远涉重洋，其目的即在寻求屯新颖完美之美国文化，今宿愿得偿，其为决择之宜也。吾等更钦佩康校迅速不缀发展精神，屯正为革新吾国之古老文化所需。今为康校建校五十周年欢欣者，非仅因其为教育美国之长城，抑因其为教育世界之主要重阵也。如过往可鉴未来，吾等预祝其前程万里。因天各一方，不克亲身祝贺康校五秩佳辰歉仄实深，然敢向校长先生保证者，即吾等热爱母校之精神将追随校长身畔与远近云集之诸校友同申贺忱。

随函附上纪念品一座，用示吾等旅居中国华北校友之悃诚，尚祈校长代收为祷。①

---

① 该信刻于圖，由康奈尔大学图书馆特藏部保存。

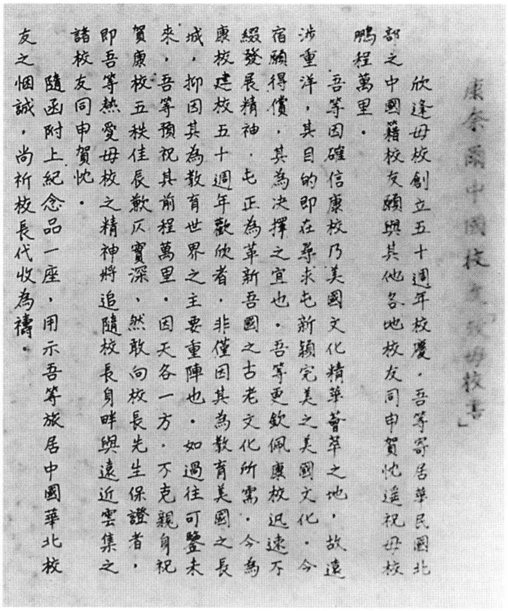

康奈爾中國校友致母校書

欣逢母校創立五十週年校慶，吾等寄居華民國北部之中國籍校友願與其他各地校友同申賀忱遥祝母校鵬程萬里．

吾等因確信康校乃美國文化精華薈萃之地，故遠涉重洋，其目的即在尋求此新穎完美之美國文化．今宿願得償，其為決擇之宜也．吾等更欽佩康校迅速不綴發展精神，此正為革新吾國之古老文化所需．今為康校建校五十週年歡欣者，非僅因其為教育美國之長城，抑因其為教育世界之主要重陣也．如過往可鑒未來，吾等預祝其前程萬里．因天各一方，不克親身祝賀康校五秩佳辰歉仄實深，然敢向校長先生保證者，即吾等熱愛母校之精神將追隨校長身畔與遠近雲集之諸校友同申賀忱．

隨函附上紀念品一座，用示吾等旅居中國華北校友之悃誠，尚祈校長代收為禱．

图 7　康奈尔大学中国校友会《致母校书》

《致母校书》的背景是自从第一个中国学生施肇基在 1901 年毕业后，中国学生人数增长很快，在 1914 年胡适毕业的那一届，就有 21 名中国学生获取学士文凭。[①]从 1901 年至 1920 年，20 年间有 153 名中国学生在康奈尔大学获取了合计 177 个学位(4 个博士学位，52 个硕士学位，121 个学士学位)。[②] 1914 年 1 月 24 日第一对中国婴儿在伊萨卡诞生，中国留学生的家庭在美国的土地上纷纷建立起来。康奈尔大学的中国校友对母校孕育了深厚的感情。胡适在他给同学任鸿隽的信里甚至赞颂道：

> 绮色佳城，凯约嘉湖上，你还记得，绮山前山后，多少瀑布奇绝，更添上远远的一线湖光；瀑溪的秋色，西山的落日，真个无双；还有那到枕的湍声，

① Cornell University：*The Cornell 1914 Class Book*, The Cornell Annual, Ithaca, New York, 1914.

② 李佩：《学在康大，志在中华 ——康奈尔大学的中国校友》，北京：社会科学文献出版社，1999 年，第 253 页。

夜夜像聚雨打秋林一样？那是你和我最难忘的“第二故乡”。①

CHINESE CHILDREN BORN IN ITHACA AT CITY HOSPITAL

First of Such Parentage Born Here—Young Parents Very Much Pleased and Little Ones Welcomed by Many Friends of Two Families.

A great deal of interest has been occasioned at the City Hospital by the advent into the world of two little Chinese babies, one the son of Mr. and Mrs. Y. L. Yeh of 112 Stewart avenue and the other the son of Mr. and Mrs. James Yuan of 218½ University avenue. Those who have seen them say that they are just as tiny and cute as they could possibly be.

The Yeh child was born at 10 o'clock yesterday morning and the Yuan baby at 2:15 this morning. Both of the mothers, who are extremely young, are doing well and each seems to be very happy at the prospect of having a real baby to take care of.

Mr. Yeh said this morning that he and Mrs. Yeh had finally selected a name for the little one. He will be known as Ulysses Yeh. This small youngster with the Greek name, born in America of Chinese parents, is the cause of much rejoicing. His father has just finished his first year at Cornell, but expects to get his degree in 1916. He is specializing in chemistry and will probably take a post-graduate course upon the completion of the regular Arts course. He comes from Hongkong and prepared at the Canton Christian College and the Chinghua College which is a special school founded at Pekin for training the indemnity, or government students who are to be sent to America, to meet the requirements of American colleges. He was married to Mrs. Yeh just before he came from China to Cornell.

The two Chinese families are close friends and even if the two youngsters whom the people at the City Hospital are making such a fuss over, are the only ones of their nation and about their age in Ithaca, they will probably enjoy lots of good times together when they are a few years older.

Inquiries have been made among many Ithacans, and it is the general concensus of opinion that these are the first Chinese babies that Ithaca can boast were born here.

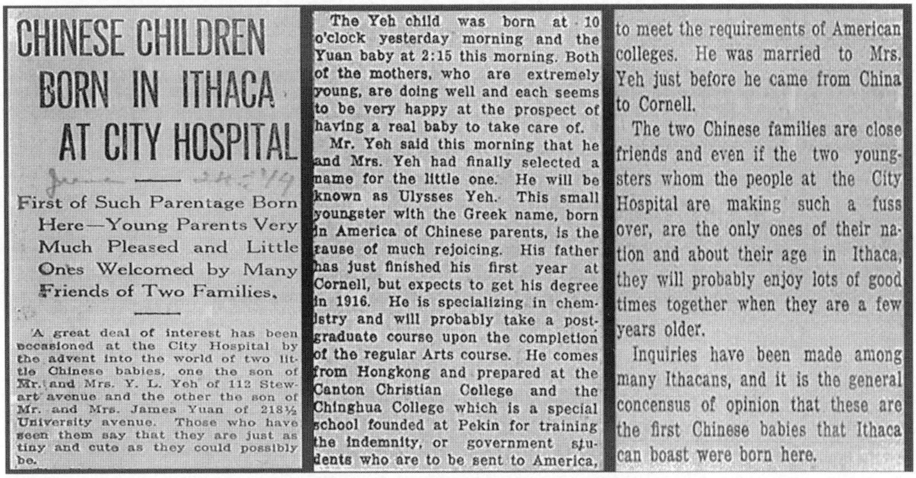

图 8 当地报纸对中国留学生婴儿出生的报道

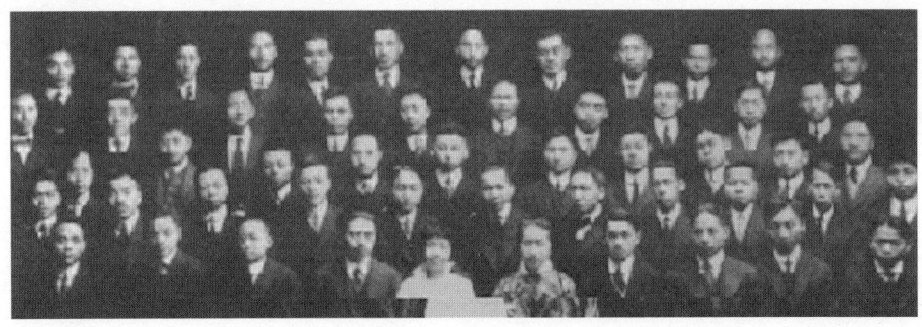

图 9 康奈尔大学的中国留学生

从 20 世纪 20 年代之后，康奈尔大学的汉译校名“康奈尔”便被普遍采用。比如 1937 年出版的《民国名人图鉴》中便可以看到类似“梁引年，北平大学工学院电学教授，1890 年生，美康奈尔大学硕士”的诸多词条。②

① 胡适：《送任叔永回四川》(1919)，《尝试集》，上海：亚东图书馆，1920 年。

② 杨家骆：《民国名人图鉴》，南京：辞典馆，1937 年。

图 10 《康奈尔大学与中国》(2007)

  1983 年康奈尔大学中国学生学者联谊会成立，会徽即采用"康奈尔"中文校名。1999 年校友李佩编辑、社会科学文献出版社出版的《学在康大，志在中华——康奈尔大学的中国校友》，2007 年康奈尔大学出版联络部发行的《康奈尔大学与中国》，2015 年为庆祝康奈尔大学建校 150 周年编撰的纪念特刊《关于康大》也都采用"康奈尔"汉译校名。

  诚然也有少数例外，譬如 1964 年康奈尔大学图书馆编撰的《康乃尔大学图书馆所藏(1949 以后出版)大陆杂志总目》，徐新义、萧念编撰，由湖南教育出版社出版的《康乃尔大学》，就采用了"康乃尔"而非"康奈尔"。但按新华通讯社译名资料组编的《英语姓名译名手册》，"康奈尔"才符合规范。[①]正如美国现任总统特朗普(Trump)，海外华文媒体译为"川普"，国内依据新华社的《英语姓名译名手册》，统一采用"特朗普"。

---

① 新华通讯社译名资料组：《英语姓名译名手册》，北京：商务印书馆，1997 年。

图 11 《英语姓名译名手册》

图 12 康奈尔译名

六、简化汉字方案后的康奈尔

1956年1月31日中国国务院颁布了《汉字简化方案》,2月1日开始实施。为此,我们特地统计了康奈尔大学在《人民日报》出现的次数。《人民日报》创刊于1946年5月31日,迄至2017年7月25日,康奈尔大学共在《人民日报》中出现266次。康奈尔大学首次出现在《人民日报》是在1950年3月22日,以繁体字出现。康奈尔大学第一次以简体字形式出现在《人民日报》是在1956年3月14日的一则新闻中,题目是"要美国政府作出交代 顾维馨的父母顾卫如和高若云的来信"。新闻内容如下:

> 我们的4个子女都在国家机关工作,我们一家的生活过得非常愉快。但我们的次子维馨至今还被阻留在美国,使我们日夜思念不安。
>
> 维馨在1947年去美国,进康奈尔大学,学电机工程,得硕士学位后,即在新泽西渥克城一家电气厂工作。1951年,他得到唐山交通大学聘书,准备回国,但因美政府阻扰,没有成功。1954年日内瓦会谈时,他和中国留学生40余人联名写信给日内瓦中国代表团,要求向美国政府交涉释放他们回国。可是至今仍不能回来,并且已有六七个月没有音信,使我们非常怀疑和焦虑,是否受到了美国政府的迫害?
>
> 看到祖国社会主义化的伟大计划,想到馨儿所学的电机工程正是祖国建设迫切需要的,同时我俩都是年逾60的人,且均患慢性疾病,对一别8年的爱子和新媳(1955年和留美学生顾瑛结婚),怎么不日夜思念呢?因此恳请政府坚决要美国政府准许维馨夫妇迅速回国,让他们早日为祖国效劳,并使骨肉团聚。
>
> 无锡 顾卫如 高若云

康奈尔大学汉译校名在媒体中由繁体字向简化字的转变是与《汉字简化方案》一致的。

七、跋语

康奈尔大学的汉译校名从"嵌列尔""干尼路""康南耳"到"康奈尔",从繁体到简体,故事涉及的有湖广总督张之洞、康奈尔大学教授布里尔、美国政府农业部驻京总署魏立生、五大臣出洋考察团戴鸿慈、康奈尔大学中国学生俱乐部、白话文运动先驱胡适、康奈尔大学中国校友会,乃至康奈尔大学的法律办公室。故事既不跌宕起伏,也不惊心动魄,但平凡而真实,是康奈尔大学与中国交往的一部分,值得铺叙。

当代佛教图书分类编目之分析与探讨

◎ 郭玲玲[①]

摘　要：

本文从佛教知识体系及汉籍佛教经典文献编目的发展，来分析《美国国会图书馆分类法》中，关于佛教相关经典文献的分类架构，以及如何对应现有中文佛教图书分类体系。期能为使用《美国国会图书馆分类法》编目的同仁在佛教相关典籍的分类上提供参考。

关键词：

图书分类法；佛教

Analysis on Contemporary Buddhist Classification Schedule

◎　Lingling Kuo

Abstract：

This article analyzes the underlying framework of the Buddhism classification schedule from United States of America's Library of Congress (LC) classification system. By showing how the schedule is informed by the classification of Buddhist knowledge and how it reflects the current Chinese classification system of Buddhist materials, this work aims to be a reference to those using the LC classification system to classify Buddhist materials.

Keywords：

Classification Schedule；Buddhism

---

① 郭玲玲，美国西来大学图书馆馆长。

一、引言

一般的美国大学院校图书馆,包括附设于各大学的东亚图书馆,多采用《美国国会图书馆分类法》,来做典藏书籍及研究资料的分类。《美国国会图书馆分类法》(Library of Congress Classification)建立于十九世纪初①,当初的架构及分类系统的建立,乃为处理国会图书馆本身的藏书种类,以当时国会图书馆的典藏部分,来建立分类号管理书目,而非有系统地以各学科的知识体系作为分类的主要依据②。

由此来看《美国国会图书馆分类法——佛学分类(BQ)》③部分,其分类编目体系架构,并不是以佛教本有的文献知识体系来分类,当佛教典籍文献需要做原始编目的分类时,很难给予适当的分类号。并且早期设立的分类号,是以当时建立的英文相关书籍的出版及发展为背景,要将各种语言的佛学典籍给予适当的分类号,更是一个难题。

佛教在印度发源,传到中土后,发扬光大,佛教典籍文献的知识体系也因之而完整。在大陆和台湾所使用的中文佛教相关典籍的分类法,皆以李世杰先生的《佛教图书分类法》④为依据,而加以改进。其详细的类目,比较能配合佛教教理及佛教文献体系的分类。

本文用中文的佛教文献知识分类体系,来比较分析《美国国会图书馆分类

---

① Library of Congress Classification, accessed August 16, 2018, http://www.loc.gov/catdir/cpso/lcc.html

② "美国国会图书馆分类法修订(Library of Congress Classification),"国家图书馆编目园地全球资讯网, accessed June 5, 2018, http://catweb.ncl.edu.tw/portal_e3_cnt_page.php?button_num=e3&folder_id=35&cnt_id=8&order_field=&order_type=&search_field=&search_word=&search_field2=&search_word2=&search_field3=&search_word3=&bool1=&bool2=&search_type=1&http://catweb.ncl.edu.tw/2-2-6.htm

③ Library of Congress, Library of Congress, and Cataloging Policy and Support Office, Library of Congress Classification. BL-BQ. Religion (General). Hinduism. Judaism. Islam. Buddhism (Washington, D.C.: Library of Congress, Cataloging Distribution Service, 2008).

④ 李世杰:《佛教图书分类法》,台北:台湾佛教月刊社,1962年。

法——佛学分类(BQ)》的组织架构,期能为使用《美国国会图书分类法》的编目同仁们在佛教书籍的分类上提供一个参考依据。并希望能将一些佛教典籍文献分类的原则及不同语言的佛教词汇做一介绍,让同仁们便于使用《美国国会图书馆分类法——佛学分类(BQ)》,推动佛书分类工作顺利进行。

二、佛教文献的源流与内容简介

佛教分为三大传承:南传佛教、汉传佛教、藏传佛教,佛教的典籍也以此三大传承为主要的内容。

佛教于公元前约五百年起源于印度,教主为释迦牟尼佛(B.C.565—B.C.486)。释迦牟尼佛说法四十九年,当时佛陀的说法为口传,佛陀灭度后,进行了多次的结集,正式以文字记录佛陀的说法①。

佛教文献的第一次结集(B.C.485),阿难尊者背诵出佛陀一生所说的法,是为"经藏";优婆离尊者将佛陀教导的戒律整理成为"律藏";迦叶尊者将佛弟子们对经律教义的论述,收集成"论藏"。经、律、论"三藏"圣典,成为佛教典籍最早的起源。

公元前四世纪时,佛教分为上座部及大众部两个主要的派系,其后各自经过几次经典的结集,同时佛教也于公元前三世纪阿育王时期开始,不断向印度以外地区传播,佛教文献也在佛教传播的过程中更加丰富。上座部派系的经典文献,流传到印度的南方,盛行于南亚及东南亚的国家,称为"上座部佛教",或是"南传佛教"。南传佛教的经典文献,以巴利文(Pali)为主要语言。

大众部派系,形成了大乘佛教的经典,在公元前后传入中国,成为"北传佛教"的经典文献,以梵文(Sanskrit)为主要语言。从汉魏到南北朝,佛经翻译盛行,汉译佛教典籍,而后传到韩国及日本,盛行于东亚,称为"汉传佛教"。

其后"北传佛教"传入中国西藏、蒙古及俄罗斯地区,所传入的经典被译为藏语,称为"藏传佛教"。

---

① 《丛书佛教文献类编》编委会:《丛书佛教文献类编》,北京:北京图书馆出版社,2004年,第一册。

这三种佛教因知识传承方式与地理位置的迥异，故分为巴利语系佛教、汉语系佛教和藏语系佛教。随着这三大类佛教经典于十九世纪流传到欧美，部分佛教典籍也翻译成西方不同语言，再加上印刷事业的便利，所以现在各大图书馆都有丰富的佛教馆藏，其中还包括各种语言的佛教出版文物。

综上所述，佛教起源于印度，梵语、巴利语是记录印度佛教文献的二种主要原始语言，也是各系统佛教经论翻译的依据；而汉语、藏语则是整个佛教外传过程中，翻译经论最多，保存文献最完整和著述最丰富的佛教经典语言。其后佛教典籍由梵、巴、汉、藏翻成英、日、德、法等语言，加上各种现代语言写成的佛教研究典籍，更是如虎添翼地为佛教文献注入丰富的内涵。

三、中文佛教文献的分类

佛书分类，在原始佛教初期，文体上有"九分教"[①]"十二分教"[②]之别[③]，经典结集后，以经律论"三藏"来归纳典籍文献的内容。

北传佛教的经典文献，自魏晋时即已有佛教目录的出现[④]。汉译经典及汉文撰述文献资料的数量，在唐朝有显著的增加。唐代的佛书分类，已经有经典的部次方式，及藏经组织规模的建立，建构出三藏的次序，并在三藏之下，复分般若、宝积、大集、华严、涅槃五大部的编次方法，为后代经部分类的重要准则。唐代智升法师的《开元释教录》可做为佛教目录的代表作，千字文的编次字号，可说是中国最古的藏书目录排架号。唐代的佛书目录，对于经书的分类，在体例上的编排已颇为严谨及颇有规模，有些目录，在书目下并有解题的介绍，以及真伪的考定。

---

① "九分教"：契经（修多罗）、应颂（只夜）、记说（和伽罗那）、讽诵（伽他）、自说（忧陀那）、本事（如是语、伊帝日多伽）、本生（阇陀加）、方广（毗佛略）、希法（阿浮陀达磨）。

② "十二分教"：契经（修多罗）、应颂（只夜）、记说（和伽罗那）、讽诵（伽他）、自说（忧陀那）、因缘（尼陀那）、譬喻（阿波陀那）、本事（如是语、伊帝日多伽）、本生（阇陀加）、方广（毗佛略）、希法（阿浮陀达磨）、论议（优波提舍）。

③ 印顺：《原始佛教圣典之集成》，台北：慧日讲堂，1971年。

④ 姚名达：《中国目录学史》，台北：台湾商务印书馆，1973年，第229页。

宋代之后,以至明清,随着学术的蓬勃发展,在佛教的目录学上,更臻完善。明末智旭大师的《阅藏知津》,对于"三藏"的部次方式做了更动,确立经藏分类部次的体制,并另立"杂藏",收录未入三藏的各种佛学著作,包括文史哲作品及仪式文献,形成了以经、律、论、杂等四类的佛教典籍文献分类体系①。

二十世纪以来,由于翻译及印刷术的发达,汉传佛教典籍文献的出版蓬勃发展。近代的中国佛教典籍文献的分类,中国台湾的佛教图书馆,多以李世杰先生于1962年编著的《佛教图书分类法》为准则。李先生编的分类法,依佛教知识分类体系而建立,专门为佛教图书馆分类而设,在教理方面,采取现代学术方法,以因应佛教各学科的新发展;在教史方面,采用通别并行,以因应将来佛教史学的发展;在经律论方面,采取历史发展的顺序,为三藏做有系统的分类;在仪制、布教方面,配合实际弘法情况订定详表;在宗派方面,各宗派再以教理、教史、宗典为大纲而作详细分类。

综上所述,李先生《佛教图书分类法》,建立了以内容与形式为架构的完整佛教分类体系②,成为第一部广为台湾佛教图书馆采用的分类法。此分类法先将佛教图书分成总类与别类,别类再类分为内容与形式;内容再分为性质系统与文献,性质细分为教理与教史,文献再细分为经律论三部分;而在形式活动中,再分形态与方法。形态分成仪制与寺院二类,方法则分成布教与宗派二类③。

由于现代佛教相关出版品的增多,在佛书的分类上,更需要不断地跟进与扩展,然而李先生的《佛教图书分类法》未能持续修订,佛教界有感于佛教出版品的迅速增长,于二十世纪末,依据李先生的《佛教图书分类法》为基础,由台湾香光尼众佛学院图书馆主持修订,于1996年出版《佛教图书分类法》④。此法

---

① 陈引驰、苏畅:《莲花净土:佛教的彼岸》,香港:中华书局,2017年。
② 李世杰:《佛教图书分类法》,台北:台湾佛教月刊社,1962年,第1—2页。
③ 庄耀辉:《唐代佛书分类与现代佛学图书分类之比较研究》,博士学位论文,台湾大学图书馆学研究所,1989年,第75页。
④ 蓝文钦:《〈佛教图书分类法(2011年版)〉评介》,《佛教图书馆馆讯》,2011年,第53期,第48—49页。

再经过修订补充,于 2011 年出版《佛教图书分类法(2011 年版)》①。综观此分类法,在类目上较能顾及整个佛学领域的文献②。

香光尼众佛学院图书馆的《佛教图书分类法》不仅为台湾的佛教图书馆采用,一般性的图书馆也依此作为修订及补充佛教文献类目的参考,台湾图书馆界认为此法可以提供完整且适应时代需要的佛教分类表③。大陆学者白化文先生也据此改编成为适合大陆使用的《佛教图书分类法》(改定本),并推荐大陆图书馆采用此分类法作为佛学图书的基本分类法④。

四、美国国会图书馆分类法

美国国会图书馆 1802 年正式成立,《美国国会图书馆分类法》在制定之初,是以当时馆藏的内容来发展其学科的分类号,而非依知识体系的架构来编制,因此各类目之间的附属关系并不明显。佛教文献在宗教类中仅占一小部分,而且当时英译的佛书与佛学知识的文献仍属有限,在类目的安排上,可以看出是套用基督教的体系观点来做佛教图书的分类⑤。

美国国会图书馆宗教类的类目在 1927 年发行第一版,佛教的书籍,归类于 BL 之一小部分。在 1962 年修订的第二版中,佛教的书籍归类于 BL1400-1495。随着佛教文献的迅速增加,1984 年修订的第三版则由田中肯尼斯先生(Mr. Kenneth Tanaka)配合当时的出版情况,更新与增减一些类目,将佛教类

---

① 香光尼众佛学院图书馆,《佛教图书分类法,2011 年版》(*New Classification Scheme for Buddhist Libraries, 2011 edition*),嘉义:香光书乡出版社,2011 年。
② 庄耀辉:《唐代佛书分类与现代佛学图书分类之比较研究》,博士学位论文,台湾大学图书馆学研究所,1989 年,第 76 页。
③ 阮静玲:《〈佛教图书分类法(1996 年版)〉与各分类法之佛教类目比较分析》,《佛教图书馆馆讯》,2001 年,第 28 期,第 26 页。
④ 白化文:《佛教图书分类法》,北京:北京图书馆出版社,2001 年,第 5 页。
⑤ 庄耀辉:《唐代佛书分类与现代佛学图书分类之比较研究》,博士学位论文,台湾大学图书馆学研究所,1989 年,第 59 页。

号整个移到 BQ1-9900,成为比较独立完整的分类系统①。

田中先生深厚的佛学素养,以及资深图书馆员的背景,将第三版大张旗鼓地修改,类目较第二版详尽而完整。但国会图书馆的分类号,主要在反映其馆藏典籍的收藏,其收藏内容仍受限于当时英译佛教文献的出版状况,并未能全面地以整个佛教知识体系来做修订,而且当时的佛教典籍文献的收藏以英文出版品为主,也未能涵盖其他语言的佛教典籍文献。

从第三版的《美国国会图书馆分类法——佛学分类(BQ)》可以看出其最初的收藏,以当时佛教典籍文献翻译成英文居多的日本佛教、禅宗方面、藏传佛教及密教方面的书籍为主,有许多类目尚未触及,因此它的类目并未能普及于所有的佛教典籍文献,无法以整体的佛教体系来呈现佛教的分类。因此,在其后的扩展上,有些佛教经典文献,很难在旧有的类号中找到适当的位置。

在藏经的部分,由于当时的南传巴利文佛书的翻译及佛学典籍出版较多,在藏经的部次安排上,也比较接近南传藏经的系统,在北传汉语系及藏传的大乘经典的类目排序上,则并没有反映出三藏经典的有序的分类②。

在宗派方面,以日本佛教的净土宗、密续佛教、禅宗为标题,对于中国盛行的其他各宗,当初都没有被编入,而后仅能按既有的分类安插进去。有关宗派部分,下文有一章节另做说明。

五、以佛教的分类原理及体系来分析《美国国会图书馆分类法——佛学分类(BQ)》

由于《美国国会图书馆分类法——佛学分类(BQ)》未能全面体现整个佛教的知识与文献的面貌,在运用此分类法来归类处理各国语言的佛教典藏文献,尤其是中文的佛教典藏文献,很难给予适当的分类号。

---

① 庄耀辉:《唐代佛书分类与现代佛学图书分类之比较研究》,博士学位论文,台湾大学图书馆学研究所,1989 年,第 67—68 页。

② 庄耀辉:《唐代佛书分类与现代佛学图书分类之比较研究》,博士学位论文,台湾大学图书馆学研究所,1989 年,第 67—68 页。

相对而言，中文佛书的分类，尤其是参照李先生的《佛教图书分类法》为底本所编的香光尼众佛学院图书馆出版的《佛教图书分类法》，乃是以佛教的整体知识体系为架构，对于目前中外佛书的分类，有甚为重要的参考的功能，本文借此中文的《佛教图书分类法》，来比较分析美国国会图书馆的佛教分类。

下表是以李先生在《佛教图书分类法》中的分类原理及其体系所做的表解为依准[①]，将《美国国会图书馆分类法——佛学分类（BQ）》各类目分析纳入此表解的各个子目中，期能依李先生表解的分类原理及体系的分类，让馆员在运用《美国国会图书馆法——佛学分类（BQ）》时，能有一个比较清楚的架构来做适当的分类。

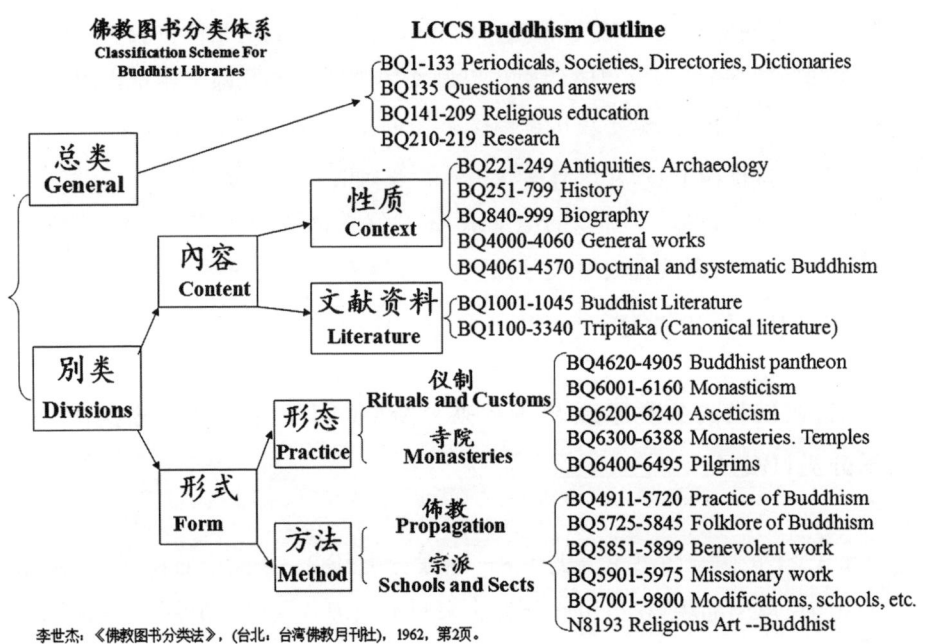

李世杰：《佛教图书分类法》，(台北：台湾佛教月刊社)，1962年，第2页。

---

① 李世杰：《佛教图书分类法》，台北：台湾佛教月刊社，1962年，第2页。

六、《美国国会图书馆分类法——佛学分类(BQ)》有关佛教宗派的类目

前文已提及,佛教宗派源自部派佛教时的上座部、大众部之分,而后南传、北传。在此借用香光尼众图书馆《佛教图书分类法》(2011年版)的佛教宗派表解①,列举出一些《美国国会图书馆分类法——佛学分类(BQ)》BQ7001-9800 的宗派类目上出现的宗派名称。

在《美国国会图书馆分类法——佛学分类(BQ)》BQ7001-9800 的宗派类目中,有出现日译及中译的宗派名称,在此表解中,将中文及日文有关佛教宗派的译文列注说明,期能让馆员在宗派的分类上,对于不同的宗派英译词汇,但隶属同一宗派的书籍放在同一类目下,有所了解,同时附上各宗派的分类号以供参考。

BQ7001-9800 宗派类目的编排,也并非按佛教宗派的体系来归类,而是以不同语言的英译名来作字母编排。在此一提,一些其他的宗派及新兴的宗派,不在附图的表解中。

---

① 香光尼众佛学院图书馆:《佛教图书分类法,2011年版》(*New Classification Scheme for Buddhist Libraries*, *2011 edition*),嘉义:香光书乡出版社,2011年,第46—47页。

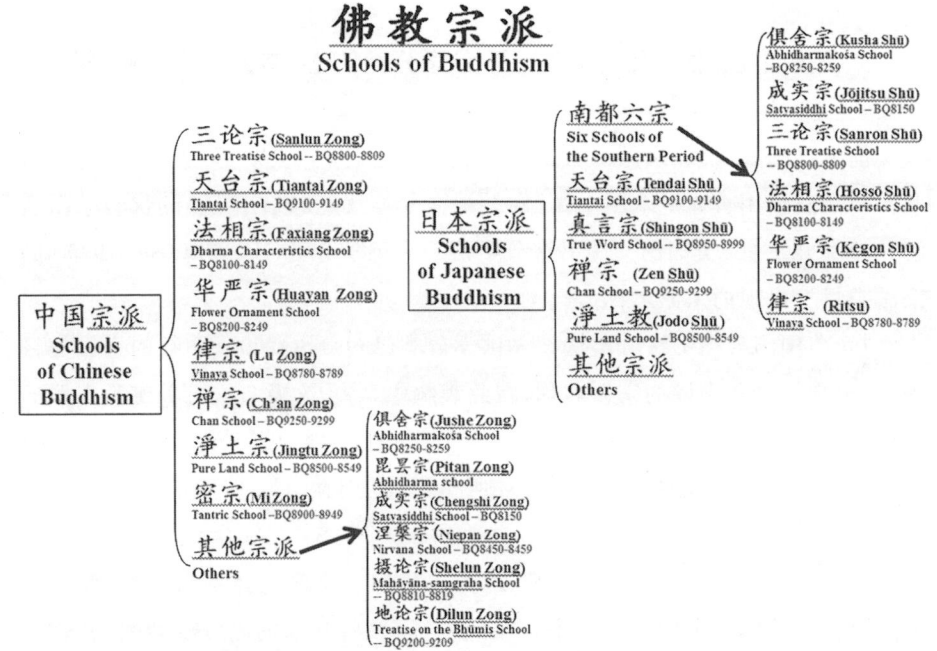

香光尼众佛学院图书馆,《佛教图书分类法,2011年版 = New classification scheme for Buddhist libraries, 2011 edition》,(嘉义市:香光书乡出版社),2011,第46-47,102页。

七、《美国国会图书馆标题表》①的主题词"大藏经"不同的翻译

佛教经典文献〔BQ1100-3340〕从巴利文、梵文的原典翻译成其他语言,并有大量的汉文及藏文佛教经典。在主题词中,也会以不同的英译词词汇来呈现其不同语言的原典翻译。

若经典的原文是巴利文,主题词则以 Tipitaka 为开端;若经典的原文是梵文,主题词则以 Tripitaka 为开端;若经典的原文是中文,主题词则以 Da Zang Jing 为开端。

以下列举说明:

---

① Library of Congress Subject Heading(LCSH),prepared by Subject Cataloging Division, Processing Services. 26th Edition,Washington,D.C.:Cataloging Distribution Service,Library of Congress,2003.

1.Tipitaka：巴利文大藏经，及巴利文翻译的经典

Ex.时空中的莲花时空中的莲花（OCLC♯922698004）

- 130 0 Tipitaka. |p Suttapitaka. |p Khuddakanikāya. |p Jātaka. |l Chinese.

- 245 10 Shi kong zhong de lian hua：|b Fo tuo guo qu sheng de gu shi / |c Xia Mianzun bian yi.

- 245 10 时空中的莲花：|b 佛陀过去生的故事／|c 夏丏尊编译.

2.Tripitaka：梵文藏经，及梵文翻译的经典

Ex.金刚经之中道观（OCLC♯965630839）

- 245 10 Jin gang jing zhi zhong dao guan / |c Ye Xuanmo zhu.

- 245 10 金刚经之中道观/ |c 叶宣模著.

- 630 00 Tripitaka. |p Sūtrapitaka. |p Prajūāpāramitā. |p Vajracchedikā |v Commentaries.

3.Da Zang Jing：中文大藏经

Ex."碛砂藏"研究论文选辑（OCLC♯963673628）

- 245 00 "Qi sha zang" yan jiu lun wen xuan ji / |c Sun Zhongwang zhu bian.

- 245-00 "碛砂藏"研究论文选辑／|c 孙中旺主编.

- 630 00 Da zang jing.

八、结语

由于笔者所服务的美国西来大学（University of the West）图书馆有各种语言的佛学书籍，在排架方面，采用各种语言的书籍一起排列的方式，以便于使用多种语言的学者及学生，在查询相同主题的图书资料时，可以同时参考不同语言的同类书籍。在运用《美国国会图书馆分类法——佛学分类（BQ）》中，整理出以上的笔记，与同仁们分享，期能让同仁在使用《美国国会图书馆分类法——佛学分类（BQ）》时更能得心应手。

张天清著《走进美国》序

◎ 马小鹤[①]

摘　要：

张天清先生出版考察美国日记《走进美国》一书，笔者为之作序。回顾了20世纪70年代"上山下乡"运动期间笔者在江西做知青、任民办小学教师时，与农村孩子张天清的师生之谊。简述了张天清从优秀学生到优秀干部的历程，以及近年陪同笔者回到他的家乡重访乡亲的经历。在《走进美国》一书中，张天清先生身为江西省精神文明办主任，尤其注意美国的教育、新闻、出版、图书馆、大学等，从中概括了可以吸取的经验，以及可以引以为鉴的教训。笔者也阐述了自己对有些问题的思考。

关键词：

江西省；"上山下乡"运动；美国；图书馆；教育

Preface for Entering America by Zhang Tianqing

◎　Xiaohe Ma

Abstract：

Mr. Zhang Tianqing will publish his diary of observation of USA-*Entering America* and I write this preface for his book. I look back the teacher-student friendship between me as a sent-down youth and a teacher of the primary school run by the local people and him as a child in a village of Jiangxi Province in 1970's during the Down to the Countryside Movement. I briefly survey how Zhang Tianqing was from an outstanding student to a provincial cadre and how he accompanied me

---

① 马小鹤，美国哈佛大学哈佛燕京图书馆中国研究馆员。

to his native land to visit local people. This preface introduces the content of the book *Entering America*. Mr. Zhang Tianqing as director of the Commission for Guiding Cultural and Ethical Progress of Jiangxi Province paid much attention to the education, journalism, publication, library, and university, etc., summarized the American experiences and lessons. I also elaborate my thinking about some questions.

Keywords：

Jiangxi Province；Down to the Countryside Movement；USA；Library；Education

2017年11月，张天清先生将其所著《走进美国》稿件发给我，请我作序，我觉得正是一个好机会，回忆一下我们之间的师生缘分。

1969年，我与其他9个上海中学生，主要是向明中学的同学，一起前往江西省寻乌县澄江公社龙岗大队插队落户。到了龙岗，暂时住下后，接着就是往下分到生产队。其中一个生产队名叫登豆岭，不通公路，从龙岗出发，要走8里山路（翻一个山头），环境比较艰苦。结果包括我在内的4个男生因没有弟弟、妹妹需要照顾，也没有慢性病，就自愿前往登豆岭了。我在登豆岭一待就是5年，与当地农民朝夕相处。

天清当时大概还没有上小学，只是登豆岭很多小孩之一，唯一给我们留下一点记忆的是，听说他不是父母亲生的，而是领养的。他的养父、养母就住在我们附近，辈分比较高，村民叫他们鹤龄叔公、佛娣叔婆，我们也就跟着大伙儿这么称呼，天清叫他们爷爷、奶奶。鹤龄曾担任生产队的会计，我的同学担任过出纳，有些交往。我则掌管过粮仓的钥匙，双抢、秋收的时节，负责晒谷，佛娣是一起晒谷的几个妇女之一。村民把钱粮交给我们这些人掌管，说明他们对我们是比较信得过的。

我们4个知青主要时间都出工，争取贫下中农对我们能有一个好的评价，不大顾得上家务，不大会种菜，常以咸萝卜干、小咸鱼下饭。佛娣有时候看在眼里，会在自己菜地上摘点蔬菜，送给我们。我们也很少擦洗大锅的木头锅盖，常常黑漆漆的。佛娣叔婆是一个要干净的女子，平时自己总是收拾得整洁利索，对我们的锅盖大概有点看不下去，在晒谷中间休息的时候，曾拿起我们的锅盖，到河边洗干净。这些都是小事，但近半个世纪过去了，仍然记在我心里。上海知识青年远离家乡父母，佛娣叔婆这样待之犹如家人，令人终身难忘。

对少年天清的了解，是从我做民办教师开始的。生产队与我商量，是否愿意担任赤脚老师，也就是拿工分的教师。登豆岭有一所小学，是4个自然村之间的一座旧祠堂。一位公办教师就住在祠堂的一间小房间里。祠堂的大厅里，并无墙壁隔断，就在天井的左右各放几排桌椅，一年级到三年级的学生分成三组坐在那里上课。由于师资短缺，是复式教育。老师总是让两个年级的孩子做作业，给一个年级的孩子讲课。顾此失彼是必然的。一年级的孩子最多，其实是家长要下地劳动，没有时间照顾孩子，一年级的孩子还干不了多少家务，就送到学校来，总比让孩子留在家里自己玩放心一些。因此他们当中有的人没有铅笔、簿子，有的还背着更小的弟妹。二年级的孩子就大为减少了，因为这个年纪的孩子已经可以做点家务，尤其是女孩子，家长就不送他们来上学了。三年级的学生就更少了，女孩子基本上都不读三年级。这个小学有两个民办教师，除了我，还有一位张开炎，和我住在一个自然村，每天早晨我们一起在村头等一下，等来的小学生多了，就一起走到学校去。放学了，一起带着本村的孩子回村里。

这样的农村小学是很难教的，教的过程中，我很快意识到，孔夫子的"唯上智与下愚不移"的说法是有一些道理的。同样都是农村孩子，有的小孩连最基本的数字都很难教会。但是，有几个天资甚高的学生给我留下深刻印象，其中天清尤其突出，一教就会。数字教一遍，马上认识，加法、减法也学得飞快。汉字一教，转眼就可以默写。我不由心生疑惑，是否他父亲在家先教会了他？因为他养父鹤龄做过会计，识字，也会算术。于是一天放学回家，我带着他，顺脚就走到他家里去，正好鹤龄叔公在家，我就告诉他，天清读书异常优秀，是否事先在家里教会的？鹤龄叔公说并无其事。我说，那么这个孩子就是非常会读书。这个细节，我一直记得。它是否对以后鹤龄叔公、佛娣叔婆坚持送天清上学有所影响？我并不知道。

我们这些知青总是盼着招工离开农村，我觉得当民办教师，就不与农民一起下地干活了，要想劳动表现好，还是不做民办教师，所以后来又回到生产队干农活去了。

1974年，根据中央30号文件精神，如果家里孩子都插队了，可以有一个回城，俗称"独留"。我于是离开农村，回到上海，在生产组工作几个月后，到修建队当小工，直到大学恢复招生，考上复旦大学历史系。在复旦大学历史系读在职博士期间，1988年哈佛燕京学社社长韩南(Patrick Hanan)到复旦来面试，我通过了面试，遂定于次年赴哈佛学习一年。此后换过几次工作，1999年重新回到哈佛，在哈佛燕京图书馆工作。这些年当中，浪迹天涯，不仅与江西寻乌县龙岗的乡亲们失去了联系，与当年插队的老同学也很少通信。

　　互联网的时代，只要想取得联系，机会还是很多的。当年相濡以沫、一起插队5年的老同学联系上我，告诉我，张天清现在已任江西省文明办主任，一直在找我，希望与我取得联系。我也从来没有忘记这个特聪明的孩子，于是就与他通起电子邮件来。天清告诉我，他的儿子正在加拿大读书，他的妻子也会到北美来看望儿子，并想一起到波士顿来。于是我就邀请他们母子来我家一聚。聊天时才得知，我当时的感觉不错，天清确实聪明，是个读书的种子。他14岁就考取了江西师范大学历史系，毕业后分到江西省委宣传部工作。我当年在农村时，村里有一对夫妇，也没有孩子，领养了亲戚的孩子，但是孩子读了书，就不回来了，老夫妻晚境凄凉。但是天清却在还没有成家、工资收入极低、条件很差的情况下，就把鹤龄叔公、佛娣叔婆接到南昌，共同生活了20年。鹤龄叔公已去世，佛娣叔婆还健在。不过天清的儿子也留学了，佛娣叔婆就回寻乌家乡养老，天清夫妇每年都会回家看望她几次。天清在邮件中一再邀请我什么时候有空，他陪我一起回登豆岭看看。

　　2015年10月，我参加在福建厦门召开的一个图书馆方面的会议，那是离寻乌比较近的大城市，会议结束后，应该是与天清一起看看登豆岭乡亲们的好机会。于是，我与两位插队的同学约定，他们先到南昌与天清夫妇会合，然后由天清开车到江西南丰来接我。我从厦门乘动车到南丰与他们会合后，由天清开车3个半小时，到达登豆岭。40多年过去了，变化很大。现在公路一直修到登豆岭，村里有的农民有了小轿车，大多数有了摩托车，很少有人再爬山去龙岗（现在叫水源乡）了。村里还建了一个文化活动中心和文化广场。

　　农民都已经不种水稻了，改为种植脐橙为主，收入大为提高，万元户不少。

村里也没有耕牛了,以前的牛棚就空着。我们也去看了我住过5年的一座两层楼的房子,这本来是一户富农的,是村里比较高、比较好的房子,现在由原主人的儿子住着。村里大多农民盖了新房子,有两层楼、三层楼的,还有不少四五层楼的。房子里都有客厅,厅里有大电视机,一圈沙发。张开炎和另一村民请我们吃饭,颇为丰盛,可见大部分农民早已解决温饱问题,可谓小康了。登豆岭的农民,老年的,都还记得我们,嘘寒问暖,各道分别以来的经历与目前的状况。有不少当年是与天清一样的小学生,如今也都人到中年,大部分生活得不错。

见到了分别已久的佛娣叔婆。天清此书也深情地谈到爷爷奶奶对他的教育:"中国是千年古国、礼仪之邦,历来注重礼节、讲究礼貌。爷爷、奶奶虽然没有文化,记得我小时候,他们一直教育我,碰到了人一定要打招呼,对长辈不能直呼其名;来了客人一定要热情客气;要站有站相、坐有坐相;看见有乞讨的、残疾的,要给予帮助,决不能讥讽取笑。凡此等等,铭记一生。"(1月26日"点滴感受美国公共文明")佛娣叔婆具备了中国传统文化的不少优点,在其言传身教之下,不仅天清始终尊师重教,其子也彬彬有礼。

数天之后,天清又自己开车,把我送到江西瑞金再分手,我去厦门乘飞机回波士顿,他们回南昌,两个同学再从南昌回上海。

这两年来,时不时会与天清通讯,他曾说起写旅美日记,准备查些资料,补充修订后出版,曾来电子邮件问起赛克勒(Arthur M. Sackler)。回答这样的咨询,正是我作中国研究馆员的日常工作之一,加上我自己曾考证过美国华盛顿弗莱尔美术馆(Freer Gallery of Art)所藏的两幅敦煌绢画,也认识在那里工作的中国研究馆员,于是把收集到的资料发给了天清。(见本书1月26日"亚瑟·M.萨克勒与弗莱尔·赛克勒"一节)最近天清发来全书,请我作序,遂欣然命笔。

这不是一般的旅游日记,谈谈山水风景、风俗人情。这是天清对美国很多现象的深入观察,经常与中国进行比较,分辨什么是长处,值得学习,同时又很清醒地看到美国的弱点,不必盲从。很多事实都经过仔细查对,就是像我这样在美国工作、生活多年的人,也未必知道所有这些事实。同时,又写得很有人情味,可以说是一本"有温度"的书。

原书记 1 月 21 日"现场感受 NBA 比赛"就是一段火热的文字。因为天清平时对篮球并不感兴趣,所以并未预料这场比赛会多么让他震惊。但是没有想到的是,他一到现场,就立即随着那种气氛而融进了整个比赛之中。他坦承"精彩的球艺、狂热的观众,是今生所经历的任何赛事所无法相比的"。为什么有那样的吸引力?因为有一些国内转播所没有的重要环节和项目。其中一个是比赛开始时全场自动起立齐唱国歌的场景令人极度震撼,令人热血沸腾。他说"在不在现场,冰火两重天。也是今天才搞明白,为什么美国 NBA 比赛那么火,收看那么热"。但他也生动地描绘了现场的不和谐音符:那持续刺耳的喝倒彩声音,而且是全场一齐喝倒彩,甚至大骂"狗屎"等一些侮辱性语言,让你无法理解,无法忍受。他身后的几个赌球者的心绪更是难以自抑、几近癫狂,一会儿大叫,一会儿大笑,互相之间一直不停地攻击、谩骂,有几次甚至有大打出手的架势。我看了这段描述,心想即使像我这样从来没有现场看过 NBA 比赛的人,也能通过他的文字,宛如身临其境。

书中很多地方都提供了详细的资料,比如 1 月 15 日"中国:联合国'第一签字国'"讲述了按国家的英文字母顺序排签字先后,中国成了最先签字的国家的故事;"洛克菲勒中心的壁画事件"讲述了墨西哥壁画家迭戈·里维拉为洛克菲勒中心绘制的《十字路口的人类》包含有列宁号召无产阶级革命的形象,最后被销毁的故事;1 月 18 日"美国'第一州'"讲述了特拉华州在 13 州中第一个批准了联邦宪法,从而成为美国第一州的故事……这些故事即使久居美国者也未必都知道。有时列举了成串的数字,比如 1 月 17 日"黑人的地位与高犯罪率"列出了 26 个美国犯罪率最高的城市,1 月 18 日"看不懂的美国消费税"列出了各州消费税税率,也是美国华人未必熟悉的。这是一本相当有知识性的读物。

更有价值的是本书作为对美国的观察与思考,处处体现了作者爱国爱民的拳拳之心。这里仅举数例。

天清在介绍了美国厕所提供免费手纸、很多厕所设有家庭厕所(又称第三厕所)的情况以后,联想到国内的"厕所革命"。他回忆起 10 多年前,他带当时 6 岁的儿子回老家,面对粪坑式厕所,儿子死活不去,只好让他到田野中自行解决。而现在登豆岭村民早已全部用上了水冲式厕所,村里还建有一个集中的生态化粪池，建立了公共厕所。(见 1 月 26 日"点滴感受美国公共文明")当年我们知青在村里时，都是使用村民的厕所，有多年的切身体会。而我们读中学时到上海郊区去劳动，那种粪坑式厕所则更令人望而生畏。2015 年 10 月我们回登豆岭，不仅在文化中心的住处用上了水冲式厕所，到村民家作客，用的也都是水冲式厕所。确实如天清所言，如厕问题是一个带普遍性的世界性问题，它不仅与经济社会发展水平直接相关，而且还涉及思想观念、风俗习惯等诸多方面。

另一个例子是天清万万没有想到的，在纽约的街道上，包括最主要的繁华大街上竟允许售货摊点存在。特别令他惊诧的是，竟然随处可见现场加工煎炒食品的餐车。这要是在国内大城市，别说北京、上海，就是在一些省会城市也是不被允许的。他认为："'人'才是城市的主体，对'四小'(食品小作坊、小餐饮、小食杂店、小摊贩)怎么管理，体现了一个城市的发展理念、人文关怀，加强城市管理、维护城市整洁、提升城市形象，绝不是简单一禁了之，而应该一切以人为本、以人为中心，按照'方便群众、合理布局'的原则进行规范化、人性化管理，这才是城市管理的最高境界。"(见 1 月 16 日"大街上的售货摊点与餐车")我当年一到美国，就看到哈佛广场有售货摊点，离开图书馆不远就有餐车，没有安顿下来之前，就在那里吃饭，倒并未引起多少思考。更引人注目的变化是哈佛大学范围内，在哈佛园(Harvard Yard)与科学中心之间有一大片空地，多年就是空着的土地。前几年学校将其铺成颇有艺术性的水泥地，天天有几辆餐车在此服务，每逢周二还搭上占半片空地的巨型帐篷，让各种小摊点在此服务。甚至还有销售鲜鱼的车辆停在帐篷外做生意。这显然为周围的小摊点提供了比较好的经营条件，也为哈佛师生员工提供了方便。对比之下，看到国内新闻报道城管与小摊点发生冲突，甚至出人命，也会有些感慨。哈佛并未以自己是世界著名高等学府，一律禁止小摊点、餐车在其土地上经营。

第三个例子是天清在纽约观察到不少居民楼房外墙上建有简易的金属楼梯，这些都是老房子，过去没有建消防通道，政府强令所有老住宅必须按照统一标准和格式在外墙上加建消防楼梯。这让他大为感慨。(见 1 月 14 日"老居民楼的消防楼梯")这种老居民楼的消防楼梯在纽约比较常见，也多次在电影、电视中出现，但是我以前并不了解其来龙去脉，看了天清的说明才明白。说起重视消防,我的生活、工作环境中都有不少实际例子。我所住的阿灵顿市就有不少消防站,常常看到消防车轰鸣着风驰电掣般驶过。因为波士顿郊区很多小独幢房子主要建筑材料是木料,如果一旦着火,蔓延开来,损失惨重。每家的房子里装有烟雾报警器,一旦报警,消防车很快就会前来。哈佛图书馆也每年要进行消防训练,每个人都要用一下灭火器。也进行消防预演,即发出假警报,但大家都很认真,全体读者与工作人员都要迅速撤离到指定地点,点一遍人头,确定员工都撤出来了。在消防方面,国内确实还有改进余地,但愿能吸收发达国家的先进经验,将灾难造成的损失减至最低限度。

此书涉及的方面相当广泛,主要则是介绍美国的教育、新闻、出版、图书馆、大学等,以及可以从中吸取的经验,总之就是精神文明吧。而我自己也长期在大学工作,有3年在新闻界工作,也就借为此书作序的机会,谈谈对书中的介绍和分析的体会。

天清联想到儿子在加拿大的学习经历,觉得美国、加拿大的大学本科让学生学习一两年后再定专业,更有自主性,选修制度也可以让学生涉猎各门学科知识,有利于知识结构的拓宽和优化。美国、加拿大的高等教育在尊重、激发学生的自主性、创造性方面很值得我们学习。中西教育各有特点,各有所长、各有优势。(见1月11日"一个女留学生的自白")以我自己女儿的学习经历来看,中西教育确实各有优势。中国比较好的中小学,基础教育比较扎实,中国语文与美国英语教育很难比较,但数理化是比较容易比较的,在中国高质量中小学里比较一般的学生,到了美国往往能在数理化方面名列前茅。我有时感慨,美国的公立中小学教育真可谓是教育普通劳动者的,到了高中,则选修课颇多,得了学分,可以带到大学里去,其中又以西欧史、微积分之类课程比较难。但是如果学生不选修,也照样毕业。想想如果高中毕业不再升学,而去就业,西欧史、微积分之类大概很少有用武之地。有志于升学的学生有很大自主性,可以修大量的选修课,把学分带到大学里去。我也接触过不少哈佛的本科生和硕士、博士候选人,他们通常都是与我约定时间,谈他们计划中的中国研究,我就他们的计划向他们介绍有关的资料,主要是中文的纸本与电子资源,以及谈谈自己觉得从怎样的角度,用什么方法作此研究比较合适。交谈中体会到,学生从本科到硕士、博士,越是学得深,难度越是大。这有其合理性。如果你选择了读博士,当然是有志于成为这个领域里的专门研究者,如果不是特别热爱这个专业,愿意殚精竭虑做学问,为何要来读这个博士?何不趁早找一份工作,挣钱过日子?这与中国差别很大。中国考取大学,特别是考取重点大学,竞争异常激烈。但是进了大学,在中小学苦读的学生们都松了一口气。按照施一公的说法,中国学生均值很高,但方差很小。这也许可以解释,为什么中国很多学生中小学数理化水平不错,但是中国的科技还没有领先世界。中国教育改革在这方面还任重而道远。

根据我对女儿在美国学习情况的观察和辅导,体会到要在美国的教育体制里让孩子坚持学习中文相当不容易。我孩子生活在华裔家庭里,小时候还在内地、香港学习过数年中文,我也尽量循循善诱,不硬逼而引起孩子反感,她尚且没有达到国内大学生的平均中文水平,那么美国孩子要学习中文有多难也就可想而知了。天清介绍的美国人学中文增温的情况完全属实。(见1月14日"在佩里媒体中心了解'中文热'")我女儿应该是最早在美国参加SAT中文考试的孩子之一,以前有日文、韩文的,但是没有中文的SAT。美国有些中小学也将中文作为学生可以选修的外语。在燕京图书馆的工作中,也不时接触到汉语流利的美国学生,主要是研究中国的学生。但是,从整体来说,汉语毕竟只是华裔第一代移民与少数美国人掌握的语言。这就不能不涉及一个更大的题目。

这就是天清所说的"语言文字是一种思想载体,也是一种交流工具,它的传播速度、普及广度以及运用程度是与国家的实力和影响力紧密相联系的"。对这个问题我也有过一些思考。在古代与中世纪,暂且不涉及撒哈拉以南非洲与美洲,只就旧大陆而言,中文曾经与希腊文、拉丁文、阿拉伯文等一样,是一种"国际文字"。中国周边的日本、朝鲜、越南虽然未接受汉语,但普遍用中文作为正式文字,还有西夏、契丹都模仿中文而创制自己的文字。欧洲各个民族的语言五花八门,但有共同的学术语言文字:拉丁文。由于古代各个文明之间的接触还是比较有限的,中文的使用范围以东亚、东南亚为主,而拉丁文的使用范围以欧洲为主。近代以来,随着中国国力下降,中文对周边的影响力也逐渐下降。现在随着中国国力上升,周边国家也有加强使用中文的迹象。我碰到一些日、韩、越的访问学者,能讲流利的汉语,在中国出版中文学术著作。近代以来,欧洲学界逐渐放弃拉丁文作为国际学术语言,纷纷改用自己的民族语言。学校课程中的拉丁文比重也逐步下降。英国崛起,成为世界工厂,又有大量学术成果,英语在各种欧洲语言中脱颖而出,独占鳌头。继而美国崛起,称霸世界,也有大量学术成果,更加强了英语的国际地位。但是,在学术领域里,德语、法语仍然有很高的地位。记得看过一些资料,按照学术成果的多少将一些语言排名,中文还是排在比较后面的。这个语言文字的问题,与下文要谈的新闻、出版等,都密切相关。中文要重新取得强势地位,直追英文、德文、法文,除了中国的政治、经济、军事力量之外,很重要的是在学术上取得强势地位。中国已经是第二大经济体,预料会成为第一大经济体,当然有利于汉语地位的提高,但是购买中国商品未见得需要太高深的汉语修养。中国强大的政治和军事地位当然也有利于汉语地位的提升,但主要是有志于成为研究和处理对华政治、军事的专家、官员的年轻人会去学习中文。但是如果世界上最重要的文理工科研究成果以中文首先发表的最多,就像今天这些成果以英文发表的最多,那么外国人恐怕都会像今天学习英语一样去努力学习汉语了。

  汉语在美国的地位基本决定了汉语新闻在美国的地位。天清参观了 ICN 国际卫视,介绍了访问学者苏俊斌老师的观察:目前所有在美华文媒体都只是在华人圈内拓展,在美国主流社会没有任何影响。(见 1 月 13 日"充满活力的 ICN 国际卫视")原因很简单,绝大部分美国人不懂华文,他们当然不会去阅读、收视华文媒体。如果中国媒体改用英语,结果如何呢?天清在参观凤凰卫视美洲台时,台长吴晓镛先生认为,央视准备向美国听众做英语节目是不可能成功的,因为解决不了"有人看"的问题。美国人不会看外国人办的英文频道。他建议要更多采取与国外合作的方式去摄制节目,比如,中日合拍的《丝绸之路》等。(见 1 月 28 日"北美最具影响华文电视媒体——凤凰卫视美洲台")对此我深有同感。其实中国大可不必为此沮丧。即使德国、法国、日本来美国办英语电视,恐怕也没有多少美国人收看。稍微例外的可能是英国广播电台(BBC)的英语电视新闻。英国曾经是日不落帝国,其国际新闻达到了较高的质量,现在英国虽然不再独霸全球,但其国际新闻还是视野广阔、报道及时的。我在哈佛负责采购中文资料,刚开始并没有采购中日合拍的《丝绸之路》,但是很快有教授提出要采购这个纪录片,当然马上采购了。可见只要讲究艺术水平,真正把丝绸之路之类的题材拍好,不需要任何宣传,何愁没有影响?

中文书籍和资料库出版情况,与中文新闻有类似之处,但是也有很大的区别。如果你到美国的中文书店去看看,那么你会发现,主要是小说、衣食住行、中医、养生、算命、八卦、儿童图书之类的书,并不高端。这些读物像中文新闻(电视、报纸)一样,主要针对华裔大众,对美国主流文化没有什么影响。大量的中文学术论著以纸本或电子资料的形式集中在美国名牌大学的东亚馆里,供校内外师生、专家学者研读。曾有国内有关人员向我了解,如何让中国出版业走向世界。我根据自己的观察与思考,告诉他们,中国只有首先成为学术强国,然后才能从出版大国进步到出版强国。目前仅仅靠花大力气去把中文论著翻译成英文,是不会成为出版强国的。

天清介绍了美国的电子出版业:很多人以为,随着网络图书的出现,常规图书会走向消亡,事实并非如此。近几年虽然纸质出版呈下降趋势,电子出版迅速上升,但受电子出版冲击较大的主要是工具书,其他商业类、教育类、学术类、专业类、宗教类以及期刊出版都没有受到太大影响。(见1月22日"快速发展的美国电子出版业")我在实际工作中也体会到类似的情况,而且中国纸质图书的出版还在继续增长,可以称之为"中国特色"。燕京图书馆也仍然继续采购大量中文纸质书。一则许多新书并无电子版可供采购,电子出版还是要比纸质滞后很多,而研究者急需获得最新学术成果,不可能等到电子出版再做研究;二则哈佛师生、访问学者还是比较喜欢借阅纸质书,只有在没有纸质书的情况,才选择阅读电子书,聊胜于无而已。至于中文期刊、工具书,用电子版的读者越来越多。

讲到中文书籍、资料库的收藏,自然就要谈谈我比较熟悉的图书馆。美国的公共图书馆是非常发达的,相比之下,香港虽然是一个经济繁荣的大都市,其公共图书馆却不能望波士顿公共图书馆之项背。天清也用生动的笔墨描绘了纽约公共图书馆。(见1月12日"纽约公共图书馆的管理模式")我记得女儿小的时候,最经常带她去的地方就是剑桥的公共图书馆,那里可以随便翻书,还有儿童图书馆员给孩子们举办种种节目。现在有了外孙女,图书馆也仍然是一个好去处。当然,公共图书馆收藏的中文书与美国中文书店的品种大致相同,主要是面向普通华裔读者的。同时,美国公共图书馆正在走向衰落。我曾带国内的图书馆领导参观波士顿公共图书馆。波士顿公共图书馆相当重视,派了几个部门负责人,带我们参观不开放的部分。一则,我大为惊叹其收藏之丰富,恐怕旧书收藏不亚于哈佛。原因很显然,波士顿是美国历史名城,当年的公共图书馆自然财力雄厚,而哈佛作为一个私立学校当时规模尚小。但同时又惊叹波士顿公共图书馆如此丰富的藏书明显处于"休闲"状态,没有在线目录,只有胶片目录,读者只有亲临,使用胶片目录检索,然后告诉工作人员索要的书,工作人员才到书库里去帮读者找书。因此我们进书库里一看即知,这里长年累月很少人使用。哈佛更丰富的藏书则全部在线编目,对哈佛师生、访问学者几乎全部开架,只有善本书才需要工作人员取书,开架书库每天有工作人员将图书还架。与美国公共图书馆衰落的情况相反,中国的公共图书馆方兴未艾,还在迅速发展,这也是"中国特色"之一。

主要的学术性中文论著都收藏在国会图书馆和美国高校图书馆。天清详细介绍了哥伦比亚大学的中国研究情况。(见1月16日"哥伦比亚大学与一位中国老人的故事")哥伦比亚和其他常春藤高校,以及麻省理工学院、斯坦福、芝加哥、杜克(所谓Ivy Plus)、加州大学柏克莱、洛杉矶分校等是收藏中文资源最强的大学。常春藤盟校本来就由于各种机缘,与中国建立了学术交流,较早开始收藏中文资料,后来美国逐渐重视中国研究,有的基金会又重点资助这些学校发展中文收藏。近年来大陆经济迅速发展,出版、图书馆事业也日新月异。国家图书馆有"中国之窗"计划,上海图书馆有"上海之窗"计划,向海外图书馆赠送大量图书。但是刚开始的时候,具体操作也有误区,提供的书目,大部分是五洲出版社等用英、法、德、西、葡等各种语言出版的常识性小册子。可能经办人员以为这就是"讲好中国故事"。后来经过北美东亚图书馆馆员与国内图书馆领导沟通,才逐渐改变。其实大学东亚馆最需要的,并非阿拉伯语或印地语的介绍中国方方面面的小册子,而是重要的汉文原始资料和各种学术专著。因为正是这些资料与专著才有利于美国汉学家的研究,而只有通过美国学者及访问学者的中国研究，以及把高质量的中文学术书翻译成英文出版，才能真正有助于美国加深对中国的理解。

正如天清在此书中指出的：中美是世界两大经济体，中美两国人民加强相互交流，加深相互理解，增进感情，增加互信，不仅对于中美两国，而且对于全世界，都是一件好事、幸事。相信本书对于加深读者朋友对美国的了解有一定的裨益。

2017 年 12 月于哈佛

中国研究图书馆员学会章程

一、宗旨

中国研究图书馆员学会(以下简称"学会")是一个在美国注册的非盈利、非政治的学术组织。其宗旨在于为海内外的中国研究图书馆员提供一个开展学术活动、交流专业经验、共享信息资源、促进合作的平台,借此推动以文献资源研究为主的中国研究的发展。

二、成员

1. 学会由中国研究图书馆员或非中国研究图书馆员但有兴趣从事中国文献资源研究者志愿加入组成。

2. 学会成员缴纳一次性入会费180美元,无年费。

3. 学会会员享有参加学会活动、决定会务、选举和担任职务的权利。所有会员地位平等,机会均等。

三、组织结构

1. 学会由执委会和下属五个委员会组成。执委会含主席和六名执委。主席负责全面工作,执委分任执行长和委员会主任。

2. 执委会候选人可自荐或推荐,经会员投票当选,任期两年。得票最多的当选执委为主席,主席不能连任。执委连任最多不超过两届。

3. 当选主席委派当选执委分任执行长,总务委员会、学术委员会、专业委员会、信息委员会和学刊委员会主任。委员会主任邀请学会会员任各委员会委员。委员会人数不限。

4. 执行长协助主席处理全面工作,总务委员会负责财务、会员入会、选举、年会等事务,学术委员会负责各项学术活动,专业委员会负责专业交流与合作,信息委员会负责网站、会员通讯和数据库建设,学刊委员会负责学刊编辑和出版。

5.学会力求发挥所有会员的积极性。在本人同意的前提下，学会将邀请所有会员加入不同的委员会。

6.学会设立顾问委员会。顾问人选由执委会决定，任期两年，可以连任。

四、学会活动

1.学会每年举办一次年会。年会由总务委员会和年会举办地的会员共同组织。年会内容包括工作总结、未来规划、会务讨论和联谊活动。

2.学会的学术活动由学术委员会负责，主要为合作研究项目和举办学术会议。研究项目由会员个人提议，学术委员会立项配合。学术会议可由学会单独组织，亦可与其他团体共同举办。

3.专业委员会协调学会的各项专业活动，包括学会会员的业务交流、组团出访、对外讲学等活动。

4.信息委员负责设立与维护学会网站、发行会员通讯、编辑会员名录，并建立和更新数据库。

5.学会的会刊为《天禄论丛》，由学刊委员会负责。

6.学会将积极展开与其他学术团体的交流与合作。

五、章程修订

本章程的修订需经三分之二以上的会员表决通过。

2010 年 3 月 23 日于美国宾州费城

Constitution of the Society for Chinese Studies Librarians

Ⅰ. **Mission**

The Society for Chinese Studies Librarians (the SCSL thereafter), registered in the United States, is a non-profit, non-political academic organization aimed at promoting scholarly activities, professional exchange, information sharing, and project cooperation among Chinese studies librarians, so as to make contributions to China studies in general and to Chinese resources study in particular.

Ⅱ. **Membership**

1. The SCSL members are Chinese studies librarians who join the organization of their own free will. The SCSL also accepts applicants who are not Chinese studies librarians, yet possess a strong interest in conducting research on materials related to China studies.

2. The SCSL members pay a one-time entry fee of $180 to be officially affiliated with the organization. No annual membership fee is required.

3. The members enjoy the privileges of participating in SCSL activities, playing a role in decision-making, voting in important matters, and serving as officials of the organization. All members are entitled to equal rights and equal opportunity in the organization.

Ⅲ. **Organizational Structure**

1. The SCSL is composed of a board of directors and five working

committees under the board of directors. The board of directors is made up of the president and 6 board directors. The president is in charge of general SCSL affairs. The 6 board directors assume the positions of Executive Director and chairs of 5 working committees respectively.

2. The SCSL members can self-nominate or nominate others for candidacy for the board directorship. The election of the board directors is decided by a vote of all of the members. The tenure of the board directors is two years. The elected board director who receives the most votes will serve as the SCSL president. The SCSL president can serve only one term; the board directors can serve for a total of no more than two consecutive terms.

3. The president-elect assigns the board directors-elect to be the general secretary or to chair a working committee. There are a total of 5 working committees, i. e. the committee for general affairs, the committee for scholarly activities, the committee for professional activities, the committee for information exchange, and the committee for the SCSL journal. The committee chairs will in turn invite the SCSL members to join the working committees. There is no limit for the size of each committee.

4. The Executive Director assists the president for general SCSL affairs. The committee for general affairs is responsible for the SCSL finances, new member admissions, elections, and annual membership meetings. The committee for scholarly activities is responsible for academic events. The committee for professional activities is responsible for professional cooperation and outreach. The committee for information exchange is responsible for the SCSL website, newsletters, and database construction. The committee for the SCSL journal is responsible for the publication of the society journal.

5. The SCSL encourages the full participation of all members. On the premise of personal agreement, the SCSL will invite all members to join one of the five committees.

6. The SCSL sets up an Advisory Committee with its members decided by the board of directors. The term for an advisor is two years, and could be reappointed as the board sees appropriate.

IV. Activities

1. The SCSL holds a membership meeting once a year. The annual meetings are jointly organized by the committee for general affairs and the local members of the cities where the annual meetings will be held. The agenda of the annual membership meeting includes work reports, future plan reviews, general affair discussions, and member networking.

2. The committee for scholarly activities is responsible for organizing the SCSL academic activities, including cooperative research projects and academic conferences. Research projects may be initiated by individual members, and approved and coordinated by the committee for scholarly activities. Academic conferences may be held independently by the SCSL or in cooperation with other organizations.

3. The committee for professional activities coordinates professional activities among the SCSL members, including but not limited to professional exchanges, overseas visits, lectures and workshops.

4. The committee for information exchange is responsible for setting up and maintaining the SCSL website, publishing newsletters, compiling the SCSL member directory, and constructing and updating databases.

5. The *Tianlu Luncong* is the academic journal officially published by the SCSL. The committee for the SCSL journal is responsible for its publication.

6. The SCSL actively seeks cooperation and partnership with other academic organizations.

V. Revision of the Constitution

Any revisions to the constitution must be voted and approved by two thirds of the SCSL members.

March 23, 2010, Philadelphia, PA, United State of America